LA GESTIONE DELL ' IDENTITÀ DIGITALE
authentication, authorization, accounting

Vincenzo G. Calabrò

LA GESTIONE
DELL ' IDENTITÀ DIGITALE
authentication, authorization, accounting

Autore: Vincenzo G. Calabrò

2013 © Lulu Editore

ISBN 978-1-291-35620-5

Luglio 2003 Prima edizione

Distribuito e stampato da:
Lulu Press, Inc.
3101 Hillsborough Street
Raleigh, NC 27607
USA

SIMBOLI ED ABBREVIAZIONI

AAA	Authentication Authorization Accounting
ACH	Automated Clearing House
AIPA	Autorità per l'Informatica nella Pubblica Amministrazione
AMI	Authentication Management Infrastructure
ANASIN	Associazione Nazionale delle Aziende di Servizi di Informatica e Telematica
ANSI	American National Standards Institute
API	Application Programming Interface
ASSINFORM	Associazione Nazionale Produttori tecnologie e servizi per l'Informazione e la comunicazione
ASSINTEL	Associazione Nazionale Imprese Servizi Informatica Telematica Robotica Ediomatica
BioAPI	Biometric Application Programming Interface
CA	Certificate Authority
CBC	Cipher Block Chaining
CCOW	Clinical Context Object Workgroup
CHAP	Challenge Authentication Protocol
CPS	Certification Practices Statement
CRL	Certificate Revocation List
CSO	Consistent Sign-On
CSR	Certificate Signing Request
CTSS	Compatible Time Sharing System
DCE	Distributed Computing Environment
DES	Data Encryption Standard
DLL	Dynamic Linked Library
DNS	Domain Name System
DPA	Differential Power Analysis
DPA	Distributed Password Authentication
DPA	Differential Power Analysis
EAM	Extranet Access Management
EFT	Electronic Funds Transfer

EUA	Enterprise User Administration
EUS	End User Service
GPS	Global Positioning System
GUI	Graphic User Interface
HTTP	HyperText Transfer Protocol
HTTPS	HyperText Transport Protocol Secure
ICT	Information and Communication Technology
ID	Identificativo
IEEE	Institute of Electrical and Electronics Engineers
IETF	Internet Engineering Task Force
IP	Internet Protocol
IPSec	IP Security
IT	Information Technology
ITSEC	Information Technology Security Evaluation Criteria
ITU-T	International Telecommunications Union
IVR	Interactive Voice Response
KDC	Key Distribution Center
LDAP	Lightweight Directory Access Protocol
LDUP	LDAP Duplication/Replication/Update Protocols
MAC	Message Authentication Code
MIT	Massachusetts Institute Technology
NAS	Network Access Server
OTP	One Time Password
PA	Pubbliche Amministrazioni
PAM	Pluggable Authentication Modules
PAP	Password Authentication Protocol
PGP	Pretty Good Privacy
PIN	Personal Identification Number
PKC	Public-Key Certificate
PKI	Public-Key Infrastructure
PMI	Privilege Management Infrastructure
PPP	Point-to-Point Protocol

PSE	Personal Secure Environment
RA	Registration Authority
RADIUS	Remote Authentication Dial In User Service
RAID	Redundant Array of Inexpensive Disks
RAS	Remote Access Server
RFC	Request for Comments
ROI	Return Of Investment
RPC	Remote Procedure Call
RSA	Rivest Shamir Adelman
SASL	Simple Authentication and Security Layer
SHA	Secure Hash Algorithm
SMB	Server Message Block
SSH	Secure Shell
SSL	Secure Socket Layer
SSO	Single Sign-On
SKI	Secret Key Infrastructure
TACACS	Terminal Access Controller Access Control System
TCO	Total Cost of Ownership
TCP	Transmission Control Protocol
TCL	Tool Command Language
TCP/IP	Transmission Control Protocol/Internet Protocol
TGT	Ticket Granting Ticket
TLS	Transport Layer Security
TSA	Timestamping Authority
UDP	User Datagram Protocol
URI	Uniform Resource Identifier
USB	Universal Serial Bus
VPN	Virtual Private Network
WG	Working Group
XTACACS	Extended Terminal Access Controller Access Control System

INDICE

1 Introduzione 1

  1.1   Sicurezza dei sistemi informativi 4

2 Linee guida per la definizione di un piano di sicurezza 5

  2.1   Contesto normativo di riferimento 5

  2.2   Il processo della sicurezza del Sistema Informativo 6

  2.3   Analisi dei rischi 7

      2.3.1   Identificazione dei beni da proteggere 7

          2.3.1.1   Risorse Hardware 8

          2.3.1.2   Risorse Software 8

          2.3.1.3   Dati 9

          2.3.1.4   Le risorse professionali 9

          2.3.1.5   Documentazioni cartacee 9

          2.3.1.6   Supporti di memorizzazione 10

      2.3.2   Classificazione dei beni e loro valutazione 10

      2.3.3   Valutazione delle minacce e delle vulnerabilità dei beni 11

      2.3.4   Individuazione dell'esposizione al rischio 11

      2.3.5   Contromisure per innalzare il livello di sicurezza dei Sistemi Informativi . 12

  2.4   Definizione delle politiche di sicurezza 12

  2.5   Gestione del rischio 16

  2.6   Il piano operativo 19

      2.6.1   Sicurezza fisica 20

          2.6.1.1   Sicurezza di area 20

          2.6.1.2   Sicurezza delle apparecchiature hardware 21

      2.6.2   Sicurezza logica 21

          2.6.2.1   Il controllo degli accessi ai sistemi di elaborazione 23

          2.6.2.2   Antivirus 25

          2.6.2.3   Controllo del software 26

          2.6.2.4   Strumenti per la riservatezza ed autenticità dei dati 27

          2.6.2.5   Strumenti per la disponibilità dei dati 28

          2.6.2.6   La sicurezza delle reti di telecomunicazione 28

2.6.2.7   Crittografia 32

2.6.3   Sicurezza organizzativa 33

2.6.4   Piano di continuità operativa 35

2.7   Verifica della sicurezza dei sistemi informativi 38

2.7.1   Monitoraggio delle misure di sicurezza 39

2.7.2   Audit delle misure di sicurezza 39

2.7.2.1   Attività preliminari 40

2.7.2.2   Preparazione 41

2.7.2.3   Audit 41

2.7.2.4   Report 42

2.7.2.5   Action Item 42

2.8   Diffusione della cultura della sicurezza informatica nelle organizzazioni 42

2.8.1   Sensibilizzazione e corresponsabilizzazione 43

2.8.2   Formazione 43

2.9   Organizzazione funzionale della gestione della sicurezza 45

2.9.1   Definizione delle politiche in tema di sicurezza informatica 45

2.9.2   Progettazione, implementazione e gestione delle misure di sicurezza 46

2.9.3   Verifiche e controllo delle misure di sicurezza adottate 47

2.9.4   Collocazione organizzativa delle tre funzioni della sicurezza 47

3   Architettura di un sistema AAA 48

3.1   Obiettivi 48

3.2   L'esigenza di un sistema di autenticazione 49

3.3   Definizione di un server AAA 50

3.4   Specifiche per l'architettura di un server AAA 51

3.4.1   Requisiti funzionali 53

3.4.2   Requisiti di sicurezza 54

3.5   Autenticazione 55

3.6   Autorizzazione 56

3.7   Accounting 57

3.8   Modello di amministrazione 57

3.9   Livelli di autenticazione/autorizzazione in un Portale 57

3.9.1   Utente Anonimo 58

3.9.2   Utente Autoregistrato 58

3.9.3   Utente Conosciuto al Sistema 59

3.9.4   Utente Autorizzato 59

3.9.5   Navigazione bottom–up 60

4   Modelli di Autenticazione 61

4.1   La tecnologia di base 61

4.1.1   Politiche di accesso al servizio 62

4.2   Identificazione ed Autenticazione 65

4.2.1   Identificazione fisica 65

4.2.2   La necessità di identificazione 66

4.2.3   Differenze tra autenticazione ed identificazione 68

4.2.4   Differenze tra autenticazione ed autorizzazione 70

4.3   Modelli di servizi di autenticazione 71

4.4   Il controllo degli accessi 71

4.5   Tecniche di identificazione informatiche 74

4.6   Elementi e modelli di autenticazione 74

4.7   Paradigmi per l'autenticazione 77

4.8   Sistemi di tipo 1: Password 77

4.8.1   Paradigma username/password 79

4.8.2   Personal Identification Number (PIN) 82

4.8.3   Problemi e soluzioni negli attacchi 84

4.9   Sistemi di Tipo 2: Token 86

4.9.1   Paradigma Challenge/Response 86

4.9.2   Paradigma timestamp 87

4.9.3   One Time Password 88

4.9.4   Token 94

4.9.5   Smart card 98

4.10   Sistemi di Tipo 3: Biometria 99

4.10.1   Pregi e difetti 107

4.10.2   Attacchi Replay 108

4.11   Altri metodi di autenticazione 109

4.11.1   Autenticazione basata sul luogo in cui si è 109

4.11.2   Autenticazione basata sulla combinazione di più fattori 110

4.11.3   Password Grafiche 110

4.12   Attacchi e Difese 111

4.12.1   Attacchi con il paradigma password 111

4.12.2   Attacchi con il paradigma timestamp 117

4.13   Standards 124

4.13.1   Protocolli Standard per l'Autenticazione 124

4.13.2   Kerberos 124

        4.13.2.1   La storia 125

        4.13.2.2   Il funzionamento 128

        4.13.2.3   La crittografia 128

        4.13.2.4   Il DES 129

        4.13.2.5   Come Kerberos rende sicura la rete locale 130

        4.13.2.6   Come Kerberos rende sicura la rete globale 132

        4.13.2.7   Rischi 134

5   PKI - Public Key Infrastructure 135

5.1   Chiave pubblica e chiave privata 136

5.2   Firme digitali 138

5.3   Autorità di Certificazione 139

5.4   L'architettura di una PKI 140

5.4.1   Funzioni assolte da una PKI 144

5.4.2   Timestamping 149

5.4.3   Impedire gli attacchi replay con la crittografia a chiave pubblica 150

5.5   I certificati 151

5.5.1   Certificati X.509 153

5.5.2   Catene di certificati e certificati incrociati 157

5.5.3   Certificati degli attributi 159

5.5.4   Estensioni 161

5.6   RSA 163

5.7   Tecnologie SSL/TSL 165

5.7.1   Caratteristiche di SSL 165

5.7.2   Come funziona SSL 166

5.7.3   Versioni di SSL..167

5.7.4   Funzionalità di SSL/TLS 167

5.7.5   Cos'è che davvero protegge SSL?................................171

5.7.6   Un esempio 172

5.7.7   SSL 3.0 e CA 173

   5.7.7.1   Sequenza di handshake..173

   5.7.7.2   I tre protocolli della sequenza di handshake................176

   5.7.7.3   Crittanalisi e attacchi alla sicurezza........................178

   5.7.7.4   Terminal Access Controller Access Control System (TACACS).........182

   5.7.7.5   Remote Authentication Dial In User Service (RADIUS)....................187

5.7.8   Certificati digitali SSL..190

   5.7.8.1   SSL...191

   5.7.8.2   Come funzionano i certificati server SSL....................192

   5.7.8.3   I punti di forza di SSL: 40 bit e 128 bit 194

5.7.9   Segnatura dei messaggi e funzioni di digest................196

5.8   Secure Shell (SSH) 200

   5.8.1   Autenticazione con chiavi pubbliche utilizzando SSH...................200

6   Single Sign-On..205

6.1   Le sfide del Single Sign-On...206

6.2   Background..208

   6.2.1   Requisiti per nuovi modelli di sistemi di SSO....................208

   6.2.2   Privacy e produttività in azienda 208

   6.2.3   SSO e sicurezza: una convivenza tradizionale 209

6.3   Architetture SSO..209

   6.3.1   Password Vaults...211

   6.3.2   Amministrazione centralizzata e deposito locale delle credenziali 211

   6.3.3   Amministrazione e deposito centralizzati delle credenziali 212

   6.3.4   Architetture interamente distribuite 213

   6.3.5   Architetture SSO: Conclusioni 214

6.4   Modelli di integrazione...214

   6.4.1   Inserimenti automatici 215

      6.4.1.1   Windows scraping per applicazioni basate su Windows.................217

6.4.1.2   Windows scraping per applicazioni basate su Web 217

6.4.1.3   Screen detection per applicazioni basate su emulazione di terminale ... 217

6.4.2   Web SSO 218

6.4.3   Intercettazione delle transazioni 219

6.4.4   Sostituzione delle DLL 219

6.4.5   Integrazione a livello di Application Programming Interface (API) 220

6.4.5.1   Integrazione con API pubblicate 220

6.4.5.2   Sviluppo di applicazioni su misura 221

6.4.6   Sistemi SSO basati su standard o su prodotti 222

6.4.6.1   Microsoft Active Directory e Novell eDirectory 223

6.4.6.2   Certificati digitali 224

6.4.6.3   Sistemi basati su standard 224

6.4.7   Sincronizzazione delle password 225

6.4.7.1   Servizi di autenticazione multipli 226

6.4.7.2   Singolo servizio di autenticazione 226

6.4.8   Modelli di integrazione: Conclusioni 227

6.5   SSO e sicurezza 228

6.5.1   Verso una metodologia di autenticazione più forte 229

6.5.1.1   Authentication Management Infrastructure (AMI) 229

6.5.2   Approcci multipli per l'integrazione 230

6.5.3   Non solo "SINGLE" Sign-On 231

6.5.4   SSO e sicurezza: Conclusioni 231

7   Valutazioni delle soluzioni tecnologiche e deduzioni 233

7.1   Sistemi di autenticazione 233

7.1.1   Requisiti chiave per l'autenticazione 234

7.1.2   Vantaggi e difetti 234

7.1.2.1   Password 235

7.1.2.2   Token 236

7.1.2.3   Smart Card 237

7.1.2.4   Certificati digitali 240

7.1.2.5   Sistemi biometrici 242

7.1.2.6   Conclusioni 244

7.1.3   Linee guide per la valutazione delle tecnologie................................246

   7.1.3.1   Metodo di autenticazione più appropriato 246

   7.1.3.2   Le password sono sufficienti?...246

   7.1.3.3   Quando si devono valutare i metodi di autenticazione forte?........247

   7.1.3.4   Una soluzione non risponde a tutte le esigenze 247

   7.1.3.5   Middleware di autenticazione..247

7.1.4   Leader di mercato 248

   7.1.4.1   Token di autenticazione...248

   7.1.4.2   Smart Cards e chiavi USB 249

   7.1.4.3   Autenticazione con dispositivi biometrici 249

7.1.5   Conclusioni 250

7.2   Sistemi di Single Sign-On...251

7.2.1   Prodotti di Sincronizzazione delle password 251

7.2.2   Prodotti di Single Sign-On..251

7.2.3   Prodotti di Authentication Management Infrastructure (AMI)........252

7.2.4   Vantaggi e difetti 252

   7.2.4.1   Vantaggi...252

   7.2.4.2   Difetti..254

7.2.5   Standard e funzioni 256

   7.2.5.1   Generic Security Services Application Programming Interface (GSS-API)
(RFC 2743)...256

   7.2.5.2   Kerberos (RFC 1510)..256

   7.2.5.3   Pluggable Authentication Modules (RFC 86.0) 256

   7.2.5.4   Servizio X/Open Single Sign-On..257

7.2.6   Single Sign-On: Total Cost of Ownership......................................257

   7.2.6.1   Costi di deployment..257

   7.2.6.2   Return of Investment 259

   7.2.6.3   Relazione tra ROI e dimensioni del progetto..........................261

   7.2.6.4   Total Cost of Ownership...263

   7.2.6.5   Benefici con sistemi SSO e gestione delle autenticazioni 263

7.2.7   Linee guide per la valutazione delle tecnologie............................264

   7.2.7.1   Priorità di un'azienda...264

7.2.7.2   Integrazione di più piattaforme...264

7.2.7.3   Considerazioni sulla gestione delle password 265

7.2.7.4   Vulnerabilità 265

7.2.7.5   Metodi di autenticazione...266

7.2.7.6   Affidabilità e scalabilità...266

7.2.7.7   Amministrazione...266

7.2.7.8   Definizione degli utenti e Identity Management 267

7.2.7.9   Database delle credenziali 268

7.2.7.10   Auditing 268

7.2.8   Leader di mercato 268

7.2.8.1   Prodotti per la Sincronizzazione delle password 268

7.2.8.2   Prodotti per sistemi SSO...270

7.2.8.3   Prodotti AMI...271

7.2.9   Tecnologie alternative...272

7.2.9.1   Non fare nulla 272

7.2.9.2   Unico metodo di autenticazione forte...273

7.2.9.3   Autenticazione LDAP...273

7.2.9.4   Portali web 274

7.2.10   Conclusioni 274

8   Bibliografia...276

Appendice A.   Glossario 280

Appendice B.   Il Protocollo SSL/TLS 284

1 INTRODUZIONE

Il tema della Sicurezza dei Sistemi Informativi assume rilevanza strategica in vista delle evoluzioni previste, in termini di efficacia ed efficienza, dai piani di riorganizzazione degli stessi Sistemi Informativi.

Per Sistema Informativo si intende il sistema costituito da dati, applicazioni, risorse tecnologiche, risorse umane, regole organizzative e procedure deputate all'acquisizione, memorizzazione, elaborazione, scambio, ritrovamento e trasmissione delle informazioni.

Il tema della Sicurezza dei Sistemi Informativi diventa strategico al fine di garantire l'affidabilità dei processi e dei dati elaborati sia all'interno di ogni specifico dominio, sia in ottica di interoperabilità e di cooperazione tra le diverse organizzazioni, sia nell'automazione dei servizi al cittadino.

In realtà anche nell'ambito dell'amministrazione pubblica italiana, la realizzazione del Sistema Informativo Unitario, nucleo principale del relativo programma di informatizzazione, contempla da un lato la predisposizione di architetture per la condivisione del patrimonio informativo, l'interoperabilità, la cooperazione tra applicazioni, l'automazione dei processi interamministrativi e dall'altro garantisce l'autonomia di ogni soggetto in relazione al proprio dominio.

Il crescente ricorso alle tecnologie dell'informazione e della comunicazione intrapreso per lo snellimento, l'ottimizzazione ed una maggiore efficienza dei procedimenti amministrativi, comporta una serie di nuovi rischi che, se non adeguatamente affrontati, potrebbero comportare gravi conseguenze sull'affidabilità dei dati e dei servizi. Tali rischi sono imputabili a due fattori caratteristici della tecnologia in questione: l'inaffidabilità cioè la non garanzia di un corretto funzionamento sia nelle componenti hardware e in quelle software e l'esposizione alle intrusioni informatiche.

In termini più operativi è bene intendere la Sicurezza del Sistema Informativo non solo come "protezione del patrimonio informativo da rilevazioni, modifiche o cancellazioni non autorizzate per cause accidentali o intenzionali" ma anche come "limitazione degli effetti causati dall'eventuale occorrenza di tali cause".

Occorre inoltre considerare che la sicurezza del Sistema Informativo non dipende solo da aspetti tecnici, ma anche, se non principalmente, da quelli organizzativi, sociali e legali.

La sicurezza del Sistema Informativo deve essere pertanto vista come caratteristica globale, in grado di fornire, dinamicamente con l'evolversi temporale delle necessità e delle tecnologie, il desiderato livello di disponibilità, integrità e confidenzialità delle informazioni e dei servizi erogati.

Viene definito sicuro un Sistema Informativo che soddisfi le seguenti proprietà:

- Disponibilità: l'informazione ed i servizi che eroga devono essere a disposizione degli utenti del sistema compatibilmente con i livelli di servizio.

- Integrità: l'informazione ed i servizi erogati possono essere creati, modificati o cancellati solo dalle persone autorizzate a svolgere tale operazione.

- Autenticità: garanzia e certificazione della provenienza dei dati.

- Confidenzialità o Riservatezza: l'informazione che contiene può essere fruita solo dalle persone autorizzate a compiere tale operazione.

L'approccio globale alla sicurezza richiede di considerare gli aspetti tecnici (sicurezza fisica e logica), strategici (obiettivi e budget), organizzativi (definizione di ruoli, procedure, formazione), economici (analisi dei costi) ed infine legali (leggi e raccomandazioni, normative).

La progettazione di un Sistema Informativo sicuro richiede una buona esperienza nel settore e la valutazione di una serie di elementi solitamente ignorati durante la predisposizione di un sistema che non abbia pretese di sicurezza.

In particolare si ritiene necessario verificare preliminarmente, ogni qual volta si debba trattare di sistemi sicuri, la validità, a livello generale, dei seguenti assunti:

- tutti i componenti, hardware e software, sono *fail safe*, tali cioè che ogni loro malfunzionamento o messa fuori operazione non comporti una diminuzione della sicurezza di esercizio, eventualmente anche attraverso una messa fuori uso della particolare stazione interessata;

- le responsabilità dell'esercizio e dei controlli interni di sicurezza sono affidate a persone distinte e collocate nella struttura organizzativa in modo tale che in nessun modo il responsabile dell'esercizio possa influire sulla carriera o retribuzione del responsabile dei controlli interni di sicurezza;

- sono adeguate le procedure per l'accertamento della qualità delle verifiche effettuate dal responsabile dei controlli interni di sicurezza sull'operato del team di gestione;

- è sempre possibile individuare, inequivocabilmente, in un apposito "activity log file", l'autore di una qualsiasi operazione;

- è garantita, al di là di ogni dubbio, l'integrità di questo log file e la sua disponibilità nel tempo per il periodo concordato;

- è sempre possibile ripristinare il sistema di fronte a guasti od eventi, naturali o dolosi, allo stato in cui si trovava prima del verificarsi dell'evento stesso, di un certo tempo concordato a priori tra le parti;

- è garantita l'integrità del software, ad ogni livello, dal sistema operativo alle applicazioni, e dei relativi file di configurazione;

- è convincente il programma dei test di penetrazione, sia interna che esterna, effettuati periodicamente, seconda la frequenza concordata;

- sono adeguate le procedure per l'effettuazione delle varie operazioni di manutenzione e per il trattamento dei supporti di memorizzazione di massa obsoleti;

- è convincente il programma di accertamento della qualità dei controlli sull'aggiornamento continuo dell'hardware e del software, dal controllo della completa sincronizzazione delle versioni, aggiornate tempestivamente, dello stesso software all'aggiornamento delle varie *patches* distribuite dai fornitori per chiudere i vari *bugs*, man mano che vengono scoperti.

Va inoltre ricordato che alcune leggi emanate in questi ultimi anni obbligano i fornitori e gli utenti di servizi informatizzati al rispetto di alcune regole ed alla messa in opera di una serie di contromisure atte a prevenire o minimizzare i rischi di un incidente informatico. L'adozione di tali contromisure non è più lasciata alla discrezione delle singole organizzazioni, ma in alcuni casi è un obbligo di legge.

1.1 Sicurezza dei sistemi informativi

La sicurezza del Sistemi Informativi è un requisito fondamentale per il corretto sviluppo dei programmi di automazione delle organizzazioni ed è necessario che tutte le organizzazioni realizzino le migliori condizioni di sicurezza al fine di garantire l'affidabilità delle informazioni trattate e l'efficacia e l'efficienza dei servizi erogati.

A tale scopo, nell'ambito del contesto normativo esistente, vengono fornite indicazioni su come affrontare le problematiche della Sicurezza dei Sistemi Informativi e su come realizzare e gestire adeguate misure di protezione.

In particolare le linee guida in materia di sicurezza dei Sistemi Informativi hanno l'obiettivo di:

- incrementare la consapevolezza di rischi e insidie che possono coinvolgere la gestione e l'utilizzo dei sistemi informativi;
- indicare possibili percorsi tecnici ed organizzativi di salvaguardia per prevenire situazioni di pericolo per le risorse e per chi se ne avvale, nonché per affrontare e risolvere eventuali problemi insorgenti al verificarsi di eventi lesivi del patrimonio informativo;
- supportare la creazione, nell'ambito delle organizzazioni, di strutture in grado di disegnare, pianificare, implementare e gestire misure di protezione corrispondenti alle esigenze degli specifici contesti di competenza;
- incrementare l'utilizzo delle risorse informative disponibili su supporto informatico ed accessibili per via telematica con le imprescindibili garanzie di sicurezza;
- chiarire, dal punto di vista normativo, gli obblighi delle organizzazioni in merito all'adozione di misure di sicurezza.

Le soluzioni di sicurezza adottate e da adottare a tutela dei sistemi informativi hanno l'obiettivo di:

- assicurare la protezione degli interessi dei soggetti, pubblici e privati, che fanno affidamento sui sistemi informativi delle organizzazioni;
- evitare eventi pregiudizievoli che possano danneggiare disponibilità, riservatezza e integrità del patrimonio informativo disponibile su sistemi di elaborazione e tramite reti di connessione telematica.

2 LINEE GUIDA PER LA DEFINIZIONE DI UN PIANO DI SICUREZZA

In questo capitolo sono esposte le linee guida che costituiscono l'avvio di un processo di miglioramento continuo che vede la partecipazione e la condivisione delle esperienze e delle conoscenze di chi opera nel mondo delle tecnologie dell'informazione e della comunicazione; tali linee guida seguono le indicazioni date da un gruppo di lavoro congiunto a cui hanno partecipato esperti e persone di vari organismi tra cui AIPA, ANASIN, ASSINTEL e ASSINFORM.

L'evoluzione incessante delle tecnologie dell'informazione e della comunicazione richiede dinamiche rapide e continue. La loro complessità è tale da rendere necessario un mix di specializzazioni sempre più elevato.

Con l'estensione delle linee guida si è iniziato pertanto a definire un linguaggio condiviso fra esperti ad elevata specializzazione appartenenti a diverse comunità e famiglie professionali. Il processo dovrà essere continuato ed ulteriormente approfondito anche in considerazione della rapidità e della complessità dell'evoluzione tecnologica.

2.1 Contesto normativo di riferimento

La legislazione italiana relativa alla sicurezza informatica poggia sulle seguenti leggi fondamentali, che, nell'ambito di queste linee guida possono costituire la griglia di riferimento normativo:

- dlgs n° 518 del 1992 che modifica il regio decreto n° 633 del 1941, relativo al diritto d'autore, integrandolo con norme relative alla tutela giuridica dei programmi per elaboratore;
- legge n° 547 del 1993 che modifica il codice penale italiano introducendo i cosiddetti "computers crimes";
- legge n° 675 del 1996 che disciplina il trattamento dei dati personali.

Successivamente, è stato emanato il D.P.R. 28 luglio 1999 n. 318, "Regolamento recante norme per l'individuazione delle misure minime di sicurezza per il trattamento dei dati personali, a norma dell'articolo 15, comma 2, della legge 31 dicembre 1996, n. 675".

E' da considerare lo sforzo del legislatore nel prendere in considerazione tutti gli aspetti inerenti la sicurezza informatica, definendo e cercando di tutelare i beni informatici e telematici. Lo sviluppo dei sistemi informatici e informativi, in particolar modo nella P.A., espone le organizzazioni, i suoi utenti e i propri responsabili a rischi di coinvolgimento sia penale sia patrimoniale. Occorre, pertanto, adeguare le rispettive politiche di sicurezza cercando di limitare tali rischi, predisponendo, in ossequio alle norme vigenti, adeguate contromisure di carattere tecnico, organizzativo e normativo. Nella predisposizione delle politiche di sicurezza, occorre anche tener presente la normativa in materia di semplificazione e trasparenza delle procedure d'accesso ai dati delle P.A..

2.2 Il processo della sicurezza del Sistema Informativo

Il tema della sicurezza del Sistema Informativo richiede, al fine di realizzare un sistema di sicurezza efficace ed efficiente, l'indirizzamento progettuale di un Piano aziendale della sicurezza, che consenta di disegnare, pianificare, implementare e gestire le opportune contromisure di natura fisica, logica ed organizzativa.

L'articolazione progettuale del piano di sicurezza, secondo l'approccio globale, prevede l'esecuzione delle seguenti attività:

- Analisi del rischio
- Definizione delle politiche di sicurezza
- Gestione del rischio
- Piano operativo
- Audit
- Formazione
- Organizzazione

L'esecuzione di tali attività consente, da un lato, di realizzare il sistema di sicurezza del sistema informativo e dall'altro di avviare un processo di gestione del sistema stesso, caratterizzato dalla ciclicità necessaria per il controllo ed il mantenimento dei livelli di sicurezza nel tempo.

2.3 Analisi dei rischi

Questo modulo costituisce la fase di partenza delle attività di progettazione del piano aziendale della sicurezza. Le attività raggruppate al suo interno sono da considerarsi momenti diversi di una medesima macro-fase di progettazione e contribuiscono alla definizione di quello che nella terminologia Information Technology Security Evaluation Criteria (ITSEC) è definito essere il Security Target.

L'esecuzione di tale modulo consente di acquisire consapevolezza e visibilità sul livello di esposizione al rischio del proprio patrimonio informativo e di avere una mappa preliminare dell'insieme delle possibili contromisure di sicurezza da realizzare.

Le attività di tale modulo progettuale prevedono tipicamente l'esecuzione di:

- identificazione dei beni da proteggere;
- classificazione dei beni e loro valutazione;
- valutazione delle minacce e delle vulnerabilità dei beni;
- individuazione dell'esposizione al rischio;
- individuazione dell'insieme delle contromisure da realizzare per innalzare il livello di sicurezza dei sistemi informativi.

2.3.1 Identificazione dei beni da proteggere

Il primo passo da compiere nella definizione di un piano di sicurezza è l'individuazione degli elementi del sistema informativo che necessitano protezione e delle minacce cui gli stessi possono essere sottoposti. Nello svolgimento di tale fase devono essere presi in considerazione tutti gli aspetti possibili senza trascurare il benché minimo dettaglio; ossia bisogna tenere sotto controllo ogni fattore, sia tecnologico che umano.

Anche se alcune cose sembrano ovvie è opportuno procedere ad un'elencazione di tutte le possibili componenti che hanno un impatto con il problema sicurezza. Occorre analizzare inoltre anche le relazioni che le singole componenti hanno fra loro e, più in generale, con il resto dell'ambiente, rappresentando e classificando come le componenti sono relazionate tra loro, sia fisicamente che logicamente, definendo un disegno completo del sistema informatico. Si tratta di specificare quale è il patrimonio informativo in termini di dati e risorse elaborative che sarà oggetto del piano della sicurezza.

Nello svolgimento di tale fase bisogna tenere sotto controllo ogni fattore, sia tecnologico che umano.

2.3.1.1 Risorse Hardware

Rientrano in questa categoria le CPU, terminali, workstation, personal computer, stampanti, disk drive, linee di comunicazione, server, router. Le principali minacce a cui questi dispositivi sono sottoposti sono: mal funzionamenti dovuti a guasti o sabotaggi, mal funzionamenti dovuti a eventi naturali quali allagamenti e incendi, furti e intercettazione.

Questa ultima minaccia interessa gli apparati di rete cioè le linee di comunicazione, i router e i server. E' infatti possibile effettuare il monitoraggio indebito o l'alterazione della trasmissione di dati effettuata da questi apparati, tra terminali, computer, stazioni di lavoro periferiche e sistemi centrali di elaborazione. Un altro caso può riguardare i video, intercettando le onde elettromagnetiche emesse per ricostruirne remotamente l'immagine.

2.3.1.2 Risorse Software

Rientrano in questa categoria i sistemi operativi e i software di base (utility, diagnostici), software applicativi, gestori di database, software di rete, programmi in formato sorgente e oggetto, ecc.

Le minacce principali legate all'uso di questi prodotti sono:

- la presenza di errori involontari commessi in fase di progettazione e/o implementazione che consentono ad utenti non autorizzati l'esecuzione di operazioni e programmi riservati a particolari categorie di utenti;
- la presenza di codice malizioso inserito volontariamente dai programmatori dell'applicazione stessa, al fine di poter svolgere operazioni non autorizzate sul sistema o per danneggiare lo stesso; rientrano in questa categoria di minacce i virus, i trojan horse, le bombe logiche, le backdoor;
- attacchi di tipo denial of service, vengono generalmente portati a servizi di rete ma sono facilmente estendibili a un qualunque servizio. Si tratta di attacchi non distruttivi il cui obiettivo è saturare la capacità di risposta di un servizio con l'obiettivo ultimo di renderlo inutilizzabile agli altri utenti del sistema.

Particolare importanza ricoprono anche i formati sorgente delle applicazioni, che possono essere oggetto di furto per un'eventuale rivendita ad altre organizzazioni o di modifica per l'inserimento di codice malizioso.

2.3.1.3 Dati

Si intende con ciò il contenuto degli archivi, dei database, dati di transito, copie storiche, file di log, ecc.

Le minacce a cui i dati sono sottoposti sono legate alle debolezze dei sistemi operativi e delle applicazioni che operano sulle macchine su cui risiedono e sono riconducibili a due categorie:

- l'accesso non autorizzato cioè la possibilità per utenti esterni od interni di visualizzare informazioni riservate a particolari categorie di utenti;

- modifiche deliberate o accidentali cioè da una parte la possibilità per utenti non autorizzati di modificare o cancellare dati a loro "non appartenenti", dall'altra errori commessi da utenti autorizzati che inavvertitamente procedono alla modifica o alla cancellazione di informazioni significative.

2.3.1.4 Le risorse professionali

Si intendono appartenenti a questa categoria gli amministratori di sistemi, i sistemisti, i programmatori, gli operatori, gli utenti finali, i manutentori hardware e software, i consulenti ecc. E' questa una categoria alquanto particolare in quanto può essere oggetto di minacce che compromettono la sicurezza del sistema ma può, a sua volta, costituire una minaccia per la sicurezza del sistema.

Nel primo caso il personale può essere oggetto di attacchi cosiddetti di social engineering in cui estranei cercano, attraverso varie strategie, di ottenere informazioni utili ad attaccare il sistema quali le password degli utenti, il contenuto dei file di configurazione, gli indirizzi IP delle macchine e così via.

Il personale per contro diventa una minaccia, quando matura motivi di rivalsa nei confronti dell'organizzazione, quando ha una scarsa consapevolezza del problema sicurezza.

2.3.1.5 Documentazioni cartacee

Si intende appartenente a questa categoria la documentazione relativa ai programmi, all'hardware, ai sistemi, alle procedure di gestione, ecc. Le principali minacce a cui tali elementi sono sottoposti sono la distruzione e/o l'alterazione ad opera di eventi naturali, di azioni accidentali e di comportamenti intenzionali.

9

2.3.1.6 Supporti di memorizzazione

Si tratta dei supporti su cui vengono tenute le copie dei software installati, le copie dei file di log e dei backup. La principale minaccia per tali dispositivi, oltre a quelle già menzionate per i dispositivi cartacei, è:

- il deterioramento nel tempo;
- l'inaffidabilità del mezzo fisico che in alcuni casi può presentare difetti di costruzione che ne compromettono il buon funzionamento nel tempo;
- l'evoluzione tecnologica e del mercato.

2.3.2 Classificazione dei beni e loro valutazione

Ai fini della sicurezza è fondamentale procedere alla classificazione dei beni in funzione degli elementi di integrità, riservatezza e disponibilità. Tale classificazione consente quindi di attribuire ai diversi beni un valore in funzione di una serie di scenari di impatto significativi ai fini della sicurezza. La valutazione dei beni è indispensabile per capire la strategicità degli stessi all'interno del sistema informativo e per poter quindi successivamente valutare il livello di esposizione al rischio.

Sono disponibili diverse metodologie di valutazione dei beni, alcune basate su principi quantitativi (costo di ripristino, costi per elaborazione tramite risorse alternative,...), altre basate su principi qualitativi (perdita di immagine, violazione di assetti legislativi, perdita di efficacia/efficienza nell'operatività, ...). E' opportuno che la metodologia prescelta consenta di valutare tutti i possibili scenari di impatto che caratterizzano il patrimonio informativo dell'organizzazione e che consenta quindi di effettuare valutazioni che tengano in considerazione sia gli impatti quantitativi sia quelli qualitativi.

Il criterio puramente economico dovrà essere bilanciato da altre valutazioni.

I criteri per la valorizzazione in linea di massima devono tener conto, pertanto, in ordine decrescente, di parametri quali:

- Rischio per la sicurezza degli utenti
- Interruzione del servizio
- Alterazione del servizio
- Sottrazione ed alienazione del patrimonio
- Danneggiamento del patrimonio

2.3.3 Valutazione delle minacce e delle vulnerabilità dei beni

L'individuazione delle minacce e delle vulnerabilità cui sono esposti i beni del patrimonio informativo è fondamentale per valutare successivamente l'esposizione al rischio.

La valutazione delle minacce e delle vulnerabilità prende in considerazione molte tipologie di potenziali problemi, ognuna delle quali può interessare differenti parti del sistema.

Le categorie delle minacce possono essere raggruppate nelle seguenti aree:

- Penetrazione logica
- Penetrazione nelle reti di comunicazione
- Guasti tecnici delle apparecchiature
- Errori umani
- Minacce fisiche

Vulnerabilità e minacce devono essere classificate in termini qualitativi e poi correlate ai beni per individuare gli impatti e determinare quindi la misura del rischio in relazione ai diversi servizi informativi.

2.3.4 Individuazione dell'esposizione al rischio

La misura del rischio cui è esposto il sistema informativo viene determinata dalla combinazione dei seguenti elementi:

- il valore dei beni (dati e risorse elaborative);
- il livello delle minacce ai suddetti beni;
- il livello di vulnerabilità dei suddetti beni.

Tipicamente la misura del rischio viene formalizzata attraverso una matrice di correlazione che consente di evidenziare, per ogni minaccia considerata, le criticità relative ai singoli beni ed al servizio informativo nel suo complesso, in funzione degli impatti relativi agli elementi di integrità, riservatezza e disponibilità considerati. L'analisi di tale matrice consente di evidenziare l'entità del rischio associata ai diversi beni e di capire quali sono i principali problemi, in termini di minacce e vulnerabilità, che minano la sicurezza del sistema informativo dell'organizzazione.

2.3.5 Contromisure per innalzare il livello di sicurezza dei Sistemi Informativi

L'analisi dei rischi si conclude tipicamente con l'individuazione di un insieme di possibili contromisure, di natura fisica, logica ed organizzativa, che possono essere adottate al fine di abbattere l'entità del rischio precedentemente individuata.

Dopo la definizione dei livelli di criticità è quindi possibile definire, per ciascuna componente del sistema informativo e per ciascuna delle minacce a cui è sottoposto, il livello di rischio che si può ritenere accettabile.

Anche in questo caso una matrice delle contromisure da attuare deve contenere almeno le seguenti categorie per singola minaccia:

- Vulnerabilità
- Danno potenziale
- Probabilità dell'evento
- Rischio per l'organizzazione
- Costo di ripristino
- Priorità nell'implementazione dei meccanismi di sicurezza
- Contromisure urgenti, ordinarie, future

Il suddetto insieme di contromisure, in questa fase del progetto, ha una valenza sostanzialmente indicativa, in quanto la scelta dello specifico mix di contromisure da adottare è subordinata all'indirizzamento delle successive fasi di progetto:

- individuazione degli obiettivi di sicurezza (politiche di sicurezza);
- strategia di gestione del rischio, ovvero valutazione del rischio da abbattere e del rischio residuo ritenuto accettabile.

2.4 Definizione delle politiche di sicurezza

Un aspetto fondamentale della realizzazione di un piano per la sicurezza è la definizione delle politiche di sicurezza che l'organizzazione intende adottare.

Tali linee devono essere coerenti con le normative vigenti in tema di sicurezza, con le politiche di sicurezza informatica definite a livello nazionale ed internazionale. Attraverso lo sviluppo di questa fase progettuale si definiscono gli obiettivi di sicurezza del sistema informativo, in linea con la missione istituzionale dell'organizzazione e soprattutto in linea con gli obiettivi legati ai livelli di servizio.

Inoltre deve essere posta adeguata attenzione, al fine del contenimento dei costi, alla definizione delle misure di sicurezza coerenti con il "valore" del patrimonio informativo da proteggere.

Di fatto l'individuazione della politica di sicurezza aziendale determina il modello logico della sicurezza dell'organizzazione fissandone gli obiettivi. L'individuazione degli obiettivi aziendali di sicurezza si traduce in obiettivi di sicurezza del sistema informativo sostanziandosi con la formalizzazione di norme organizzative e standard di riferimento.

La definizione delle politiche di sicurezza aziendale viene condotta ai fini dell'individuazione di criteri generali basati sulla nozione di rischio e indipendenti dalla tecnologia correntemente in uso. E' fondamentale che i responsabili dell'organizzazione prendano atto dei rischi individuati nella fase precedente e definiscano un'adeguata risposta in termini di politiche e relativi livelli di spesa.

La sicurezza deve essere considerata inoltre, da tutti i dipendenti, una componente integrante dell'attività quotidiana, finalizzata alla protezione delle informazioni e delle apparecchiature da manomissioni, uso improprio o distruzione.

Un sistema di sicurezza per poter raggiungere i migliori risultati funzionali, va visto globalmente negli aspetti fisici, logici ed organizzativi, come un insieme di misure e strumenti hardware, software, organizzativi e procedurali integrati fra loro, volti a ridurre la probabilità di danni ad un livello accettabilmente basso e ad un costo ragionevole.

Le politiche di sicurezza si basano sul principio che le risorse informatiche (dati, risorse hardware, software, ...) sono un patrimonio che deve essere protetto dal momento in cui viene creato/installato, durante il suo utilizzo e fino al momento in cui viene distrutto. Sono approvate ed emanate dai vertici dell'organizzazione e si applicano a tutti i dipendenti. Inoltre devono essere portate a conoscenza (per le parti di pertinenza) delle società esterne (es. software house, consulenti, ...) che interagiscono con l'organizzazione, le quali dovrebbero accettarne i contenuti ed impegnarsi a rispettarle.

Le politiche devono essere periodicamente aggiornate per riflettere eventuali nuovi indirizzi e/o evoluzioni e normative in materia di sicurezza.

Le politiche di sicurezza devono almeno indirizzare i seguenti aspetti:

- Classificazione delle informazioni: le informazioni, in qualsiasi forma esse si presentano (posta elettronica, archivi informatici, programmi, ...), devono essere protette con normative e misure tecniche commisurate sia all'importanza che esse rappresentano per l'organizzazione (riservatezza, criticità, ...), sia a specifici requisiti. Le Politiche devono stabilire i criteri generali secondo i quali le informazioni devono essere classificate (informazioni riservate o vitali per l'attività dell'organizzazione, informazioni ad uso interno, i dati personali o altri dati critici, informazioni non classificate).

- Protezione fisica delle risorse: l'obiettivo è la definizione di misure di sicurezza per la predisposizione ed il mantenimento di un ambiente di lavoro protetto che impedisca perdite di informazioni e di patrimonio intellettuale di proprietà, promuova la protezione delle risorse informatiche presenti e la riduzione dei rischi di interruzione dei servizi informatici.

Tale obiettivo viene raggiunto attraverso misure di controllo crescenti, correlate ai rischi e al valore dei beni e delle informazioni presenti nell'ambiente. Ne fanno parte le seguenti componenti:
   - o la classificazione delle aree aziendali (aree riservate, interne, pubbliche);
   - o l'accesso controllato alle aree considerate critiche;
   - o la sicurezza fisica (impianti) e la sorveglianza di queste aree;
   - o la tempestiva rilevazione di eventuali incidenti di sicurezza.
- Protezione logica delle informazioni: anche le misure di sicurezza logica devono essere commisurate al livello di classificazione delle informazioni. Ne fanno parte i seguenti aspetti:
   - o il controllo degli accessi alle informazioni;
   - o il mantenimento della loro integrità e riservatezza;
   - o la sicurezza nella trasmissione e nelle comunicazioni all'interno dell'organizzazione e con l'esterno;
   - o la sicurezza delle stazioni di lavoro e del personal computer;
   - o la sicurezza nel processo di sviluppo delle applicazioni informatiche;
   - o la sicurezza nella gestione operativa delle installazioni informatiche;
   - o la tempestiva rilevazione di eventuali incidenti di sicurezza.
- Norme per il Personale: tutti i dipendenti concorrono alla realizzazione della sicurezza, pertanto devono proteggere le informazioni assegnate loro per lo svolgimento dell'attività lavorativa nel rispetto di quanto stabilito dalle politiche

almeno in termini di utilizzo delle risorse informatiche, di accesso ai sistemi ed ai dati e di uso delle password.

- Piano di continuità operativa: l'obiettivo è quello di garantire la continuità del servizio informatico e la disponibilità delle informazioni, aggiornate, evitando o limitando i danni al patrimonio informativo, a fronte di un'emergenza. A tale scopo deve essere previsto, da ogni organizzazione, un piano di ripristino delle informazioni e delle operazioni che contenga gli aspetti organizzativi e normativi, le modalità e le risorse di backup necessarie (centro di calcolo, risorse hardware, software, personale, ...) alla ripresa delle attività a seguito di un'emergenza che impedisca la normale erogazione del servizio informatico.

- Gestione degli incidenti: i rischi informatici devono essere sempre costantemente controllati e monitorati; devono essere definite le responsabilità e le modalità con cui gestire eventuali incidenti di sicurezza.

- Sviluppo e manutenzione dei sistemi hardware e software utilizzati nel realizzare il piano di sicurezza; occorre regolare le procedure con cui il software deve essere aggiornato e/o modificato e gli apparati sostituiti o riparati.

- Gestione e formalizzazione delle procedure di raccolta ed analisi delle transazioni e/o trasmissioni effettuate utilizzando il sistema informativo, nel caso in cui la normativa vigente preveda la possibilità di dispute legali che abbiano come oggetto di contesa queste operazioni.

L'applicazione delle politiche di sicurezza all'interno dell'organizzazione richiede la definizione di un insieme di regole che fanno riferimento alle tecnologie usate, alle metodologie, alle procedure di implementazione e ad altri elementi specifici dell'ambiente e sistema informativo. E' richiesto il rispetto degli standard da parte delle funzioni interessate.

In linea generale le regole devono indirizzare:

- Identificazione ed autenticazione degli utenti
- User-id (naming convention, assegnazione, ...)
- Password (regole di assegnazione, lunghezza, sintassi, scadenza, ...) o altri strumenti di autenticazione, come le smart cards
- Definizione e protezione delle risorse
- Protezione e personalizzazione del software di base
- Classificazione, protezione ed accessi alle risorse utente
- Crittografia (algoritmi, distribuzione, ...)
- Registrazione, conservazione e consultazione dei log
- Individuazione di tentativi di intrusione
- Autorità di System e Security Administration

L'applicazione delle politiche di sicurezza all'interno dell'organizzazione richiede, inoltre, la definizione di processi che descrivono gli specifici passi operativi che le persone devono seguire per raggiungere gli obiettivi che sono stati stabiliti dalle politiche.

I processi sono indispensabili per la gestione di tutti gli oggetti legati alla sicurezza, quali le utenze, le password, le chiavi di crittografia, i certificati digitali, i log, gli allarmi, ...

Alcuni dei principali processi gestionali riguardano:

- definizione e cancellazione degli utenti;
- assegnazione di privilegi;
- assegnazione delle password;
- autorizzazioni di accesso ai dati e transazioni;
- gestione chiavi di crittografia;
- richiesta/gestione/rinnovo certificati digitali;
- analisi e gestione dei log.

2.5 Gestione del rischio

L'attività di gestione del rischio ha il compito di definire gli obiettivi di sicurezza del sistema informativo in termini di:

- Rischio da abbattere
- Rischio residuo ritenuto accettabile

Tale definizione deve essere operata ai massimi livelli dell'organizzazione poiché è una scelta che necessita la ponderazione di molteplici elementi:

- Obiettivi di missione istituzionale
- Garanzie dei livelli di servizio
- Conformità agli assetti legislativi e normativi
- Vincoli di natura contrattuale
- Piani di evoluzione del sistema informativo
- Vincoli tecnologici
- Disponibilità economica

La sicurezza deve essere quindi vista in termini relativi come il giusto compromesso tra i costi della sicurezza ed i costi della non sicurezza, frutto della ponderazione degli elementi precedentemente indicati.

Una volta definito il livello di sicurezza da raggiungere, e quindi il rischio residuo ritenuto accettabile, è possibile procedere all'individuazione della strategia di gestione del rischio (Risk Management).

Tale strategia deve contemplare le opportune indicazioni in relazione alle ipotesi di:

- trasferimento del rischio;
- abbattimento del rischio.

Per trasferimento del rischio si intende generalmente la sottoscrizione di polizze assicurative che possono coprire alcuni rischi, generalmente legati alla distruzione fisica di sistemi. Tali polizze garantiscono una copertura finanziaria per i danni fisici ed i costi di riacquisto dei sistemi, ma non rappresentano certamente una copertura rispetto ai rischi di perdita dell'integrità, riservatezza e disponibilità del patrimonio informativo nel suo complesso.

Per abbattimento del rischio si intende l'adozione di un insieme di contromisure di natura fisica, logica ed organizzativa che possono fornire protezione in differenti maniere:

- ridurre la minaccia;
- ridurre la vulnerabilità;
- ridurre l'impatto di eventi accidentali;
- rilevare un evento accidentale;
- aiutare nel recovery di un evento accidentale.

Nella strategia di abbattimento del rischio è fondamentale la valutazione del rapporto costi/benefici.

Si riportano a titolo esemplificativo alcuni degli elementi che vengono utilizzati per determinare se il costo dei meccanismi di protezione bilancia il valore del bene a rischio:

- *Il reddito netto del bene/processo da proteggere* indica il reddito generato dall'utilizzo del bene/processo da proteggere. Qualora tale dato non sia facilmente ottenibile, come nel caso di un servizio di rilascio certificati, altri parametri possono essere adottati quali il numero di utenti che usano il bene/processo moltiplicato per un fattore che indichi il ricavo che l'utente ottiene dall'uso del suddetto bene/processo.

- *La perdita annuale attesa dovuta alla perdita del bene/processo da proteggere* indica una stima del danno creato nel momento in cui si attuano le minacce cui lo stesso è sottoposto. Nel computo di tale stima vanno conteggiati il danno all'immagine, violazioni normative esistenti, mancato profitto, ...

- *Le soluzioni di sicurezza disponibili* devono essere valutate in relazione ad una serie di parametri: il costo di sviluppo, di implementazione complessivo, di manutenzione e di supporto annuale, il contributo dell'utente all'implementazione dell'opzione di sicurezza (il contributo iniziale, il canone annuale, il numero di utenti paganti), le minacce coperte dalla singola soluzione. Queste informazioni sono utili per valutare il costo totale della soluzione che può essere suddiviso in totale iniziale e totale di manutenzione annuale. In generale si considera il costo totale su cinque anni, che è il periodo di ammortamento in genere considerato per questo tipo di soluzioni.

- *L'efficacia delle soluzioni identificate* valuta la copertura delle soluzioni rispetto alle minacce. L'utente definisce la percentuale di efficacia della soluzione nell'eliminazione della minaccia (0% indica che l'opzione non elimina la minaccia, 100% indica che l'opzione elimina totalmente la minaccia) e quindi se ne valuta la media per singola soluzione.

- *L'impatto che la misura di sicurezza ha sugli utenti del servizio* per cui viene approntata. Per stimare il livello di accettazione della soluzione da parte degli utenti finali vanno considerati una serie di parametri quali l'impatto della soluzione sul modo di operare dell'utente, il numero di utenti coinvolti, quali inconvenienti può causare (ritardi, difficoltà, ecc.), eventuali incrementi nei costi del servizio.

- *Il livello di accettazione della misura di sicurezza da parte dei propri dipendenti.* Gli indicatori che possono essere considerati per valutare questo fattore sono il numero di dipendenti coinvolti, gli inconvenienti che tale soluzione può causare al loro modo usuale di operare (ritardi, difficoltà, ecc.), il grado di preparazione ed il tempo a disposizione dei dipendenti per implementare efficacemente questa soluzione.

- *La facilità di implementazione della misura di sicurezza.* Gli indicatori utilizzati per esprimere tale valore sono, in generale, il tempo necessario per implementare la soluzione, eventuali alterazioni che la stessa apporta al processo, la disponibilità di risorse per implementare la soluzione efficacemente e l'approvazione della direzione riguardo l'importanza della stessa.

Tutti i parametri di cui sopra devono inoltre essere raggruppati in un quadro di valutazione globale che, combinato con il budget di spesa previsto ed il livello di rischio predeterminato, consente di scegliere la soluzione di sicurezza più appropriata.

Comunque, la decisione finale su quale, e se, una contromisura deve essere implementata, resta una decisione della direzione. Può essere accettabile per la direzione stabilire che una particolare contromisura non deve essere implementata con la conseguente accettazione implicita del livello di rischio, ma la decisione dovrebbe essere documentata e spiegata.

L'individuazione della specifica strategia di abbattimento del rischio costituisce l'input per consentire lo sviluppo del piano operativo di implementazione delle contromisure.

2.6 Il piano operativo

Definite quali sono le risorse da proteggere, le strategie di abbattimento del rischio ed il livello di rischio ritenuto accettabile, si procede con la stesura del piano operativo.

Questo passo consente di determinare, tra l'insieme delle contromisure (funzioni di sicurezza) di natura fisica, logica ed organizzativa individuate, quali siano le più idonee, verificarne la fattibilità, stabilirne le priorità di attuazione valorizzandone le mutue interdipendenze per una copertura dei rischi sulla base degli obiettivi posti dalle politiche.

L'output è costituito da un piano operativo la cui esecuzione è regolata dalle priorità espresse dall'organizzazione e dai tempi relativi all'evoluzione complessiva del sistema informativo.

Il piano contiene:

- l'individuazione dell'insieme delle attività di sviluppo della sicurezza;
- il piano generale di attuazione;
- le sinergie tra i diversi interventi;
- le possibili alternative di realizzazione;
- l'indicazione di tempi, risorse (materiali ed economiche) e competenze.

Le attività di sviluppo sono generalmente raggruppabili all'interno delle seguenti aree:

- Sicurezza Fisica
- Sicurezza Logica
- Sicurezza Organizzativa
- Piano di Continuità Operativa

Sono di seguito riportate, per ogni area di intervento, le principali contromisure attuabili; gli aspetti della sicurezza Organizzativa sono essenziali sia per la sicurezza fisica sia per la sicurezza logica.

2.6.1 Sicurezza fisica

Il ruolo della sicurezza fisica è quello di proteggere le persone che operano sui sistemi, le aree e le componenti del sistema informativo.

I requisiti di sicurezza fisica possono variare considerevolmente in funzione delle dimensioni e dell'organizzazione del sistema informativo.

Generalmente le contromisure di sicurezza fisica possono essere ricondotte alle seguenti:

- Sicurezza di area
- Sicurezza delle apparecchiature hardware

2.6.1.1 Sicurezza di area

La sicurezza di area ha il compito di prevenire accessi fisici non autorizzati, danni od interferenze con lo svolgimento dei servizi di IT (Information Technology). Le contromisure si riferiscono alle protezioni perimetrali dei siti, ai controlli fisici per l'accesso, alla sicurezza delle *computer room* rispetto ai danneggiamenti accidentali od intenzionali, alla protezione fisica dei supporti.

2.6.1.2 Sicurezza delle apparecchiature hardware

La sicurezza delle apparecchiature è riconducibile, da un lato, alle protezioni da danneggiamenti accidentali od intenzionali e dall'altro alla sicurezza degli impianti di alimentazione e di condizionamento. La manutenzione dell'hardware rientra in questa area, come anche la protezione da manomissione o furto.

2.6.2 Sicurezza logica

La sicurezza logica è una componente particolarmente critica della sicurezza del sistema informativo. Il campo di applicazione della sicurezza logica riguarda principalmente la protezione di informazioni, dati, applicazioni, sistemi e reti, sia in relazione al loro corretto funzionamento ed utilizzo, sia in relazione alla loro gestione e manutenzione nel tempo. Le contromisure di sicurezza logica sono quindi da intendersi come l'insieme di misure di sicurezza di carattere tecnologico (ICT - Information and Communication Technology) e di natura procedurale ed organizzativa che concorrono nella realizzazione del livello di sicurezza da raggiungere.

A causa della eterogeneità dei sistemi, delle reti e delle applicazioni che caratterizzano l'architettura dei sistemi informativi, la realizzazione della sicurezza logica deve essere pensata in termini architetturali in funzione della realizzazione di uno specifico sistema di sicurezza logica, cioè di un sottosistema di sicurezza finalizzato all'implementazione dei requisiti di sicurezza nelle architetture informatiche, dotato di meccanismi opportuni e di specifiche funzioni di gestione e controllo.

La realizzazione di tale architettura di sicurezza deve essere basata sull'individuazione di:

- Servizi di sicurezza: sono le funzioni di sicurezza che il sistema deve garantire su tutte le piattaforme e a tutti i livelli di elaborazione. ISO individua i seguenti servizi di sicurezza:
    o Autenticazione
    o Controllo accessi
    o Confidenzialità
    o Integrità
    o Non Ripudio

21

- Meccanismi di sicurezza: rappresentano le modalità tecniche attraverso le quali si possono realizzare i servizi di sicurezza. ISO individua i seguenti meccanismi di sicurezza:
    - Cifratura
    - Firma Digitale
    - Meccanismi per il controllo degli accessi
    - Integrità dei dati
    - Meccanismi per l'autenticazione
    - Traffic Padding ovvero saturazione del traffico in rete
    - Controllo Instradamento
    - Notarizzazione

La definizione dell'architettura di sicurezza logica deve rispondere ai seguenti punti:

- Quali funzioni di sicurezza devono essere garantite e per quali beni?
- Con quali meccanismi di sicurezza è conveniente realizzare tali funzioni?
- In quali livelli dell'architettura del sistema informatico devono essere collocati i diversi meccanismi?

L'individuazione delle funzioni di sicurezza da garantire si evince dalla precedente attività di analisi dei rischi, politiche di sicurezza e gestione del rischio.

L'individuazione dei meccanismi di sicurezza da utilizzare e la loro collocazione ai diversi livelli dell'architettura del sistema informatico è invece oggetto di un'importante attività di progettazione; tale attività richiede notevole esperienza tecnica e progettuale ed è opportuno che sia condotta da personale esperto e qualificato. Sostanzialmente si tratta di effettuare:

- Analisi dei meccanismi attualmente in uso, verifica della loro congruenza con gli obiettivi di sicurezza, valutazione della loro efficacia ed efficienza.
- Valutazione dell'allocazione di tali meccanismi all'interno dell'architettura in relazione ai beni da proteggere.
- Analisi e verifica dell'utilizzo degli attuali meccanismi di sicurezza e della loro manutenzione.
- Valutazione dell'introduzione di nuovi meccanismi in funzione di:
    - nuovi beni da proteggere;
    - nuovi servizi di sicurezza da realizzare;

o   integrabilità dei nuovi meccanismi con quelli attualmente in uso;

o   garanzia del mantenimento del livello di sicurezza;

o   efficacia ed efficienza dell'architettura di sicurezza nel suo complesso;

o   scalabilità, gestibilità e controllo dell'architettura di sicurezza nel suo complesso;

o   alternative in relazione alle diverse architetture presenti nel Sistema Informativo;

o   procedure di implementazione, gestione e controllo;

o   accettabilità della soluzione da parte dell'utente;

o   formazione per i gestori e gli utenti;

o   tempi di implementazione;

o   costi di implementazione e di gestione.

Nell'ambito della definizione di un'architettura di sicurezza vengono, in generale, prese in considerazione alternative diverse per l'implementazione di una stessa funzionalità. La scelta dell'opzione da rendere esecutiva viene fatta solo dopo un'analisi costi/benefici.

Di seguito sono riportate le categorie di strumenti tecnologici più utilizzati per far fronte ai principali rischi legati alla sicurezza logica.

2.6.2.1   Il controllo degli accessi ai sistemi di elaborazione

Il controllo degli accessi consiste nel garantire che tutti gli accessi agli oggetti del sistema informativo avvengano esclusivamente secondo modalità prestabilite. Il controllo degli accessi può essere visto come un sistema caratterizzato da soggetti (utenti, processi) che accedono ad oggetti (applicazioni, dati, programmi) mediante operazioni (lettura, aggiornamento, esecuzione). Funzionalmente è costituito da:

*   un insieme di politiche e di regole di accesso che stabiliscono le modalità (lettura, aggiornamento, ...) secondo le quali i vari soggetti possono accedere agli oggetti;

*   un insieme di procedure di controllo (meccanismi di sicurezza) che verificano se la richiesta di accesso è consentita o negata, in base alle suddette regole (validazione della richiesta).

Per garantire quanto sopra esposto, è indispensabile prevedere un meccanismo che costringa ogni utente ad autenticarsi (vale a dire dimostrare la propria identità) prima di poter accedere ad un calcolatore; il meccanismo, sinora più usato a tale scopo, è quello delle password. Si concede all'utente una coppia user-id e password a livello di sistema operativo e/o per ogni applicazione, di solito in numero limitato, al cui accesso l'utente è abilitato. Si arriva molto presto alla constatazione che il meccanismo delle password non è però sufficientemente adeguato per garantire il livello di sicurezza richiesto nella fase di autenticazione. I problemi principali sono la scelta di password estremamente facili da indovinare da parte degli utenti e la possibilità di intercettarle quando transitano in rete.

Per far fronte a questi problemi sono stati individuati dei meccanismi di autenticazione forte, che consentono di rendere molto più sicura una qualunque fase di autenticazione. Tali meccanismi si basano sul riconoscimento di un attributo posseduto dall'utente, che può essere:

- una caratteristica fisica quale l'impronta digitale, la forma della mano, l'iride, la retina od una caratteristica comportamentale quale la firma, la voce; in questo caso si parla di dispositivi di autenticazione biometrici;
- una password generata dinamicamente da un apposito dispositivo personalizzato per ciascun utente, in questo caso parliamo di One-Time Password (OTP);
- un certificato digitale che attesta l'identità dell'utente solitamente memorizzato su smart card.

I certificati digitali, con particolare riferimento a quelli di tipo X.509, dal nome dello standard internazionale che ne definisce il contenuto, sono i meccanismi di autenticazione che hanno visto il maggior numero di implementazioni in questo ultimo periodo. La loro importanza è legata anche al fatto che lo stesso meccanismo può essere utilizzato per realizzare la firma digitale di documenti. Questo sarà, molto probabilmente, il meccanismo di autenticazione che sostituirà nei prossimi anni le password.

I certificati digitali sono il frutto dei risultati della più recente branca della crittografia, la crittografia a chiave asimmetrica. Al fine di utilizzare tali meccanismi è necessario fare riferimento ad una PKI (Public Key Infrastructure) vale a dire ad un'infrastruttura che emette dei certificati digitali e che provvede alla loro gestione: pubblicazione in rete, revoca, sospensione ed aggiornamento.

In tale scenario ogni utente viene fornito di una coppia di chiavi (pubblica e privata) che lo identificano; la chiave pubblica viene inserita in un certificato digitale emesso dalla PKI che ne attesta inequivocabilmente l'appartenenza all'utente stesso e viene diffusa pubblicamente dalla PKI; la chiave privata invece viene custodita segretamente dall'utente.

L'uso appropriato di questa coppia di chiavi consente lo svolgimento dell'autenticazione forte, fase che viene solitamente realizzata automaticamente con il minimo coinvolgimento dell'utente grazie all'uso di smart card.

Il ricorso ai certificati digitali consente anche la realizzazione di funzionalità estremamente importanti in ambito di sicurezza informatica, quali l'autenticità e l'integrità dei messaggi, la non ripudiabilità e la confidenzialità.

Un meccanismo di sicuro interesse, nell'ambito di strumenti per il controllo degli accessi, è rappresentato dai sistemi di Single Sign-On (SSO). Tali strumenti sono realizzati per facilitare la gestione degli accessi in quei sistemi in cui l'utente si trova di fronte ad una moltitudine eterogenea di workstation, server ed applicazioni e si vede costretto ad effettuare la fase di autenticazione (login) ogni qualvolta deve modificare server od applicazione su cui operare. In tali situazioni un sistema di Single Sign-On presenta all'utente una singola istanza iniziale di identificazione ed autenticazione forte; è poi il sistema di SSO che, sfruttando un Security Information Base interno, fornisce automaticamente le login di tutte le applicazioni (o sistemi) al cui uso l'utente è abilitato. Il sistema di SSO gestisce in proprio ed automaticamente le login (nuova attribuzione, rinnovo o cancellazione) mediante colloquio diretto con i sistemi o le applicazioni.

Oltre alla fase di identificazione ed autenticazione dell'utente, indipendentemente dal meccanismo di autenticazione utilizzato, si deve provvedere al controllo dell'accesso agli oggetti del sistema informativo. I sistemi operativi sono spesso dotati di meccanismi di sicurezza interni che controllano se la richiesta di accesso è consentita o negata. Come è già avvenuto per i mainframe, l'utilizzo di appositi strumenti di controllo accesso esterni, amministrabili in modo semplice e sicuro, agevolano il compito del gestore della sicurezza logica, attraverso semplici definizioni di regole di accesso agli oggetti (file, directory, comandi); offrono, inoltre un livello di sicurezza maggiore.

2.6.2.2 *Antivirus*

I virus informatici sono i rappresentanti più noti di una categoria di programmi scritti per generare intenzionalmente una qualche forma di danneggiamento ad un computer o ad una rete; sono indicati con il termine generico di "codice maligno".

Si consideri che un virus può dar luogo a:

- Danni all'hardware
- Danni al software
- Danneggiamento di dati (integrità)
- Perdita di tempo impiegato a ripristinare le funzioni del sistema
- Infezione di altri sistemi

Per questo motivo è necessario che le organizzazioni attribuiscano la dovuta priorità all'adozione di iniziative a difesa, attivando una protezione sistematica dei propri sistemi informatici e dei dati in essi custoditi e gestiti contro la minaccia rappresentata da virus, macro virus e worm. Tali programmi sono in grado, senza alcun intervento dell'utente, di:

- infettare altri programmi, cioè creare copie di se stessi su altri programmi presenti nel sistema, insediarsi nella tabella di partizione e nel settore di boot del disco rigido, dove attendono il verificarsi di un determinato evento per poter assumere il controllo di alcune funzioni del sistema operativo, con il fine di svolgere azioni dannose per cui sono stati programmati;
- inserire operazioni automatizzate (macro) in documenti di testo, di archivio o di calcolo dagli effetti indesiderati e nocivi;
- autoreplicarsi all'interno del sistema al fine di saturarlo.

Le azioni di danneggiamento possono andare dalla modifica del contenuto di alcuni file residenti sull'hard disk, alla completa cancellazione dello stesso; così come all'alterazione del contenuto del video o della impostazione hardware.

La miglior difesa contro i virus informatici consiste nel definire un'architettura antivirus composta da regole comportamentali e da procedure operative, a protezione dell'intero sistema informatico.

Tutti gli utenti del sistema sono tenuti a conoscere e a rispettare le regole emesse dall'organizzazione e l'amministratore di sistema è tenuto a mantenere, costantemente operative ed aggiornate, le procedure software predisposte.

2.6.2.3 *Controllo del software*

Tra i principali punti di debolezza di un sistema informatico vanno sicuramente annoverati il sistema operativo e le applicazioni; spesso attraverso lo sfruttamento di errori (*bug*) presenti in questi programmi, un estraneo riesce a guadagnare un accesso al sistema.

Le contromisure da adottare, in questo caso, sono essenzialmente di due tipi:

- l'aggiornamento costante dei prodotti, non appena viene scoperto un bug che compromette la sicurezza del sistema (tale procedura è nota come installazione di *patch*);

- la verifica periodica dell'installazione e della configurazione dei prodotti software; un errore anche minimo, in questa fase, può trasformare un prodotto che dovrebbe contribuire a migliorare la sicurezza di un sistema, come ad esempio un firewall, nel prodotto che compromette ogni misura.

Numerose mailing list, gruppi di discussione e siti sono già attivi da tempo su questo argomento. Tutti gli amministratori di rete devono costantemente monitorare queste fonti di informazioni ed aggiornare i sistemi operativi; ogni aggiornamento del software deve essere registrato in uno specifico database.

Sono disponibili dei tool in grado di verificare automaticamente eventuali inconsistenze ed inesattezze nella configurazione dei sistemi operativi e dei servizi di rete; questi prodotti sono noti con il generico termine di *Network Scanner*.

2.6.2.4 Strumenti per la riservatezza ed autenticità dei dati

I dati conservati in un sistema informatico devono essere protetti da letture e/o modifiche da parte di utenti non autorizzati. Due sono i momenti principali in cui tali dati devono essere difesi: l'accesso in locale e la trasmissione in rete.

Nel caso in cui i dati da proteggere risiedano su database, è necessario ricorrere a prodotti che implementano politiche di autorizzazione per l'accesso ai dati possibilmente legati a meccanismi di autenticazione forte degli utenti.

Per la protezione dei dati conservati su file si possono utilizzare strumenti, genericamente chiamati *crypto file system*, che, utilizzando tecniche crittografiche, consentono di cifrare il contenuto dei file, in modo che possa essere letto solo da utenti in possesso di un particolare codice, garantendo quindi la riservatezza dei dati.

Se l'organizzazione dispone anche di una PKI, si possono utilizzare i suddetti strumenti per apporre firme digitali ad interi file, garantendo, in questo modo, l'autenticità e l'integrità degli stessi.

2.6.2.5 Strumenti per la disponibilità dei dati

I dati di un sistema sono sottoposti ad una serie di rischi che ne minacciano continuamente la disponibilità, questi rischi vanno dai mal funzionamenti hardware agli atti di vandalismo perpetrati da intrusori informatici. E' possibile ridurre al minimo gli effetti, spesso disastrosi, di tali eventi, predisponendo una serie di accorgimenti tecnologici, come:

- Sistemi RAID (Redundant Array of Inexpensive Disks): si tratta di hard disk multipli visti però dal sistema operativo come un singolo disco. La principale proprietà di questi dispositivi è la garanzia della disponibilità e dell'integrità dei dati anche nel caso di guasto hardware di uno dei dischi che compongono il sistema.

- Backup: si tratta di una serie di procedure attraverso le quali viene periodicamente effettuata una copia di tutti i dati presenti nel sistema su dispositivi opportuni. In caso di guasto hardware dei dischi, è quindi possibile ripristinare il sistema nello stesso stato in cui si trovava nel momento dell'ultimo backup. Il problema principale in questo caso è legato al fatto che anche i dispositivi di backup possono guastarsi. Vanno quindi individuate delle strategie di backup che, in funzione della quantità di dati da memorizzare e delle caratteristiche del sistema, cerchino di minimizzare i rischi derivanti da guasti hardware e consentano, in caso di rottura dei dischi di un sistema, di ripristinare la situazione più aggiornata possibile. Le politiche di backup devono essere organizzate in maniera tale da poter disporre di uno storico e poter così recuperare lo stesso dato in più stadi. I backup dovrebbero essere automatizzati e la gestione dei supporti dovrebbe evitare i disastri derivanti da cause fisiche (incendi, allagamenti). E' importante quindi predisporre armadi ad isolamento termico e/o magnetico e copie multiple dei backup, da tenere in luoghi differenti e distanti tra loro.

2.6.2.6 La sicurezza delle reti di telecomunicazione

Il crescente utilizzo di reti di telecomunicazioni locali e geografiche risponde all'esigenza di migliorare l'efficacia e l'efficienza dei procedimenti amministrativi, ma nello stesso tempo espone i sistemi informativi e le informazioni trattate a molteplici attacchi alla disponibilità, integrità e riservatezza.

Anche se alcuni concetti della sicurezza delle reti sono comuni ad altre aree della sicurezza dei S.I., si è ritenuto opportuno comunque trattarli esplicitamente, data la rilevanza che la problematica della sicurezza delle reti riveste.

La sicurezza della rete deve principalmente garantire da un lato l'utilizzo della risorsa trasmissiva ai soli utenti autorizzati e nelle specifiche modalità abilitate e dall'altro che i dati contenuti in una comunicazione non possano essere:

- divulgati o alterati nel momento appena precedente al loro invio ad un destinatario;
- intercettati (attivamente o passivamente) quando sono trasmessi sui mezzi trasmissivi, compromettendo la loro integrità e/o riservatezza;
- conosciuti da utenti non autorizzati quando giungono a destinazione.

La protezione delle informazioni in rete deve indirizzare, in funzione delle politiche di sicurezza, i seguenti servizi:

- Controllo del traffico di rete
- Riservatezza
- Integrità
- Autenticazione
- Non Ripudio

Sono di seguito illustrati i principali contenuti di ciascuno dei servizi di sicurezza sopra elencati e fornite alcune indicazioni relativamente alle essenziali misure di sicurezza da adottare.

Controllo del traffico di rete

Il controllo degli accessi alla rete ha l'obiettivo di garantire che la rete sia utilizzata esclusivamente dall'utenza autorizzata e nelle modalità definite dai profili di abilitazione (ovvero quali servizi di rete è possibile usare e come).

In relazione alla crescente interconnessione di reti utilizzanti il protocollo TCP/IP, la problematica di controllo degli accessi alla rete è diventata particolarmente critica a causa dell'intrinseca vulnerabilità del protocollo medesimo.

Per questo motivo è opportuno implementare misure efficaci di identificazione ed autenticazione dell'utente e di controllo degli accessi ai servizi di rete per far sì che in ogni rete interconnessa siano rispettati i relativi requisiti di sicurezza definiti dalle specifiche politiche.

Tra le principali misure di sicurezza per controllare l'accesso alle reti basate su protocollo TCP/IP è di primario riferimento l'utilizzo di dispositivi firewall.

I firewall sono dei sistemi hardware e software dislocati nei punti di interconnessione tra reti TCP/IP distinte, ad esempio tra la rete interna ed internet o tra la rete intranet dell'amministrazione e la RUPA, nel caso delle P.A., che hanno il compito di controllare gli accessi alle risorse di rete interconnesse. Tale controllo è effettuato filtrando i messaggi in transito e facendo passare solo quelli che rispondono ai requisiti definiti dalle politiche di sicurezza del sistema informativo.

Per la protezione dalla diffusione di virus tra le reti interconnesse, è opportuno che il firewall disponga di opportune funzioni antivirus.

L'efficacia dei sistemi firewall è strettamente correlata alla corretta configurazione e gestione dei diritti di privilegio che devono essere accuratamente definiti dalle politiche di sicurezza e correttamente implementati.

Ai fini della verifica dell'efficacia e dell'efficienza della soluzione firewall implementata, è molto importante la verifica sia della corretta implementazione sia dell'adeguata gestione. Tale verifica va effettuata prima del rilascio in esercizio del sistema firewall ed ogni qualvolta intervengano modifiche al sistema informativo; la verifica viene eseguita attraverso la conduzione di test di penetrazione del sistema di sicurezza, nonché attraverso la valutazione di adeguatezza delle procedure di gestione in essere.

Riservatezza

La riservatezza sulla rete ha l'obiettivo di contrastare i cosiddetti attacchi passivi, ovvero quelli tesi a carpire in modo non autorizzato il contenuto di informazioni o l'ubicazione degli interlocutori o la struttura del sistema telematico.

Secondo i requisiti di sicurezza definiti dalle politiche, si possono avere i servizi della riservatezza definiti nella seguente tabella.

Tabella 2-1 Servizi di riservatezza

Riservatezza di	Descrizione
Dati	Protezione di tutti i dati trasmessi e ricevuti
Connessione	Protegge solo i dati di una particolare connessione selezionandoli in funzione, ad esempio, degli indirizzi di rete

Riservatezza di	Descrizione
Campi selezionati	Per garantire la riservatezza di particolari informazioni che risiedono in specifici campi
Flusso di traffico	Per proteggere informazioni sulla quantità o la direzione del traffico dati

Il meccanismo attualmente più diffuso per garantire la confidenzialità del traffico di rete è costituito dalla VPN (Virtual Private Network). Si tratta di un meccanismo che consente la cifratura del traffico tra due punti di una rete, in modo trasparente rispetto all'utente stesso. Requisito fondamentale per realizzare una VPN è che le due entità coinvolte siano tra loro compatibili nello svolgimento della suddetta funzione. Una volta predisposta una VPN tra due punti della rete, tutti i pacchetti di informazione tra questi punti sono cifrati e decifrati automaticamente dai due dispositivi senza alcun intervento dell'utente che viene però garantito sulla riservatezza delle informazioni trasmesse.

Integrità

Il servizio di integrità ha l'obiettivo di proteggere i dati dai cosiddetti attacchi attivi, verificando, in fase di ricezione, se sono state apportate modifiche alle singole unità dei dati od alla sequenza delle stesse. Secondo i requisiti di sicurezza definiti dalle politiche, si possono avere i servizi dell'integrità definiti nella seguente tabella.

Tabella 2-2 Servizi di integrità

Servizio di integrità di	Descrizione
Connessione "con recupero"	Realizza l'integrità dei dati e nel caso di violazioni di integrità, effettua la ritrasmissione dei dati originali, se il protocollo di comunicazione supporta la ritrasmissione
Connessione "senza recupero"	Integrità della: il servizio rileva l'occorrenza della violazione dell'integrità ma non effettua la ritrasmissione
Connessione per campi selezionati	Integrità della: assicura l'integrità di specifici campi preselezionati

Autenticazione

Il servizio garantisce l'entità ricevente sull'autenticità dell'entità mittente e dei dati ricevuti e può essere implementato in due modalità:

- autenticazione per entità di pari livello: garantisce la mutua autenticazione tra entità di pari livello interconnesse durante la fase iniziale del colloquio e nel corso del trasferimento dei dati;

- autenticazione della sorgente dei dati: garantisce al ricevente l'autenticità dell'identità del mittente per ogni pacchetto inviato in trasmissione.

Non Ripudio

Il servizio di non ripudio serve per fornire la prova incontestabile di un'avvenuta spedizione o ricezione di dati in rete. Assume due modalità:

- non ripudio dell'origine: prova chi è il mittente di una spedizione;

- non ripudio della destinazione: prova che la spedizione è arrivata ad uno specifico destinatario.

Generalmente il servizio di non ripudio è richiesto laddove bisogna avere garanzie di avvenuta spedizione e ricezione di flussi telematici e salvaguarda dalle minacce di misrouting.

2.6.2.7 Crittografia

Per l'implementazione dei servizi di sicurezza sopra descritti (Riservatezza, Integrità, Autenticazione e Non Ripudio) è importante l'utilizzo della crittografia ed in particolare della Firma Digitale.

Questo significa realizzare la sicurezza dei servizi di rete attraverso un'infrastruttura tecnologica di crittografia a Chiave Pubblica (PKI) basata su diversi servizi:

- Certificazione (Certification Authority)
- Registrazione (Registration Authority)
- Time Stamping
- Notariato

La realizzazione dell'architettura di sicurezza basata su crittografia a chiave pubblica consente inoltre di realizzare sistemi di sicurezza in grado di erogare servizi sia alla rete (meccanismi di VPN) che alle applicazioni ed agli utenti.

L'adozione della firma digitale, quale strumento di identificazione ed autenticazione dell'utente, sarà la principale misura di sicurezza per lo sviluppo dei servizi on-line ai cittadini.

La realizzazione della sicurezza della rete richiede l'esecuzione di attività complesse orientate, oltre che alle misure di sicurezza logica precedentemente descritte, anche alle misure di sicurezza fisica (protezione fisica degli apparati di trasmissione) e di carattere organizzativo (procedure di gestione della crittografia).

Devono in particolare essere sviluppati i seguenti:

- requisiti di sicurezza della rete (controllo degli accessi, riservatezza, integrità, autenticazione e non ripudio);
- meccanismi tecnologici di implementazione (crittografia);
- politiche di sicurezza della rete (network security: esigenze e regole);
- norme e procedure per la realizzazione e la gestione dell'infrastruttura di sicurezza basata su crittografia.

2.6.3 Sicurezza organizzativa

Il processo della sicurezza dei sistemi informativi richiede che, accanto all'adozione di misure tecnologiche precedentemente illustrate, siano definite una serie di norme e procedure mirate a regolamentare gli aspetti organizzativi del processo medesimo.

Gli aspetti organizzativi della sicurezza dei sistemi informativi riguardano principalmente:

- la definizione di ruoli, compiti e responsabilità per la gestione di tutte le fasi del processo *sicurezza*;
- l'adozione di specifiche procedure che vadano a completare e rafforzare le contromisure tecnologiche adottate.

A proposito del primo aspetto, con riferimento alle funzioni organizzative, devono essere identificati una serie di ruoli, compiti e responsabilità per le specifiche attività del processo della sicurezza.

Ogni organizzazione, in relazione alla propria struttura organizzativa ed ai ruoli del personale, definirà specifici compiti e responsabilità.

In relazione al secondo aspetto vengono di seguito indicate le principali procedure organizzative che dovrebbero essere emanate ed adottate per la sicurezza dei sistemi informativi:

- procedure di gestione delle contromisure di sicurezza logica;
- procedure di gestione specifiche per la sicurezza della rete;
- procedure di controllo dei sistemi di sicurezza;
- procedure di controllo del ciclo di vita del software;
- procedure di controllo per la gestione delle operazioni;
- procedure per la gestione degli incidenti;
- procedure per la continuità operativa;
- procedure per il personale.

Alcuni aspetti, che devono essere regolamentati dalle procedure di sicurezza, sono:

- documenti: accesso ai documenti, conservazione dei documenti, consegna documenti, distruzione;
- utilizzo del software: installazione, licenze d'uso, modalità d'uso;
- password: modalità di assegnazione, gestione ed utilizzo, validità nel tempo;
- virus informatici: misure preventive, regole operative, norme sull'utilizzo dei programmi antivirus;
- posta elettronica: norme generali, utilizzo corretto, attivazione del servizio;
- risorse informatiche: generalità, diritto d'uso, autorizzazioni, dismissione, installazione delle postazioni, ergonomia e salute del lavoratore, sicurezza ambientale, protezione da furti, blocco fisico dell'apparato, blocco dell'avvio da disco floppy, protezioni logiche della risorsa;
- supporti rimovibili, magnetici e ottici: supporto di memorizzazione fisso o rimovibile, distruzione dei supporti magnetici e ottici;
- rete: gli utenti di rete, directory condivise, monitoraggio e gestione, backup centralizzato di rete, utilizzo della rete;
- sicurezza dei personal computer portatili;
- comportamenti illegali;
- norme disciplinari;
- riferimenti normativi.

Un ulteriore aspetto inerente alla sicurezza organizzativa è quello concernente i controlli sulla consistenza e sull'affidabilità degli apparati.

E' necessario prendere ogni precauzione affinché i computer e tutti gli apparati, utilizzati per l'erogazione dei servizi, non siano un punto di criticità del sistema. Al di là di tutti quelli che sono i già presenti controlli sul materiale che va acquistato è importante creare una banca dati di tutte le dotazioni hardware, software e di trasmissione dati. E' importante che questo comune archivio sia tenuto aggiornato con le sostituzioni, riparazioni e con i consumi delle apparecchiature. Questa banca dati dei sistemi informativi, se correttamente gestita, darebbe una visione storica e precisa del patrimonio arricchita di informazioni estremamente utili e statistiche sul grado di affidabilità ed uso dei sistemi; sarebbe di conseguenza di grande aiuto nei processi di acquisto ed in quelli di pianificazione degli investimenti e delle scorte e materiali di consumo.

Nell'acquisto delle apparecchiature bisognerebbe prevedere sistemi di protezione elettrica delle stesse, quali stabilizzatori di corrente e apparecchiature UPS.

Per l'hardware impiegato in attività di fondamentale importanza, ai fini del conseguimento degli obiettivi istituzionali, è importante prevedere la necessità di utilizzare apparati che si avvicinino ad un concetto di garantire la massima ridondanza ed affidabilità (Fault Tolerance).

Oltre a regolamentare il comportamento dei propri utenti è necessario anche regolamentare quello degli utenti esterni (ad esempio consulenti e fornitori) che operano con il sistema informativo o comunque che sono abilitati a connettersi con esso.

2.6.4 Piano di continuità operativa

Il piano di continuità operativa rappresenta l'aspetto della sicurezza principalmente orientata a garantire la continuità e la disponibilità dei sistemi informativi rispetto a danneggiamenti causati da eventi accidentali, sabotaggi, disastri naturali.

In considerazione del fatto che i piani di continuità in genere richiedono investimenti significativi per la loro realizzazione, è importante che vengano definiti tenendo continuamente presente un corretto rapporto costi/benefici, nei limiti della loro effettiva necessità.

L'obiettivo del piano di continuità operativa è quello di ripristinare i servizi informatici entro un tempo prestabilito, in funzione dei livelli di servizio attesi, e di rendere minime le perdite causate dall'interruzione dell'attività.

Ciò vuol dire che il piano di continuità operativa non deve essere inteso come misura alternativa a quelle di prevenzione, ma a completamento di queste ultime, al fine di:

- garantire la continuità dei principali processi assicurando l'erogazione dei servizi essenziali;
- limitare gli impatti degli eventi a carattere distruttivo sulla posizione finanziaria.

Il piano di continuità operativa si occupa del controllo delle interruzioni di operatività al fine di prevenirne e minimizzarne l'impatto, individuando un insieme specifico di contromisure di sicurezza in grado di sostenere le operazioni critiche di missione istituzionale anche attraverso infrastrutture alternative.

Lo scopo è quello di raggiungere e mantenere un sistema di operazioni che risponda alle politiche della continuità, che quindi prevenga i rischi e, in caso di accadimento dell'evento distruttivo, ne limiti l'impatto sulla continuità dei servizi.

A tal fine sarebbe opportuno attivare un processo di sviluppo e mantenimento di specifici piani che includano misure di identificazione e riduzione del rischio orientate a limitare le conseguenze di un impatto dannoso e ad assicurare un rapido ripristino delle operazioni essenziali.

Il processo di pianificazione della continuità operativa dovrebbe essere visto come un quadro di riferimento per la gestione di più procedure di ripristino orientate a coprire scenari di impatto differenziati in relazione ai diversi eventi dannosi: dalla semplice caduta di alimentazione fino agli eventi catastrofici che richiedono un vero e proprio piano di Disaster Recovery.

La continuità operativa è un processo continuo che si articola in attività di analisi, progetto, attuazione e manutenzione di un piano che deve contemplare:

- identificazione e classificazione per priorità di ripristino dei processi e servizi critici;
- determinazione dei potenziali impatti di indisponibilità rispetto ai diversi scenari di danneggiamento;
- identificazione delle responsabilità ed adozione di contromisure tecniche ed organizzative;

- documentazione dei processi e delle procedure concordate (di emergenza, di continuità, di ripristino);
- formazione specifica di tutto il personale sui processi e le procedure della continuità operativa;
- test, manutenzione ed aggiornamento del piano.

La realizzazione del piano di continuità operativa si basa quindi su contromisure di carattere sia tecnologico che organizzativo che indicano cosa fare, con quali risorse e quali procedure seguire in condizioni di emergenza che rendano i sistemi informativi parzialmente o totalmente indisponibili.

I principali aspetti tecnologici riguardano:

- il recupero dei supporti di backup;
- il recupero delle transazioni perse;
- il disaster recovery nel caso di impatto per evento catastrofico.

In questo ultimo caso la principale contromisura di carattere tecnologico consiste nel centro di backup che può essere realizzato in uno dei seguenti modi:

- predisponendo una struttura tipo "scatola vuota" (Empty Shell) di proprietà dell'organizzazione, o di tipo consortile o in service;
- raddoppiando il centro ed integrandolo in rete;
- creando un centro di recovery che può essere di proprietà dell'azienda, o di tipo consortile o in service.

Deve inoltre essere predisposta una struttura di commutazione che in caso di emergenza possa commutare l'utenza dal sistema principale a quello di backup.

I principali aspetti organizzativi, come già accennato, riguardano la definizione del piano dettagliato di chi fa cosa dal momento della dichiarazione dello stato di emergenza a tutto il periodo (anche diversi mesi) durante il quale il centro primario potrebbe rimanere fuori servizio. Nulla deve essere lasciato al caso, quindi il piano deve comprendere:

- l'assegnazione delle responsabilità individuali;
- le procedure di rilevamento e segnalazione;
- il piano di gestione dell'emergenza;
- l'organizzazione della ripartenza dei servizi essenziali (ripartenza automatica);
- il piano di gestione della comunicazione verso le direzioni, le organizzazioni, le amministrazioni, il pubblico;

- corsi di sensibilizzazione e formazione periodici;
- la manutenzione del piano: organizzazione di test regolari e revisioni di tutte le contromisure, le procedure ed i recovery plan.

L'attività di manutenzione del piano riveste particolare importanza per evitare che il sistema stesso divenga rapidamente obsoleto ed inefficace a causa della:

- evoluzione tecnologica dei sistemi hardware e software sia del proprio sistema informativo che, eventualmente, del centro di backup;
- evoluzione organizzativa e logistica dell'organizzazione;
- caduta di attenzione delle persone coinvolte;
- cambiamento delle persone che occupano i ruoli interessati.

Se il piano non segue tempestivamente questi cambiamenti, perde efficacia in breve tempo. L'unico modo per verificare che la manutenzione sia effettuata in modo adeguato è quello di programmare prove reali o almeno "di carico" almeno due volte l'anno.

2.7 Verifica della sicurezza dei sistemi informativi

La verifica dell'efficacia e della validità nel tempo delle misure di sicurezza adottate è un punto fondamentale di tutto il processo per la sicurezza dei S.I..

Infatti, in un contesto tecnologico in rapidissima evoluzione è necessario avere le massime garanzie circa l'adeguatezza delle misure di sicurezza adottate nei confronti del sempre più vasto, articolato ed aggiornato panorama delle minacce possibili.

Per quanto sopra, le attività di verifica devono consistere in due attività distinte, sia per compiti, sia per organizzazione.

La prima, il Monitoraggio, è l'attività di verifica continua dell'efficacia delle misure di sicurezza realizzate ed è effettuata, sotto la responsabilità della struttura che progetta e realizza le misure di sicurezza, durante la progettazione, implementazione ed esercizio delle misure stesse.

La seconda, l'Audit di sicurezza, è un'attività di verifica effettuata da una struttura esterna a quella che ha implementato le misure di sicurezza e può avvenire in modo estemporaneo e non prevedibile.

2.7.1 Monitoraggio delle misure di sicurezza

E' necessario anche prevedere un controllo continuo delle misure di sicurezza. Tutto ciò per poter intercettare, il più presto possibile, eventuali attacchi al sistema, non previsti in fase di definizione delle contromisure o resi possibili da errori presenti o commessi in fase di installazione delle misure di sicurezza e degli apparati hardware e software ad esse collegati. Questa fase viene solitamente definita monitoring o monitoraggio.

Il metodo principale per effettuare il monitoraggio è costituito dalla raccolta ed analisi dei file di "log" (log file), cioè file in cui i software di sicurezza installati, i sistemi operativi e le applicazioni scrivono tutte le principali operazioni svolte dagli utenti.

Attraverso questa analisi, che nelle organizzazioni complesse deve essere necessariamente effettuata adottando strumenti automatici di reportistica e di sintesi, è possibile individuare i tentativi riusciti o meno di accesso al sistema e l'esecuzione di operazioni sospette. Vista l'importanza di questi file viene spesso suggerito di allocare gli stessi su dispositivi non riscrivibili.

2.7.2 Audit delle misure di sicurezza

Definito il piano di sicurezza, ultimato il piano operativo ed emanate le norme comportamentali è necessario verificare con periodicità fissa ed inoltre con verifiche casuali non annunciate che tutte le misure implementate, sia quelle tecnologiche sia quelle organizzative e la loro attuazione siano consistenti con gli indirizzi definiti nel piano operativo. Più precisamente deve essere verificato che le misure tecnologiche implementate ed il loro effettivo dispiegamento svolgano correttamente le funzionalità per cui sono state adottate.

I test specifici di verifica delle misure tecnologiche possono essere effettuati con l'ausilio dei moderni strumenti automatizzati di "network scanning" che stanno acquistando attualmente livelli sempre più elevati di affidabilità e copertura; essi consistono in un'approfondita analisi del sistema in esame, con lo scopo di individuare il livello di release e di patches dei sistemi operativi, dei middleware, degli applicativi installati e la configurazione dei relativi parametri di sicurezza, per confrontare poi queste informazioni con un database di "security flaws" denunciate dai produttori o individuate dalla comunità internazionale degli utenti.

E' particolarmente importante affiancare a queste attività una serie di attacchi di tipo intrusivo (test di penetrabilità), che prevedono, ad esempio, tentativi esaustivi di individuazione delle password.

E' utile, per questi test, l'impiego di "ethical hackers", che abbiano un'esperienza consolidata di penetrazione dei sistemi informatici e che possano operare sia dall'interno che dall'esterno del sistema informativo oggetto della verifica.

Per quanto riguarda le misure organizzative, va verificato il loro effettivo rispetto da parte di tutti gli utenti coinvolti.

Tali verifiche, generalmente indicate come audit di sicurezza e distinte dalle attività di monitoraggio prima elencate, per ovvii motivi debbono essere svolte da personale che non abbia responsabilità di gestione del sistema informatico oggetto della verifica.

Gli audit di sicurezza, richiedendo un notevole livello di specializzazione tecnica e comportando un elevato grado di imparzialità e di indipendenza dalle organizzazioni aziendali coinvolte, possono essere effettuati in outsourcing da organizzazioni esterne specializzate.

Data la particolare delicatezza di queste attività, le organizzazioni esterne incaricate devono essere scelte per comprovata competenza ed esperienza professionale specifica, avallata da certificazioni, referenze e riconoscimenti verificabili.

Gli audit di sicurezza devono essere pianificati ed eseguiti secondo uno schema formale, che può variare da organizzazione ad organizzazione, ma che comprendono comunque alcune fasi principali:

1. Attività preliminari
2. Preparazione
3. Audit
4. Report
5. Action item

2.7.2.1 Attività preliminari

Viene svolta l'analisi del sistema oggetto dell'audit, in particolare si rivisitano le scelte iniziali operate in fase di predisposizione del piano per la sicurezza quali l'analisi dei rischi e l'adozione delle contromisure, valutando la qualità del lavoro svolto e cercando di individuare eventuali errori commessi.

Le attività preliminari sono volte a definire l'ambito generale in cui si svolge l'audit e comprendono:

- la verifica dell'adeguatezza delle politiche di sicurezza adottate, confrontandole anche con le "best practices" note ed accettate;
- la verifica dell'analisi dei rischi su cui si basano le politiche di sicurezza adottate.

2.7.2.2 Preparazione

E' una fase volta a connotare tecnicamente la verifica che si intende effettuare e a predisporre l'operazione dal punto di vista organizzativo. Vengono definiti una serie di parametri quali il tipo di audit e gli strumenti tecnologici da utilizzare. Si procede inoltre a pianificare i test in modo tale che non possano in alcun modo compromettere l'integrità dei sistemi nonché creare il minor disturbo possibile alle attività operative.

Inoltre devono essere richieste tutte le autorizzazioni necessarie allo svolgimento dell'audit.

Occorre quindi:

- determinare il tipo di audit (host, network, firewall);
- stabilire il livello di severità (alta, normale, leggera);
- determinare l'ambito di sicurezza (perimetrale e/o interna);
- scegliere gli strumenti tecnologici da utilizzare;
- pianificare i test in orari di minor disturbo sulle attività del sistema;
- prepararsi a risolvere gli eventuali inconvenienti indotti dall'esecuzione dei test.

2.7.2.3 Audit

Consiste nell'effettiva esecuzione delle verifiche sul sistema informatico; vengono utilizzati i vari strumenti tecnologici definiti nella fase precedente e si procede inoltre con le interviste al personale per verificare la conoscenza ed il rispetto delle regole comportamentali previste. Si procede infine alla verifica della documentazione esistente (inventario, schemi topologici, procedure di emergenza, files di log), ricercando in primo luogo la presenza di allarmi o almeno di tracce dei tentativi di penetrazione effettuati durante il test.

Alcune delle anomalie da ricercare riguardano:

- i multipli tentativi falliti di accesso;
- lo stesso utente che accede da postazioni differenti;
- attività fuori orario;
- un numero elevato e fallito di accesso a file.

2.7.2.4 Report

E' la fase di preparazione dell'output, in altre parole della documentazione di quanto riscontrato; è una fase fondamentale perché l'obiettivo principale dell'audit è documentare più accuratamente possibile le criticità riscontrate.

Si estraggono dai dati raccolti solo quelli maggiormente significativi e si preparano i report, con vari livelli di dettaglio e di formulazione secondo i destinatari.

2.7.2.5 Action Item

In questa fase vengono date indicazioni in merito alle azioni necessarie per risolvere gli eventuali problemi di sicurezza riscontrati, si procede inoltre all'utilizzo dei risultati ottenuti per rivisitare il piano di sicurezza iniziale.

Anche per l'audit di sicurezza sono disponibili alcuni strumenti automatici, programmi software, che eseguono dei test generali o specifici, basati su un database di problemi noti di vulnerabilità per le configurazioni individuate.

2.8 Diffusione della cultura della sicurezza informatica nelle organizzazioni

Per assicurare la miglior sicurezza dei sistemi informativi, si devono affrontare particolari problematiche d'ordine culturale, sociale ed organizzativo oltre che legale e tecnico; per questo è necessario elaborare ed attuare specifici processi di formazione, sensibilizzazione e corresponsabilizzazione.

2.8.1 Sensibilizzazione e corresponsabilizzazione

La sensibilizzazione alle tematiche della sicurezza informatica ed a costanti comportamenti coerenti con le politiche e le disposizioni date in merito, deve interessare tutte le risorse umane dell'organizzazione, anche quelle non direttamente interessate dalla formazione predetta, ad ogni livello di responsabilità ed attività.

Ciò al fine di diffondere una cultura generalizzata della sicurezza, che consenta tra l'altro di favorire la miglior efficacia ed efficienza delle misure prese, oltre che sopperire ad eventuali mancanze delle stesse.

Presentazioni, opuscoli, seminari, riunioni dei dirigenti con i propri collaboratori, a solo titolo d'esempio, possono rappresentare opportunità per raggiungere questo obiettivo.

Per la corresponsabilizzazione, si deve prevedere di:

- coinvolgere i dirigenti e le rappresentanze degli addetti in tutte le fasi di definizione del piano per la sicurezza (analisi e gestione dei rischi, politiche, piano operativo e audit);
- effettuare interventi di richiamo e se necessario adottare gli adeguati provvedimenti disciplinari in caso di inadempienze e/o superficialità in tema di sicurezza informatica.

Analoghi processi devono essere previsti con eventuali partner e per i collaboratori esterni, privati e pubblici, persone fisiche e giuridiche, che interagiscono in modo significativo con l'organizzazione. Infine, occorre informare e sensibilizzare su queste tematiche anche gli utenti finali dei servizi erogati dall'organizzazione stessa.

2.8.2 Formazione

L'introduzione di un sistema di sicurezza, come di qualunque altro elemento che modifichi le modalità lavorative all'interno di una qualsiasi realtà, ha sicuramente un forte impatto sull'organizzazione.

La formazione interviene in due momenti ben precisi del processo di introduzione di un sistema di sicurezza:

- sensibilizzazione sulle problematiche della sicurezza e sulla loro importanza;
- conoscenza delle misure di sicurezza da adottare e da gestire ai diversi livelli di responsabilità.

Dunque anche i fruitori della formazione saranno di diversa tipologia: è fondamentale riuscire a sensibilizzare i manager delle organizzazioni affinché riescano a trasmettere i principi fondamentali del sistema all'interno delle loro realtà.

Per raggiungere gli obiettivi il programma di formazione deve essere concepito in modo tale da:

- rendere consapevoli i partecipanti sull'importanza delle scelte aziendali;
- coinvolgere i partecipanti sulle problematiche inerenti la sicurezza;
- responsabilizzare i partecipanti sulle attività da eseguire per garantire il mantenimento di un livello di sicurezza accettabile.

Occorre quindi progettare due tipologie di corsi, distinte secondo i destinatari: il primo, indirizzato alla direzione, deve prevedere cenni sulla normativa, indicazioni sulle politiche di sicurezza, analisi dei rischi; l'altro, indirizzato al personale operativo, deve fornire indicazioni precise sui comportamenti da adottare sia nelle operazioni quotidiane sia nelle situazioni di emergenza.

I corsi saranno progettati dalle singole organizzazioni in base alle diverse esigenze ed ai diversi sistemi di sicurezza sviluppati, in funzione del diverso patrimonio informativo da proteggere e dal diverso grado di informatizzazione raggiunto; in generale non potranno mancare riferimenti a:

- normativa vigente;
- definizione delle responsabilità;
- elenco delle vulnerabilità: spesso non c'e la consapevolezza dei rischi che si possono correre, vale quindi la pena individuare i punti di vulnerabilità del sistema, sia nell'ottica della prevenzione che nell'individuazione di possibili incidenti;
- regole comportamentali che comprendono:
  - o Gestione degli accessi (password, ...)
  - o Possibili rischi: virus, intercettazioni, intrusioni, ...
  - o Firma digitale
- audit dei sistemi di sicurezza: su questo argomento è necessario sensibilizzare il personale che dovrà affrontare le verifiche da parte di personale specializzato.

Le organizzazioni devono tener presente che le attività relative alla sicurezza non rappresentano un appesantimento del lavoro quotidiano, ma una volta entrati nel ciclo standard delle operazioni da compiere, contribuiscono a garantire il personale dal rischio di perdere o comunque compromettere parte del lavoro fatto.

La formazione, se ben orientata, progettata e realizzata, può essere lo strumento più efficace per realizzare la diffusione delle politiche, degli obiettivi e dei piani dell'organizzazione in tema di sicurezza e per minimizzare quella componente, sempre presente, che consiste nella resistenza al cambiamento.

Inoltre è necessario rivedere ed aggiornare annualmente i piani di formazione in relazione alle mutate esigenze dell'organizzazione ed allo sviluppo delle tecnologie di attacco alla sicurezza e di difesa.

2.9 Organizzazione funzionale della gestione della sicurezza

La messa in sicurezza di un sistema informativo richiede lo svolgimento di una serie di attività a diversi livelli; viene di seguito fornito uno schema di riferimento utilizzabile per classificare ed organizzare sistematicamente tali attività. La messa in sicurezza dei sistemi e la protezione del patrimonio informativo si può ricondurre, da un punto di vista organizzativo, a tre specifiche funzioni:

- definizione delle politiche in tema di sicurezza informatica;
- progettazione, implementazione e gestione delle misure di sicurezza in attuazione delle politiche di cui al punto precedente;
- verifica e controllo della corretta attuazione e dell'efficienza delle misure di sicurezza adottate (audit di sicurezza).

2.9.1 Definizione delle politiche in tema di sicurezza informatica

Tale funzione è di carattere eminentemente strategico, perché definisce le finalità e gli obiettivi delle politiche di sicurezza che l'organizzazione intende adottare.

Tali indicazioni devono essere coerenti con le normative vigenti in tema di sicurezza, con le politiche di sicurezza informatica definite a livello nazionale.

Si deve porre inoltre adeguata attenzione, al fine del contenimento dei costi, alla definizione delle misure di sicurezza coerenti con il "valore" del patrimonio informativo da proteggere.

E' una funzione di indirizzo che deve fornire chiare linee operative per lo sviluppo, la gestione ed il controllo delle misure di sicurezza da adottare.

2.9.2 Progettazione, implementazione e gestione delle misure di sicurezza

Tale funzione ha il compito di progettare, realizzare e mantenere in efficienza misure di sicurezza tali da soddisfare le linee strategiche di indirizzo definite dalla funzione di cui al punto precedente. Il compito di proporre, sviluppare e mantenere aggiornate le misure di sicurezza e di rilevante responsabilità e richiede alta professionalità e profonda conoscenza dell'organizzazione.

I principali compiti di tale funzione sono riconducibili a:

- definire i requisiti di sicurezza da adottare per proteggere il complesso degli archivi, delle procedure e dei sistemi informatici esistenti, sulla base delle precedenti linee. In particolare si devono definire diversi livelli di requisiti funzionali sulla "valorizzazione" del patrimonio informativo da proteggere;
- definire un'architettura di sicurezza che soddisfi i suddetti requisiti e che armonizzi le misure di sicurezza con le architetture informatiche esistenti od in corso di implementazione;
- progettare in modo esecutivo il sistema di sicurezza da realizzare, con particolare riferimento alla:
  - o identificazione degli elementi da proteggere
  - o identificazione delle minacce cui detti elementi sono sottoposti
  - o analisi e mappa dei rischi
  - o analisi costi \ benefici
- implementazione del sistema di sicurezza progettato e definito;
- pianificazione ed esecuzione dei test del sistema di sicurezza attraverso adeguate prove di penetrazione;
- definizione ed attuazione di piani e strumenti di monitoraggio continuo della sicurezza;
- aggiornamento periodico del sistema di sicurezza per renderlo sempre adeguato alle nuove minacce;
- manutenzione del sistema di sicurezza per assicurarne costante efficienza e disponibilità;
- supporto alla formazione del personale dell'organizzazione (dirigenza, addetti, utenti) in tema di sicurezza;

- emanazione di procedure interne inerenti la sicurezza (regolamentazione degli accessi fisici e logici agli archivi ed ai sistemi informativi, norme operative di utilizzo e gestione dei sistemi, gestione delle password, ecc).

2.9.3 Verifiche e controllo delle misure di sicurezza adottate

Tale funzione ha il compito di controllare le misure di sicurezza adottate, verificandone l'efficacia e la coerenza con le politiche di sicurezza definite dal vertice dell'organizzazione (audit di sicurezza). Per le sue specifiche attività, è una funzione che richiede autonomia operativa ed un alto livello di conoscenze tecniche, nonché la necessità di un costante aggiornamento sulle evoluzioni del mercato e delle tecnologie.

I principali compiti di tale funzione sono riconducibili a:

- controllare la coerenza delle misure di sicurezza adottate con gli standard nazionali e\o internazionali e le normative vigenti in materia;

- eseguire audit periodici sui livelli di sicurezza realizzati;

- definire piani di attacco ai sistemi informativi, sulla base anche dell'evoluzione tecnologica e delle nuove minacce che nel tempo si presentano;

- simulare attacchi estemporanei ed imprevedibili ai sistemi informativi, tali, comunque, da non creare danni ai sistemi stessi;

- proporre eventuali modifiche ed implementazioni ai sistemi di sicurezza sulla base dei controlli e dei test effettuati.

2.9.4 Collocazione organizzativa delle tre funzioni della sicurezza

In considerazione delle attività sopra indicate si ritiene necessario, da un punto di vista organizzativo, rendere le tre funzioni sopra indicate tra loro indipendenti.

In particolare è necessario garantire la completa indipendenza strutturale ed organizzativa tra la funzione di implementazione e gestione (punto 2) e la funzione di auditing (punto 3).

3 ARCHITETTURA DI UN SISTEMA AAA

L'obiettivo di questo capitolo è fornire un'analisi funzionale e tecnica di un Sistema di Autenticazione, Autorizzazione ed Accounting (AAA).

Il Sistema di Autenticazione ed Autorizzazione costituisce la "porta di accesso" a servizi, applicazioni, processi e banche dati a disposizione di diverse tipologie di utenti (dipendenti, privati, imprese).

I servizi gestiti in un'architettura di AAA devono essere resi sicuri attraverso meccanismi di autenticazione ed autorizzazione gestiti in modo centralizzato ma comunque delegabili.

Questo aspetto sottintende la risoluzione di un ampio spettro di problematiche, legate soprattutto al fatto che il successo dei servizi è anche legato alla possibilità di integrare realtà eterogenee già consolidate e funzionanti sviluppate con diverse piattaforme tecnologiche e con soluzioni web basate su differenti tecnologie quali, ad esempio, Microsoft ed Oracle.

Da questo punto di vista è importante sottolineare quanto sia importante l'esperienza dell'utente, intesa come soddisfazione nell'utilizzo delle funzionalità dei servizi sia in termini di affidabilità che in termini di usabilità.

D'altro canto è necessario conciliare le esigenze di sicurezza, che devono essere rapportate all'importanza delle risorse da proteggere, con quelle di gestione, che rappresentano un costo molto spesso significativo nella progettazione di un sistema di autorizzazione.

3.1 Obiettivi

Lo spirito con cui affrontare un progetto di un Sistema di AAA è caratterizzato dalla necessità di prepararsi a rispondere alle trasformazioni in atto, cogliendo al meglio le opportunità offerte dall'impiego delle nuove tecnologie e procedendo nella direzione delineata da indirizzi di ordine strategico, quali:

- creare un ambiente tecnologico e organizzativo finalizzato alla razionalizzazione, intesa come aggregazione, integrazione, "messa a fattor comune", dei servizi di IT;
- completare l'architettura con quelle componenti che consentono la piena interoperabilità dei servizi realizzati dalle aziende, sia autonomamente sia utilizzando servizi ASP.

Da questi indirizzi strategici derivano i seguenti obiettivi principali:

- concretizzare il concetto di *Single Sign On*;
- realizzare un'infrastruttura di *Access Management*, intesa come possibilità di accedere con criteri omogenei ed in modo trasversale al patrimonio informativo presente nei diversi database su dati strutturati e non, testuali o multimediali;
- realizzare un'infrastruttura altamente disponibile;
- realizzare un'infrastruttura il meno intrusiva possibile rispetto ad applicazioni esistenti e a nuove da integrare;
- proteggere adeguatamente ed in modo omogeneo il patrimonio informativo del Sistema Informativo.

3.2 L'esigenza di un sistema di autenticazione

Le identità autenticate sono la base per molti altri servizi di sicurezza dell'informazione. Un'organizzazione necessita di:

- controllare l'accesso di un singolo utente ai sistemi contenenti le proprie informazioni (autenticazione);
- controllare l'accesso di un singolo utente alle risorse ed ai servizi forniti dai sistemi (autorizzazione);
- creare un auditing degli accessi del singolo utente o tentativi di accesso a questi sistemi, risorse e servizi (accounting).

I servizi di autenticazione sono cruciali nei servizi di autorizzazione e di auditing. Se l'identità dell'utente (ID) non è propriamente autenticata, un'organizzazione non ha alcuna assicurazione sul fatto che l'accesso alle risorse ed ai servizi sia correttamente controllata. Non importa come sono ben gestiti i servizi di autenticazione di un'organizzazione, ogni cosa dipende dalla vera identità dell'utente. Similmente, senza identità propriamente autenticate, l'auditing, comunque completo e ben monitorato, è inaffidabile e non fornisce alcuna attendibilità; un identificativo di un utente falso potrebbe essere associato con azioni di auditing.

3.3 Definizione di un server AAA

Un server AAA è un programma server che gestisce le richieste dell'utente per accedere alle risorse dei computer e, all'interno di una rete, fornisce i servizi di Autenticazione, Autorizzazione e Accounting. Il server AAA tipicamente interagisce con l'accesso alla rete, i server gateway e con database e directory contenenti le informazioni degli utenti. Lo standard corrente con cui i dispositivi o le applicazioni comunicano con un server AAA è il Remote Authentication Dial-In User Service (RADIUS).

Il RADIUS è un protocollo client/server e software che abilita i server di accesso remoto (RAS) a comunicare con un server centrale per autenticare gli utenti remoti ed autorizzare il loro accesso al sistema o servizio richiesto.

L'accesso è in grado di reperire ciò di cui ha bisogno, l'accesso ai dati è capace di ricercare solitamente con il permesso di usarli, particolari dati in un computer. L'accesso Web è inteso come una connessione con il World Wide Web attraverso un provider di accesso o di servizi come l'America Online.

L'accesso ai dati è solitamente specificato come accesso di sola lettura o accesso di lettura e scrittura.

L'autenticazione, l'autorizzazione e l'accounting indicano quindi un'infrastruttura per un accesso alle risorse del computer intelligentemente controllato, che rafforza le policy, l'uso di auditing e fornisce le informazioni necessarie, ad esempio, per il pagamento dei servizi. Questi processi combinati tra loro si considerano importanti per un'effettiva gestione e sicurezza delle reti.

Come primo processo, l'autenticazione fornisce un modo per identificare un utente, tipicamente dopo aver digitato un nome utente e la corrispondente password valida prima che sia permesso l'accesso. Il processo dell'autenticazione è basato su ogni utente che ha un insieme unico di criteri per guadagnare l'accesso. Il server AAA compara le credenziali di autenticazione di un utente con le credenziali di un altro utente memorizzate nel database. Se le credenziali corrispondono, all'utente è permesso l'accesso alla rete; se le credenziali non corrispondono, l'autenticazione fallisce e viene negato l'accesso alla rete.

Dopo il processo di autenticazione, un utente deve guadagnare l'autorizzazione per eseguire determinate operazioni. Dopo aver effettuato la fase di logon ad un sistema, ad esempio, l'utente può provare ad eseguire alcuni comandi; il processo di autorizzazione determina se l'utente ne ha l'autorità. L'autorizzazione è cioè il processo per rafforzare le policy, determinando quali tipi o qualità di attività, risorse o servizi sono permessi ad un utente. Solitamente, l'autorizzazione è all'interno del contesto dell'autenticazione; una volta autenticato, l'utente può essere autorizzato a diversi tipi di accesso od attività.

L'asse finale nell'infrastruttura AAA è l'accounting, che misura le risorse che un utente consuma durante l'accesso. Questa fase può includere l'ammontare del tempo di sistema o l'ammontare dei dati che un utente ha spedito o ricevuto durante una sessione. L'accounting è effettuato dalla fase di logon alle statistiche di sessione ed è usato per il controllo di autorizzazione, pagamento, analisi di mercato, utilizzo di risorse ed attività di pianificazione.

3.4 Specifiche per l'architettura di un server AAA

I servizi del Sistema Informativo devono essere resi sicuri attraverso meccanismi di autenticazione ed autorizzazione fruibili da sedi ed organizzazioni attestate sia sulla rete privata (intranet ed extranet) sia sulla rete pubblica (internet).

La gestione di tali meccanismi deve avvenire in modo centralizzato da un qualsiasi punto della rete privata e consentire funzioni di delega dell'amministrazione.

Dal punto di vista logico l'architettura del sistema di AAA prevede:

- un motore di autenticazione ed autorizzazione, sufficientemente evoluto per soddisfare i requisiti richiesti dal progetto e che si interpone tra l'utente ed i servizi del Sistema Informativo;
- un sistema per la gestione dell'identità degli utenti in grado di memorizzare tutte le informazioni necessarie per l'autenticazione e l'autorizzazione relative agli utenti ed alle policy di sicurezza;
- un database per la memorizzazione dei log di accesso alle risorse.

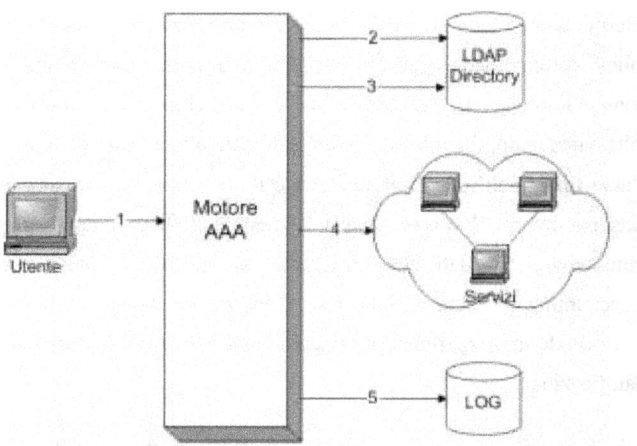

Figura 3.1 Architettura di un server AAA

Dal punto di vista operativo si possono distinguere cinque fasi nel processo di autorizzazione.

1. *Richiesta di accesso*

   L'utente richiede l'accesso ad una risorsa protetta ed invia le proprie credenziali, su richiesta del motore AAA.

2. *Identificazione dell'utente*

   Il motore AAA verifica le credenziali dell'utente sul database degli utenti.

3. *Autorizzazione all'accesso*

   Il motore AAA verifica l'autorizzazione dell'utente ad accedere alla risorsa.

4. *Accesso alla risorsa*

   Se l'utente è autorizzato ad accedere alla risorsa, il motore AAA trasmette ai servizi applicativi le informazioni sull'utente per la personalizzazione dell'accesso.

5. *Log dell'accesso*

   Il motore AAA registra l'accesso dell'utente sul database degli accessi.

La centralità del Sistema di Autenticazione ed Autorizzazione è un elemento fondamentale per la sicurezza di tutta l'architettura del Sistema Informativo; la presenza di un unico punto per la gestione degli accessi ha lo scopo di:

- semplificare lo sviluppo e la messa in esercizio delle singole applicazioni;
- favorire l'integrazione con i sistemi esistenti;
- controllare più efficacemente l'accesso alle risorse.

3.4.1 Requisiti funzionali

La necessità di avere le informazioni relative agli utenti in un unico punto introduce il problema della gestione dell'identità. Per garantire il corretto funzionamento dell'infrastruttura, è necessario introdurre meccanismi di sincronizzazione tra il database centrale (su cui sono memorizzate le informazioni di identità necessarie all'autenticazione ed autorizzazione su tutti i servizi e le applicazioni accessibili) e quelli periferici (su cui sono presenti le informazioni di identità necessarie alla singola applicazione).

I requisiti chiave del Sistema di Autenticazione ed Autorizzazione sono:

- centralizzazione della gestione degli utenti e degli accessi, con possibilità di delegare le funzioni di amministrazione, quali ad esempio la registrazione degli utenti e l'abilitazione su sottoinsiemi di risorse;

- Single Sign-On multi dominio;

- semplicità di integrazione con le più comuni piattaforme tecnologiche, quali Oracle, Microsoft, J2EE con prodotti eventualmente presenti nelle aziende, utili per gestire il meccanismo di profilazione degli utenti;

- minima intrusività rispetto alle applicazioni già in esercizio, per cui si devono mantenere inalterate, il più possibile, le applicazioni già sviluppate;

- supporto dei più comuni protocolli, metodi e schemi di autenticazione (user/password, certificati X.509, token, smart-card, strong, two-factor authentication, SSL). Devono essere inclusi servizi in grado di importare certificati digitali X.509v3 a valore legale emessi da terze parti;

- gestione delle sessioni di lavoro: trattare esplicitamente le sessioni di lavoro utente terminando eventuali sessioni in stato di "idle", gestendo time-out scaduti per mancato utilizzo per un periodo di tempo predeterminato, tracciando ogni attività;

- supporto LDAP per i servizi di directory: la soluzione di directory service utilizzata da un sistema AAA, oltre a supportare in modo nativo il protocollo LDAPv3, deve fornire servizi di replica, sincronizzazione e partizionamento ed essere integrabile con altre tecnologie di directory, con applicazioni e con i più diffusi e comuni database;

- scalabilità: il complesso costituente l'infrastruttura AAA deve garantire adeguati margini di crescita e di scalabilità nei confronti delle seguenti dimensioni:

  - Variazione e/o crescita del numero degli utenti serviti

- Variazione e/o crescita del numero di servizi
- Evoluzione tecnologica e infrastrutturale
- Adozione di differenti meccanismi e strumenti di autenticazione (es. smart card, token ecc...)

• disponibilità: la posizione centrale che assume il Sistema di Autenticazione ed Autorizzazione lo rende critico per la disponibilità di tutti i servizi del Sistema Informativo. E' pertanto richiesta un'architettura altamente disponibile per il Sistema di Autenticazione ed Autorizzazione realizzata tramite sistemi che gestiscano i picchi di richieste e la tolleranza ai guasti (*fail over*). L'insieme dei moduli costituenti l'infrastruttura deve poter essere fisicamente distribuito evitando o gestendo opportunamente, *single point of failure*;

• log centralizzato degli accessi e facilità di reportistica ai fini di analisi e statistiche;

• facilità di installazione e configurazione;

    • autenticazione trasparente per l'utente su diversi web server, nel caso di portali: si richiede il passaggio, da parte del Sistema di Autenticazione ed Autorizzazione, delle credenziali dell'utente ai web server delle diverse applicazioni per un'autenticazione in background trasparente utilizzando standard quali HTTP authorization header, query string, HTTP post enable, XML form fill.

3.4.2 Requisiti di sicurezza

Nell'ambito delle infrastrutture di sicurezza il servizio di autenticazione deve dare delle garanzie circa l'identità degli utilizzatori e quello di autorizzazione deve controllare gli accessi alle risorse (viste, sistemi, utenti, tabelle, servizi, ...) disponibili in funzione e nei confronti di chi ne richiede l'accesso.

Un adeguato processo di tracciatura degli accessi deve eliminare la necessità di ricordare password diverse per utilizzare differenti servizi ed assicurare che un utilizzatore, correttamente autenticato ed autorizzato, possa accedere a tutte e sole le risorse di propria competenza (Single Sign-On).

Al fine di garantire adeguati livelli di protezione delle comunicazioni, l'infrastruttura di un sistema AAA deve supportare ed offrire servizi almeno basati su protocollo SSL.

Deve inoltre fornire log adeguatamente configurabili e gestibili centralmente.

3.5 Autenticazione

L'accesso alle risorse disponibili in un Sistema Informativo può avvenire in modo anonimo od essere condizionato da un preventivo passo di autenticazione, nel quale devono essere richieste le credenziali al potenziale utente.

L'autenticazione è il processo che determina se qualcuno o qualcosa è chi o cosa ha dichiarato di essere.

L'autenticazione può richiedere credenziali diverse secondo il tipo di servizio richiesto dall'utente, in particolare:

- semplice accoppiata username/password;
- immissione in una form di dati identificativi dell'utente;
- prelevamento da una smart card dei dati identificativi dell'utente.

Nelle reti private e pubbliche, inclusa internet, l'autenticazione è comunemente fatta attraverso l'uso di password per il logon; si presume che la conoscenza della password garantisca che l'utente è autentico.

L'invio delle credenziali deve avvenire, preferibilmente nel caso di semplice username/password, mediante un messaggio criptato.

Ciascun utente si registra inizialmente, o è registrato da qualcun'altro, utilizzando una password assegnata o auto dichiarata che per ogni uso conseguente, l'utente deve sapere ed usare. La debolezza di questo sistema per le operazioni che sono significative, come il cambio dei soldi, è che le password possono essere rubate, rivelate accidentalmente o dimenticate.

Per questa ragione molti operazioni come il business su internet richiedono un processo di autenticazione più severo. L'uso di certificati digitali, emanati e verificati da una CA come parte di un'infrastruttura a chiave pubblica, è considerato probabilmente divenire il modo standard per compiere l'autenticazione su Internet.

Inoltre la procedura di autenticazione deve essere unica e garantire la diffusione delle credenziali nei confronti di tutti i servizi accessibili (*Single Sign-On*).

Il *Single Sign-On* ha lo scopo di eliminare la necessità di ricordare username e password (ed eventuali altre credenziali) specifiche per i diversi servizi e assicurare che un utilizzatore, correttamente autenticato e autorizzato, possa accedere a tutte e sole le risorse di sua competenza.

La definizione degli utenti deve essere centralizzata. Il sistema deve poter gestire correttamente differenti meccanismi di autenticazione, tra cui:

- Basic Authentication (username/password)
- Basic Authentication over SSL (username/password)
- Form-Based Authentication
- Certificati X.509

3.6 Autorizzazione

Il processo di autorizzazione determina quali risorse e quali servizi possono essere messi a disposizione di un utente che ha superato con successo il passo di autenticazione precedentemente descritto.

L'infrastruttura di sicurezza deve mantenere e gestire:

- l'insieme dei privilegi che costituiscono il profilo di ogni singolo utente;
- l'elenco delle risorse e servizi accessibili dal Sistema Informativo.

Non è necessario raccogliere tutte le informazioni di profilazione degli utenti utilizzate dai servizi, ma è importante che l'infrastruttura di sicurezza mantenga e gestisca più *repository* in cui esplicitamente censire profili e servizi applicativi messi a disposizione dal Sistema Informativo.

Tali repository, contenenti i profili di autorizzazione ed i servizi erogati, dovranno essere gestibili, da un punto di vista logico, come un unico repository centralizzato.

Praticamente l'autorizzazione è il processo che dà il permesso di fare o avere qualcosa. Nei sistemi di computer multi-utente, un amministratore di sistema definisce a quali utenti permettere l'accesso al sistema e quali diritti dare; ad esempio l'accesso a quali directory o files, ore di accesso, l'ammontare dello spazio di storage, e così via. Presumendo che qualcuno entri nel sistema operativo del computer od in un'applicazione, il sistema o l'applicazione può voler identificare quali risorse possono essere date all'utente durante la sessione corrente. Così, l'autorizzazione è talvolta vista sia come "settaggio" preliminare dei permessi dati da un amministratore di sistema sia come verifica dei valori di permesso che sono stati dati quando l'utente ha avuto l'accesso.

Logicamente, l'autenticazione precede l'autorizzazione, sebbene possano spesso sembrare essere combinate.

3.7 Accounting

L'infrastruttura di AAA deve consentire la memorizzazione ed il recupero delle informazioni relative agli accessi ai servizi offerti dal Sistema Informativo da parte degli utenti con le seguenti caratteristiche fondamentali:

- *repository* centralizzato per i log di accesso;
- granularità parametrizzabile delle informazioni da sottoporre a monitoraggio;
- disponibilità di adeguati strumenti di analisi dei log a fini informativi e statistici.

3.8 Modello di amministrazione

L'amministrazione dell'infrastruttura di AAA deve supportare sia un modello di gestione centralizzato sia un approccio distribuito.

Le attività di amministrazione, come la registrazione di nuovi utenti, l'autorizzazione all'accesso e la condivisione di risorse, devono poter essere delegate e decentralizzate in funzione delle responsabilità e dei ruoli stabiliti dall'organizzazione aziendale.

La gestione operativa deve poter essere semplificata attraverso la definizione e l'utilizzo di gruppi e ruoli di utenti amministratori.

Il sistema deve quindi offrire funzionalità in grado di:

- definire ambiti differenziati di gestione e amministrazione dei privilegi;
- separare e servire con modalità differenti i ruoli di supervisione e di amministrazione locale.

3.9 Livelli di autenticazione/autorizzazione in un Portale

Si prenda come esempio pratico un Portale applicato all'industria e ai servizi al cittadino: si compone di un unico portale a cui si collegano molteplici siti e portali verticali, che trattano ciascuno differenti aree applicative.

Gli utenti del Portale possono accedere allo stesso e ai servizi offerti, secondo differenti livelli di autenticazione; in base alla tipologia di accesso ed alla classe di utenza cui appartiene chi si collega, si hanno a disposizione servizi differenti ed informazioni organizzate in maniera diversa.

Una possibile classificazione dei livelli di autenticazione con cui poter accedere al Portale ed eventualmente ai siti e ai portali verticali collegati, comprende le seguenti quattro tipologie di utenza: utente Anonimo, utente Autoregistrato, utente Conosciuto al sistema e utente Autorizzato.

3.9.1 Utente Anonimo

Si indica con il termine *Anonimo* ogni utente che accede al Portale senza aver effettuato una logon. Tale utente ha accesso a tutte le funzionalità base, ossia non riservate, del portale. L'utente con profilo Anonimo non ha alcun tipo di personalizzazione, a meno che non si voglia utilizzare all'interno della singola sessione la profilazione implicita, secondo la quale, in base ai click del visitatore all'interno di una sessione, possono essere proposte determinate classi di informazioni piuttosto che altre.

Di tale utente non si conosce l'identità, ma la navigazione viene comunque tracciata a fini statistici.

L'utente Anonimo può accedere ai portali verticali associati al Portale come utente Guest, senza avere alcun tipo di profilazione associato. Nessun dato di profilo viene, pertanto, replicato in questo caso sui portali verticali.

3.9.2 Utente Autoregistrato

Viene indicato con il termine *Autoregistrato* ogni utente che accede al Portale effettuando un logon con username e password ottenuti mediante autoregistrazione utilizzando la form presente sul Portale. Tale utente ha accesso a tutte le funzionalità base e ad alcune funzionalità riservate del sito (es. Newsletter, Forum).

L'utente con profilo Autoregistrato usufruisce di differenti tipi di personalizzazione, sia riguardo la navigazione, sia i contenuti visualizzati nel sito, secondo le informazioni inserite durante l'autoregistrazione (profilazione esplicita) o acquisite in base alla navigazione effettuata dopo l'autenticazione (profilazione implicita).

I dati dell'utente che effettua un'autoregistrazione si desidera che vengano "propagati" sui database utenti dei portali interessati.

Sui portali verticali la profilazione dell'utente potrebbe non essere completa per mancanza di alcuni dati obbligatori; in questo caso viene richiesto, al primo accesso del nuovo utente, il completamento dei dati mancanti.

Questo tipo di replicazione dei dati implica una verifica sui portali verticali, con conseguente eventuale modifica delle metodologie di logon: tali portali, infatti, attualmente potrebbero generare in errori per dati mancanti.

L'effort necessario per portare a termine questo tipo di attività è ovviamente proporzionale al numero e alla complessità dei siti e portali che si vogliono coinvolgere nella propagazione del profilo utente. E' pertanto opportuno identificare su quali siti e portali collegati al Portale si vuole estendere il meccanismo di autenticazione ed autorizzazione.

3.9.3 Utente Conosciuto al Sistema

Appartengono a questa categoria tutti i cittadini che hanno eseguito una registrazione, attraverso la form del portale, inserendo credenziali fornite dall'amministrazione che permettano di avere la certezza che l'utente corrisponda veramente ai dati inseriti. Un esempio potrebbe essere l'utilizzo di una smart card distribuita dall'Amministrazione Pubblica o l'invio, presso il domicilio dell'utente, della password di accesso.

I cittadini conosciuti hanno accesso ad un numero di servizi riservati, in numero maggiore rispetto a quello degli utenti autoregistrati (es. estratto conto amministrativo con le informazioni in sola lettura dei vari servizi disponibili sul portale).

I dati dell'utente che effettua un'autoregistrazione si desidera che vengano "propagati" sui database utenti dei portali interessati.

Gli Utenti Conosciuti hanno anche sui portali verticali, compatibilmente con le metodologie adottate negli stessi, un'autenticazione forte che permette loro di accedere a servizi fortemente personalizzati (es. stampa certificati anagrafici, prenotazione visite mediche, visualizzazione della propria situazione, ecc.).

Come nel caso precedente, anche per gli utenti registrati, la profilazione sui portali verticali potrebbe non essere completa per mancanza di alcuni dati obbligatori; anche in questo caso viene richiesto, al primo accesso del nuovo utente, il completamento dei dati mancanti, con tutte le modifiche che questo improvement comporta.

3.9.4 Utente Autorizzato

Viene indicato con il termine *Autorizzato* ogni utente che accede al Portale attraverso meccanismi di autenticazione forniti dall'Amministratore del Portale.

La registrazione degli utenti Autorizzati non avviene tramite la form di registrazione del Portale, ma tramite adeguati strumenti di amministrazione, mediante i quali viene assegnata la "qualifica" di utenti Autorizzati.

Questa tipologia di utenza ha accesso a tutte le funzionalità base e ad alcune funzionalità riservate del portale e dei siti e portali collegati. L'utente con profilo Autorizzato può avere differenti tipi di personalizzazione, sia relativamente alla navigazione, sia ai contenuti visualizzati nel sito, sia in base alla tipologia di Autorizzazione che gli è stata garantita dall'Amministratore del Portale.

Gli utenti Autorizzati sono profilati in base al tipo di servizi riservati cui possono accedere tramite il Portale. Appartengono a questa categoria gli utenti intermediari che possono offrire servizi od informazioni per altre persone le quali non hanno accesso a tali strumenti, gli utenti istituzionali e gli utenti di back office.

Il profilo degli utenti autorizzati è "propagato" anche ai portali verticali di interesse, in base alle politiche previste dall'amministratore del Portale. Su tali portali l'utente ha un'autenticazione compatibile con le metodologie adottate negli stessi che permette loro di accedere a servizi riservati (es. consultazione banche dati, inserimento di procedimenti, ecc.).

Come per i casi precedenti, anche per gli utenti autorizzati, la profilazione sui portali verticali potrebbe non essere completa per mancanza di alcuni dati obbligatori; quindi viene richiesto, al primo accesso del nuovo utente, il completamento dei dati mancanti.

3.9.5 Navigazione bottom–up

Oltre al tema della "propagazione" della profilazione in maniera top-down dal Portale verso parte dei portali verticali associati, affrontato nei paragrafi precedenti, si può decidere di consentire anche una "propagazione" bottom-up da un portale verticale verso il Portale e quindi su tutti i portali verticali interessati dalla propagazione.

L'effort necessario per compiere questo tipo di attività è proporzionale al numero ed alla complessità dei siti e portali per cui si vuole rendere propagabile la profilazione.

4 MODELLI DI AUTENTICAZIONE

Per secoli, le persone si sono fidate di difese e codici segreti per provare l'identità di altre persone. L'idea di un controllo automatico degli accessi che usa le password ha una lunga storia, basti ricordare la formula "Apriti Sesamo" di Alì Babà; ma è divenuta realtà soltanto nell'ultimo secolo. Le persone hanno usato le password per controllare l'accesso ai computer dal 1963, quando Fernando J. Corbatò aggiunse "codici privati" al CTSS presso l'Istituto delle Tecnologie del Massachusetts (MIT).

Le password sono ora onnipresenti nel campo dell'IT per verificare l'identità degli utenti. Quando un utente effettua un'operazione di logon ad un sistema di computer, digita il nome utente e la password. Per ritirare i soldi ad uno sportello automatico, dopo aver inserito la carta, si digita il codice PIN.

Nell'ambito della sicurezza delle informazioni, questo processo di verifica di identità richiesta da o per un utente è chiamata autenticazione.

4.1 La tecnologia di base

Il sempre più diffuso interesse per la rete Internet discende direttamente dalla moltitudine di servizi, fruibili attraverso questa infrastruttura di comunicazione. È esperienza quotidiana di ogni utente che, per accedere ad un generico servizio, occorre prima presentare opportune credenziali, che stabiliscono l'identità e i diritti di chi richiede il servizio. In passato, molti gestori di servizi per minimizzare il carico di lavoro necessario a configurare ed amministrare i server, utilizzavano, se presenti, procedure di controllo per le richieste d'accesso elementari. Oggi, anche se continuano ad esistere amministratori insensibili alle problematiche della sicurezza, il numero di servizi che possono permettersi procedure di autenticazione così blande sono in via di estinzione.

Per realizzare una procedura di autenticazione robusta esistono numerose alternative, basate su schemi spesso profondamente diversi tra loro. Il campo della Internet Security relativo alle procedure di autenticazione è senza dubbio quello in cui è stato registrato negli anni il numero più elevato di proposte alternative. Ogni nuovo servizio proposto ha in pratica contribuito all'introduzione di uno schema di autenticazione originale. Solo negli ultimi anni si è assistito al tentativo di far confluire i numerosi schemi proposti in un ristretto insieme di tecniche di autenticazione, globalmente accettate.

Una procedura di autenticazione, generalmente, prevede la verifica delle credenziali del client; esistono situazioni in cui può essere utile autenticare anche il server. Per ottenere questo risultato è necessario realizzare uno schema di mutua autenticazione, utilizzando funzioni di digest e/o specifiche funzioni che consistono in algoritmi di crittografia simmetrici e asimmetrici.

L'autenticazione, però, è solo una componente strumentale per implementare una completa politica per la gestione degli accessi al servizio. Ogni gestore deve non solo concordare con gli utenti la procedura di autenticazione più idonea al servizio, ma stabilire anche che cosa gli utenti possono fare durante la fruizione del servizio, tracciando il loro operato, per individuare eventuali comportamenti anomali, riconducibili ad intrusioni di hacker.

I paradigmi di autenticazione più diffusi possono prevedere l'adozione di specifiche funzioni crittografiche utilizzabili solo se i partecipanti condividono preliminarmente uno o più chiavi crittografiche. Una volta superata la fase di autenticazione molti servizi assicurano integrità e riservatezza dei dati codificando i messaggi prima di affidarli alla rete. Anche in questo caso, per poter svolgere il loro compito, applicazioni e/o dispositivi hardware devono essere dotati di chiavi crittografiche di codifica e decodifica. Le chiavi necessarie devono essere scambiate in sicurezza, senza che nell'operazione queste vengano lette e/o manomesse da un eventuale intruso. Lo scambio delle chiavi, funzione fondamentale nel processo di gestione delle chiavi da parte delle applicazioni coinvolte, viene affrontato più avanti. Lo schema dello stato dell'arte è quello che coinvolge un'autorità di certificazione (terza parte fidata), responsabile di garantire per le chiavi pubbliche di entrambi i partecipanti.

4.1.1 Politiche di accesso al servizio

Come ogni altro servizio di sicurezza, un servizio di autenticazione di un'organizzazione deve essere appropriato ai rischi. Un'organizzazione dovrebbe considerare l'impatto sull'utente, non sempre facile per applicazioni dirette al consumatore, l'integrazione con l'esistente architettura tecnologica ed il TCO. In molte situazioni, una password memorizzata può fornire un appropriato livello di sicurezza, ma un'organizzazione dovrebbe considerare autenticazioni più forti per utenti ed ambienti a maggior rischio.

Anche se l'interesse per la sicurezza ha rapidamente contagiato molti utenti ed amministratori di servizi Internet, è impensabile implementare lo stesso livello di sicurezza in tutte le applicazioni. Un elevato grado di sicurezza si traduce immancabilmente nell'adozione di complessi sistemi crittografici che rallentano le prestazioni del servizio. I servizi Internet, che non coinvolgono utenti e dati di particolare interesse per un hacker, possono rinunciare all'uso di sistemi crittografici, che ne complicano il funzionamento, a vantaggio di una maggiore fruibilità. Tutti gli altri servizi, possibili bersagli degli hacker, devono essere invece difesi con strumenti crittografici moderni ed affidabili.

Indipendentemente dalla soluzione finale adottata, ogni servizio Internet deve essere regolato da una politica di accesso ben definita, che stabilisca ciò che è possibile ottenere dal servizio e a quali condizioni.

Generalmente, la prima componente che occorre stabilire è l'identità dell'utente il servizio. Nel caso di servizi che consentono un accesso pubblico illimitato, può essere opportuno ricorrere ad una politica di accesso al servizio di completa apertura. Esistono due semplici soluzioni per realizzare un servizio di pubblico accesso:

- adottare un protocollo applicativo che non prevede l'identificazione dei partecipanti (in modo particolare del client);
- impiegare un protocollo applicativo che prevede l'identificazione dei partecipanti, ma configurando il server in modo da consentire l'accesso anche in maniera anonima.

Un esempio riconducibile alla prima proposta è la versione originale del protocollo HTTP, utilizzato per implementare il servizio WWW. Un servizio riconducibile alla seconda proposta è invece rappresentato dallo scambio anonimo di file (FTP anonymous). Il ricorrere al protocollo FTP, disattivando la funzionalità che prevede l'identificazione del richiedente, può sembrare un'aperta violazione delle più elementari norme di sicurezza; rappresenta invece il metodo generalmente più diffuso per la realizzazione del servizio per il download di informazioni di pubblico dominio. Per accedere al server FTP in modalità anonima, è sufficiente che il richiedente specifichi come identità il nome convenzionale anonymous e come password una qualsiasi stringa alfanumerica. Il server consente l'accesso al servizio FTP indipendentemente dalla password presentata, offrendo all'utente un sottoinsieme di comandi per il download di file contenuti in apposite directory pubbliche.

L'uso di uno di questi approcci, nella realizzazione di un servizio Internet di pubblico accesso, ha il fascino della semplicità, non richiede l'ideazione di un nuovo protocollo né la sostanziale modifica di uno esistente. Il servizio di accesso pubblico è reso disponibile senza la pesantezza del determinare la reale identità dei partecipanti, processo che comporta la gestione di liste di utenti autorizzati di dimensione crescente all'aumentare della popolarità del servizio stesso. Poiché in tali liste ad ogni utente è associata una o più password, l'accesso in lettura e scrittura alle stesse deve essere protetto accuratamente. Per evitare che l'amministratore del sistema, o un hacker che ha guadagnato in maniera non legittima diritti pari a quelli dell'amministratore del sistema, possa ricavare una password semplicemente osservando il contenuto del file con le credenziali, tale informazione non viene memorizzata in chiaro. In alcuni sistemi operativi l'informazione memorizzata nel file è il risultato dell'applicazione di una funzione di digest ad un ingresso ottenuto dalla concatenazione della password e di un seme pseudo casuale legato al nome utente. L'aggiunta del seme pseudo casuale scongiura l'eventualità che password uguali di utenti diversi producano risultati uguali all'uscita della funzione di digest.

Generalmente servizi che non adottano una procedura esplicita per stabilire l'identità del richiedente, mettono a disposizione solo un sottoinsieme di comandi per il trasferimento delle informazioni in una sola direzione, tipicamente dal server al client.

Oggi i servizi Internet che possono rinunciare completamente all'uso di procedure per individuare l'identità degli utenti, stanno divenendo un'eccezione nel panorama generale. L'uso di risorse di calcolo, l'accesso a banche dati ristrette, il commercio elettronico sono solo alcuni esempi di applicazioni che richiedono l'adozione di un completo schema di sicurezza in cui stabilire l'identità dell'utente rappresenta solo la fase preliminare. Una corretta politica di accesso al servizio prevede, infatti, di stabilire l'identità degli utenti richiedenti, ma anche di definire in maniera particolareggiata quello che possono fare una volta all'interno del sistema, inclusa la possibilità di tracciare le azioni effettivamente compiute dagli utenti durante la fruizione del servizio.

La funzione che consente di stabilire l'identità dei partecipanti viene generalmente definita funzione di autenticazione. Nei moderni servizi Internet ad essa sono affiancate funzioni di autorizzazione e di accounting. La funzione di autorizzazione consente di stabilire che cosa l'utente può richiedere al servizio, fornendo di fatto la possibilità di creare diversi profili di utenza supportati dallo stesso servizio. La funzione di registrazione o di accounting, consiste invece nell'azione di registrare tutto quello che l'utente, precedentemente autorizzato, effettivamente compie durante l'accesso al servizio. Una politica di accesso al servizio veramente completa si compone di tutte e tre le funzioni. Una politica che implementa tutte e tre le componenti viene indicata come conforme allo schema generale "AAA" (Authentication Authorization Accounting).

Come già avviene nelle procedure che consentono di determinare l'integrità dei dati, anche nelle procedure di autenticazione possono essere utilizzate efficientemente funzioni di digest e/o funzioni crittografiche simmetriche o asimmetriche, per produrre password univocamente riconducibili ad uno dei partecipanti. Il risultato del processo di codifica del digest di un messaggio viene generalmente denominato MAC. L'integrità dei dati può essere verificata se al messaggio viene allegato il MAC associato. Utile esclusivamente per verificare la non alterazione del messaggio durante la trasmissione, è possibile molto spesso utilizzare come MAC il risultato della funzione non invertibile di digest.

Le funzioni crittografiche per creare un MAC sono generalmente più numerose e computazionalmente più semplici delle funzioni di crittografia simmetrica e asimmetrica che vengono utilizzate per garantire la riservatezza dei dati.

4.2 Identificazione ed Autenticazione

Oggi sono in uso in Internet una serie di sistemi di identificazione disegnati per offrire nel cyberspace quella stessa garanzia che offrono nel mondo reale. I sistemi più semplici sono basati su un nome utente ed una password, altri sono basati su hardware specializzato che può misurare i caratteri unici ed identificativi degli esseri umani. Esistono infine dei sistemi che si affidano a tecniche di crittografia a chiave pubblica.

4.2.1 Identificazione fisica

Arrivando in aereo ad un aeroporto ed esibendo rapidamente un paio di tessere di plastica, ci si può trovare alla guida di un'automobile nuova, magari di grande valore. L'unica garanzia per l'autonoleggio è la promessa da parte del cliente di restituire l'automobile ed il fatto di sapere che, mancando alla parola, l'autonoleggio può annullare la capacità da parte del cliente di ottenere credito, magari facendolo finire in galera. La parola del cliente non sarebbe sufficiente per l'autonoleggio se non sapessero chi è. Grazie alla patente di guida e alla carta di credito, insieme all'accesso ad una rete mondiale di computer, l'autonoleggio può verificare in pochi secondi che la carta di credito non sia stata rubata, in questo modo è quindi possibile, anche per la loro assicurazione, fidarsi del cliente.

Come ben sa l'autonoleggio, la capacità di identificare le persone permette di fatturare i servizi offerti. L'identificazione è davvero una parte indispensabile nella vita di oggi. Le grandi organizzazioni utilizzano dei tesserini di identificazione personale per aiutare le guardie a decidere chi può accedere ai palazzi e chi invece deve esserne tenuto fuori. I governi usano i documenti di identificazione per controllare i confini e fornire benefici con i soldi delle tasse. I computer fanno un uso sempre crescente dei più diversi sistemi per identificare gli utenti, al fine di controllare l'accesso alle informazioni ed ai servizi.

Nessuna tecnica di identificazione è perfetta. Per fortuna, per la maggior parte delle tecniche, non è neppure necessario esserlo. Il fine della maggior parte dei sistemi di identificazione non è quello di impedire la possibilità di impersonare un altro, ma di ridurre notevolmente il fatto che succeda e di portare le relative perdite a livelli di rischio accettabili. Un altro importante fine dei sistemi di identificazione è quello di quantificare il rischio residuo una volta che siano stati distribuiti: questo permette ad un'organizzazione di fare delle scelte in termini di politiche, necessità e plausibilità di sistemi di identificazione alternativi, nonché di quantificare il costo di un'assicurazione che copra il residuo rischio di frode.

4.2.2 La necessità di identificazione

Per gran parte della storia dell'umanità, il mostrarsi era il modo in cui le persone provavano la propria identità. Le persone nascevano nelle proprie comunità; qui si istruivano, lavoravano, si sposavano ed alla fine venivano seppellite; i loro trascorsi erano noti alla comunità così come i loro visi, le loro parole e le loro azioni. L'identificazione era basata sulla biometria.

Per gran parte del ventesimo secolo le patenti di guida, i passaporti e gli altri documenti di identità, sono stati lo strumento principale utilizzato dalle persone per provare la propria identità al di fuori della propria comunità, laddove l'identificazione personale basata sulla conoscenza diretta o sull'amicizia non funziona. Questi strumenti vengono utilizzati per incassare assegni, aprire conti con nuove aziende, chiedere un lavoro, comprare una proprietà. Questi oggetti fisici, che identificano le persone in modo affidabile, permettono ai commercianti l'estensione del credito e della fiducia verso individui con cui non hanno familiarità.

Si potrebbe obiettare che condurre gli affari solo per contanti potrebbe essere un'alternativa che non richiede di ricorrere ai sistemi di identificazione. Ma anche quando si utilizzassero solo contanti od altri oggetti di valore, sarebbe spesso indispensabile una seria autenticazione, a scanso di frodi.

I documenti di identità di per sé non sono in grado di creare un ambiente stabile per gli affari: funzionano insieme con altri sistemi legali. Se una persona non può pagare un assegno o non onora i termini di un contratto, chi è in affari sa che ha in ultimo la possibilità di condurlo in giudizio davanti ad un tribunale. Una probabilità di successo in tribunale esiste solo se si conosce la vera identità della persona, vale a dire se il commerciante conosce la vera identità del consumatore. Ecco la ragione per cui è reato falsificare documenti d'identità.

I consumatori devono a loro volta essere in grado di identificare correttamente i commercianti quando eseguono delle transazioni finanziarie. Nel mondo reale questa garanzia è normalmente offerta da una locazione fisica: se si compra un libro in un negozio e poi si ritiene di essere stati ingannati, si sa che si può tornare al negozio e chiedere la sostituzione o il rimborso. Ci si può ragionevolmente fidare del negozio di libri perché il proprietario del negozio ha investito chiaramente una bella somma di denaro per poter fare il proprio mestiere: libri, scaffali, tappezzerie, registratori di cassa e così via. È assolutamente irrealistico pensare che siano stati spesi così tanti soldi per poi fare una truffa da pochi dollari su un libro, truffa che danneggerebbe la reputazione del negozio. E se anche il negozio fosse solo una messinscena, se ne conosce l'ubicazione; nel peggiore dei casi si può sempre andare in municipio, verificare il nome del proprietario e poi citarlo in giudizio. Le cose non sono altrettanto chiare e precise su Internet. Si può partecipare ad un'asta online e comprare un telefono cellulare usato per soli 100 euro. Una volta inviato il pagamento e ricevuta la merce però si può scoprire che il telefono non può essere attivato perché bloccato dall'Autorità. Si prova a contattare per posta elettronica la persona che ha venduto il telefono, ma la posta ritorna indietro. Allora si può contattare il gestore del servizio di posta per poi scoprire che magari si tratta di un indirizzo destinato ad un sistema di posta web-based e non si ha la minima idea del nome dell'utilizzatore o del suo indirizzo. Quando si riscontra il pagamento, si scopre che l'assegno è stato incassato in una grande banca straniera che rifiuta di fornire supporto nell'identificazione perché 100 euro sono al di sotto del limite oltre al quale si attivano per contrastare le truffe.

Le cose possono essere altrettanto difficili per i commercianti online quando si tratta di identificare i propri clienti o di controllare che la persona dietro il browser web sia effettivamente quella che dichiara di essere. Si immagini che un'azienda di intermediazione immobiliare online riceva da un proprio cliente l'ordine di vendere 500 azioni di un certo stock. Come può la società di trading sapere che l'ordine di vendita viene effettivamente dal cliente, in buona fede, e non dal figlio di dieci anni o, peggio ancora, dall'amico del figlio che è venuto a trovarlo per un pomeriggio? Quale prova è possibile quando l'unico collegamento con il cliente è una linea dati?

4.2.3 Differenze tra autenticazione ed identificazione

Sotto l'etichetta di "identificazione" vengono spesso raccolti tre concetti collegati ma che vengono spesso confusi:

- Identificazione: associare un'identità ad un soggetto.
- Autenticazione: stabilire la validità di qualcosa, come un'identità.
- Autorizzazione: associare diritti o privilegi ad un soggetto.

Tutti e tre questi concetti sono importanti, ma distinguibili: non devono necessariamente esistere contemporaneamente in ogni situazione. Per esempio, se qualcuno presenta un biglietto da 10 euro per comprare un po' di pane in una drogheria, non c'è bisogno che si identifichi o si autentichi. Se l'acquisto include una cassa di birra, allora i suoi capelli grigi e le rughe sul viso potrebbero essere utili per autenticarne la maggiore età, senza che sia necessario identificarlo.

Un altro esempio ancora: se un automobilista sta guidando in autostrada a 140 km orari ed un'auto della polizia lo costringe ad accostare, l'automobilista non ha un urgente bisogno di conoscere l'identità del poliziotto che sta compilando il verbale. L'autorità gli viene dalla divisa ed è per questo che può emettere una multa, l'autenticazione viene dall'insieme di uniforme, distintivo e verbale.

In entrambi gli esempi l'autenticazione può essere falsa (come nel caso di una barba finta e di una maschera di lattice, o una uniforme da poliziotto acquistata presso un negozio di costumi). In effetti, in qualunque situazione l'autenticazione può essere falsificata o scorretta. Nella realtà quello che facciamo è fissare dei limiti al rischio che corriamo accettando una certa forma di autenticazione.

L'autenticazione è generalmente il secondo passo di un processo a due step:

- Identificazione: l'utente dichiara un'identità, solitamente fornendo al sistema di sicurezza l'identificativo od il nome.

- Autenticazione: sia come parte della trasmissione di verifica dell'identità od in risposta ad una richiesta del sistema, l'utente fornisce o genera un'informazione di autenticazione che conferma il legame tra la persona e l'identificativo.

Il sistema quindi verifica l'informazione fornita: se la verifica ha successo, il sistema completa il logon stabilendo una sessione per l'utente ed associando l'identità dell'utente alla sessione. Talvolta la linea tra l'identificazione e l'autenticazione è offuscata o scompare completamente; cioè, l'identità dell'utente è parzialmente o totalmente implicita nell'informazione dell'autenticazione: i sistemi informativi usano un unico identificativo alfanumerico per ciascun utente.

Una volta che il computer sa chi è l'utente, può capire chi è e che cosa non gli è permesso fare. In altre parole, il controllo dell'accesso può iniziare dopo che l'identificazione e l'autenticazione sono finite.

Willy ha alcune abilitazioni al computer, e si vuole essere sicuri che solo Willy abbia quella abilità. Talvolta l'abilitazione è l'accesso a tutto il computer; nessun altro può accendere il computer od utilizzare i suoi dati ed i programmi. Alcune volte l'abilitazione è più esplicita: ritirare i soldi da un bancomat, usare un telefono cellulare. Altre volte l'abilitazione è sul sito Web: accedere al calendario od al conto. Talvolta l'abilitazione consiste nell'accesso ad una chiave criptata che è troppo lunga da ricordare. Non importa quale sia l'abilitazione, ciò che è importante è che sono richieste alcune misure di controllo degli accessi per identificare Willy.

L'utente può fare il logon usando questo identificativo od un nome utente associato, come in Microsoft Windows 2000 che è anch'esso unico, almeno per un dominio. Comunque alcuni sistemi, come Lotus Notes, permettono nomi utenti non unici; per esempio, ci possono essere tre persone con il nome utente "Willy"; quando Willy "3" effettua un logon con la sua password, il sistema usa la password per distinguere Willy "1" da Willy "2". Naturalmente, i tre Willy hanno diversi identificativi, diversi ID.

Attualmente le misure di controllo degli accessi devono fare due cose: una deve permettere a Willy di entrare e la seconda deve tenere gli altri fuori. Fare soltanto la prima cosa è facile, una porta aperta permetterà a Willy e a qualsiasi altra persona di entrare; una porta murata terrà gli altri, così come Willy, fuori; ma fare entrambe le cose è più dura. Si ha bisogno di qualcosa che riconosca Willy e gli permetta di entrare, impedendolo agli altri. Si deve essere in grado di identificare Willy e poi di autenticare quella identificazione. Inoltre i prodotti di controllo degli accessi devono fare una terza cosa: mantenere i record di auditing di ciò che è accaduto sui sistemi.

4.2.4 Differenze tra autenticazione ed autorizzazione

Due concetti vengono spesso associati: autorizzazione ed autenticazione; è importante comprendere la differenza esistente tra i due. Quando un utente si collega ad un computer, il sistema in genere gli richiede nome utente e password. La ragione risiede nel fatto che non tutti gli utenti possono accedere a tutti i computer. I soli utenti in grado di utilizzare un determinato computer sono quelli per i quali, su quella macchina, esiste un account; in caso contrario essi non potranno accedere alla macchina. Questa è l'autorizzazione. L'inserimento del nome utente permette al computer di controllare se un determinato utente è autorizzato ad utilizzare la macchina. Il problema insito nell'utilizzo della semplice autorizzazione come metodo di controllo degli accessi risiede nel fatto che i nomi utente in genere non rimangono segreti. Ad esempio, quando si invia un messaggio di posta elettronica, il nome utente dell'autore viene solitamente inserito nel messaggio. In molti sistemi viene implementato un server finger che permette di ottenere un elenco degli utenti collegati in un dato momento. Diventa quindi semplice ottenere una lista dei nomi utente validi per un determinato computer. Come è possibile assicurarsi che chi si sta collegando sia proprio l'utente a cui era stato concesso un determinato account? A questo punto interviene l'autenticazione.

L'autenticazione consiste nel fornire la prova della propria identità. I metodi di autenticazione sono vari e offrono diversi livelli di sicurezza; uno dei più semplici è rappresentato da una password legata ad un determinato nome utente. Nell'esempio precedente, al momento del collegamento, ogni utente deve inserire un nome ed una password; la password permette al computer di essere certo che chi ha inserito il nome sia l'utente a cui esso è stato attribuito. Affinché il processo di autenticazione sia efficiente è necessario, però, che la password sia mantenuta segreta. Se le password fossero conosciute, come i nomi utente, il meccanismo dell'autenticazione perderebbe ogni significato. La maggior parte dei metodi di autenticazione dipende proprio dal livello di segretezza delle password; per questo motivo si rende necessario mantenere le password ed ogni altra chiave di autenticazione segreta. L'autenticazione può essere effettuata tramite il semplice inserimento di una password od utilizzando metodi più raffinati come l'analisi delle impronte digitali o della retina dell'utente. Molti metodi però presuppongono che chi è incaricato dell'autenticazione sia già a conoscenza delle risposte necessarie per autenticare gli utenti. La vastità della rete, poi, rende assai complicato ottenere i dati necessari, soprattutto quando si devono autenticare utenti o computer mai incontrati in precedenza. La crittografia a chiave pubblica, fortunatamente, può essere d'aiuto.

4.3 Modelli di servizi di autenticazione

Un servizio di autenticazione è un servizio di sicurezza che verifica un'identità dichiarata da o per una risorsa. In una rete, ci sono due forme generali di servizi di autenticazione:

- servizio di autenticazione *data-origin*: un servizio di sicurezza che verifica l'identità di un'entità di sistema che dichiara di essere la sorgente originale dei dati ricevuti. Questo servizio è fornito a qualsiasi entità di sistema che riceve od contiene dati;

- servizio di autenticazione *peer-entity*: un servizio di sicurezza che verifica l'identità richiesta da o per un'entità di sistema. Questo servizio è utilizzato all'atto di una relazione per confermare l'identità di un'entità ad un'altra, proteggendosi così da eventuali falsificazioni.

L'autenticazione dell'utente è un esempio di autenticazione peer-to-peer; questo tipo di autenticazione si può interporre tra due sistemi. Per esempio un server web può usare l'SSL per autenticare se stesso ad un browser sul computer di un utente.

4.4 Il controllo degli accessi

Il controllo degli accessi consiste nel garantire che tutti gli accessi agli oggetti del sistema informativo avvengano esclusivamente secondo modalità prestabilite. Il controllo degli accessi può essere visto come un sistema caratterizzato da soggetti (utenti, processi) che accedono ad oggetti (applicazioni, dati, programmi) mediante operazioni (lettura, aggiornamento, esecuzione).

Funzionalmente è costituito da:

- un insieme di politiche e di regole di accesso che stabiliscono le modalità (lettura, aggiornamento, etc.) secondo le quali i vari soggetti possono accedere agli oggetti;
- un insieme di procedure di controllo (meccanismi di sicurezza) che controllano se la richiesta di accesso è consentita o negata, in base alle suddette regole (validazione della richiesta).

Per garantire quanto sopra esposto, è indispensabile prevedere un meccanismo che costringa ogni utente ad autenticarsi (cioè dimostrare la propria identità) prima di poter accedere ad un computer; il meccanismo finora più usato a tale scopo è quello delle password. Si concede all'utente una coppia nome utente e password a livello di sistema operativo e/o per ogni applicazione (di solito in numero limitato) al cui accesso l'utente è abilitato. Si arriva molto presto alla constatazione che il meccanismo delle password non è però sufficientemente adeguato a garantire il livello di sicurezza richiesto nella fase di autenticazione. I problemi principali legati all'uso delle password sono:

- la scelta di password estremamente facili da indovinare da parte degli utenti;
- la possibilità di intercettarle quando transitano in rete.

Per far fronte a questi problemi, meglio descritti più avanti, sono stati individuati dei meccanismi di autenticazione forte, che consentono di rendere molto più sicura una qualunque fase di autenticazione. Tali meccanismi sono basati sul riconoscimento di un attributo posseduto dall'utente. Tale attributo può essere:

- una password generata dinamicamente da un apposito dispositivo personalizzato per ciascun utente, in questo caso parliamo di one-time password (OTP);
- un certificato digitale che attesta l'identità dell'utente solitamente memorizzato su smart card;
- una caratteristica fisica quale l'impronta digitale, la forma della mano, l'iride, la retina, od una caratteristica comportamentale quale la firma o la voce; in questo caso parliamo di dispositivi di autenticazione biometrici.

I certificati digitali, con particolare riferimento a quelli di tipo X.509, dal nome dello standard internazionale che ne definisce il contenuto, sono, tra i meccanismi di autenticazione, quelli che hanno visto il maggior numero di implementazioni in questo ultimo periodo. La loro importanza è legata anche al fatto che lo stesso meccanismo può essere utilizzato per realizzare la firma digitale di documenti. Questo sarà, molto probabilmente, il meccanismo di autenticazione che sostituirà nei prossimi anni le password.

I certificati digitali sono il frutto dei risultati della più recente branca della crittografia, cioè la crittografia a chiave asimmetrica. Al fine di utilizzare tali meccanismi è necessario fare riferimento ad una PKI (Public Key Infrastructure) cioè un'infrastruttura che emette dei certificati digitali e che provvede alla loro gestione: pubblicazione in rete, revoca, sospensione ed aggiornamento.

In tale scenario ogni utente viene fornito di una coppia di chiavi (pubblica e privata) che lo identificano. La chiave pubblica viene inserita in un certificato digitale emesso dalla PKI che ne attesta inequivocabilmente l'appartenenza all'utente stesso, e viene diffusa pubblicamente dalla PKI. La chiave privata viene invece custodita segretamente dall'utente.

L'uso appropriato di questa coppia di chiavi consente lo svolgimento di una fase di autenticazione forte, fase che viene solitamente realizzata automaticamente con il minimo coinvolgimento dell'utente grazie all'uso di smart card.

Il ricorso ai certificati digitali consente anche la realizzazione di funzionalità molto importanti in ambito di sicurezza informatica quali l'autenticità e l'integrità dei messaggi, la non ripudiabilità e la confidenzialità.

Un meccanismo di sicuro interesse nell'ambito di strumenti per il controllo degli accessi è rappresentato dai sistemi di Single Sign-On (SSO). Tali strumenti sono realizzati per facilitare la gestione degli accessi nei sistemi in cui l'utente si trova di fronte ad una moltitudine eterogenea di workstation, server ed applicazioni, e si vede costretto ad effettuare la fase di autenticazione (logon) ogni qualvolta deve modificare il server o l'applicazione su cui operare. In tali situazioni un sistema di Single Sign-On (SSO) presenta all'utente una singola istanza iniziale di identificazione / autenticazione forte; e poi il SSO, sfruttando un Security Information Base interno, fornisce automaticamente le login di tutte le applicazioni e sistemi al cui uso l'utente è abilitato. Il sistema di SSO gestisce in proprio ed automaticamente, le login (nuova attribuzione, rinnovo o cancellazione) mediante colloquio diretto con i sistemi e le applicazioni.

Oltre alla fase di identificazione ed autenticazione dell'utente, indipendentemente dal meccanismo di autenticazione utilizzato, si deve provvedere al controllo dell'accesso agli oggetti del sistema informativo. I sistemi operativi sono spesso dotati di meccanismi di sicurezza interni che controllano se la richiesta di accesso è consentita o negata. Come è già avvenuto per i mainframe, l'utilizzo di appositi strumenti esterni di controllo degli accessi, amministrabili in modo semplice e sicuro, agevolano il compito del gestore della sicurezza logica. Tali strumenti, oltre ad agevolare l'amministrazione della sicurezza attraverso semplici definizioni di regole di accesso agli oggetti (es.: file, directory, comandi), sono anche in grado di offrire un livello di sicurezza maggiore.

4.5   Tecniche di identificazione informatiche

Per più di cinquant'anni i computer sono stati programmati con diversi mezzi rivolti ad identificare i loro utenti. Gli utenti dei primi sistemi a schede perforate avevano un numero in base al quale veniva calcolato il tempo speso sul computer e di conseguenza il valore da fatturare. Le password furono utilizzate per evitare che un utente, intenzionalmente o per errore, utilizzasse il computer con l'account di un altro. I nomi utente e la password sono da sempre parte dei grandi sistemi informatici. Persino i personal computer, che per i primi venti anni non avevano considerato le password, sono ora attrezzati con software che controlla l'accesso attraverso i nomi utente e le password.

C'è una differenza fondamentale che distingue i sistemi basati su nome utente e password da quelli basati su documenti: laddove la maggior parte dei documenti di identificazione sono stampati con il nome reale dell'individuo identificato, i sistemi basati su nome utente e password sono finalizzati soltanto a stabilire che la persona seduta alla tastiera sia autorizzata ad utilizzare un certo account. I sistemi tradizionali basati sui documenti si confrontano con l'identificazione assoluta, mentre i sistemi basati su nome utente e password si confrontano con l'identificazione relativa. Invece che provare che la persona alla tastiera è davvero Willy Smith ed avere un database che dice che costui è un utente autorizzato, questi sistemi evitano il passaggio per l'identificazione assoluta.

L'identificazione assoluta è un compito estremamente difficile per il classico sistema informatico. Esistono invece molti sistemi di identificazione relativa.

4.6   Elementi e modelli di autenticazione

L'autenticazione del client è la funzione più delicata e più frequentemente richiesta della intera procedura di accesso al servizio. Essa può essere effettuata basandosi su:

- qualcosa che solo l'utente conosce;

- qualcosa che solo l'utente possiede;
- qualcosa che caratterizza fisicamente l'utente;
- qualche luogo in cui l'utente si trova, approccio meno tradizionale e più recente.

L'invio di una password è un esempio di autenticazione fondata sul primo principio.

L'uso di una smart card o altri token (gettoni) è invece un esempio di autenticazione basata sul secondo principio.

L'installazione di dispositivi elettronici per acquisire l'immagine della retina o le impronte digitali dell'utente è un caso di autenticazione basata sul terzo principio.

L'utilizzo di dispositivi hardware (riconoscitori vocali, scanner biometrici) in grado di stabilire l'identità fisica dell'utente che richiede il servizio, non è una soluzione proponibile in ambito di servizi Internet. Tali dispositivi vengono adottati quasi esclusivamente per autenticare l'accesso a particolari locazioni fisiche (a esempio stanze blindate) dove si possono trovare specifici sistemi, generalmente scollegati dal resto della rete come terminali per accesso a database centrali.

I token invece sono utilizzati in molti servizi Internet. L'autenticazione in tal caso si fonda sul fatto che l'utente possiede il token richiesto dal servizio ed è in grado di esibirlo al momento opportuno. Generalmente il token viene realizzato in hardware, ad esempio viene memorizzato su una carta magnetica che deve essere introdotta in un apposito lettore connesso alla postazione client.

L'impiego di un apposito hardware nella fase di autenticazione può limitare in qualche modo la diffusione del servizio. Un dispositivo hardware ha generalmente costo maggiore di uno software, anche se prodotto in milioni di pezzi. Nell'implementazione del sistema di autenticazione esclusivamente software, il possesso del token equivale alla condivisione a priori di un segreto comune tra client e server.

Indipendentemente dall'informazione utilizzata come credenziale utente, uno schema di autenticazione deve possedere alcune caratteristiche irrinunciabili:

- poter resistere ad attacchi esterni: non deve essere facile aggirare od ingannare il sistema;
- non richiedere un tempo eccessivo per stabilire l'identità dell'utente;
- non incidere troppo sul costo complessivo del servizio: l'ideazione di uno schema complesso e costoso può compromettere la diffusione del servizio che lo implementa;

- essere relativamente semplice da gestire: l'aggiornamento delle liste di utenti autorizzati al servizio deve essere semplice e veloce;
- essere disponibile in ogni momento: la mancata disponibilità del sistema di autenticazione di fatto compromette la fruizione del servizio;
- essere facile da usare: l'utente deve poter essere addestrato in poco tempo all'uso del sistema;
- non richiedere la condivisione di un elevato numero di segreti: alcune informazioni riservate, note all'utente ed al server, sono indispensabili in ogni processo di autenticazione robusta che coinvolge funzioni crittografiche;
- essere accurato: il numero di autenticazioni non riuscite da parte di utenti autorizzati ed il numero di autenticazioni riuscite da parte di quelli non autorizzati, deve essere limitato.

Riepilogando, quindi, l'informazione dell'autenticazione usata per verificare un'identità richiesta da o per un utente può esistere come, od essere derivata da, uno dei seguenti fattori di autenticazione, o fattori di login:

Tabella 4-1 Fattori di Autenticazione

Classificazione	Fattori	Esempi
Tipo 1: Autenticazione per Conoscenza	Qualcosa che solo l'utente conosce	Password PIN Informazioni sull'utente o sui membri della sua famiglia Risposte segrete su domande conosciute
Tipo 2: Autenticazione per Possesso	Qualcosa che solo l'utente possiede	Chiave fisica Carta magnetica Token che genera una password one-time
Tipo 3: Autenticazione per Caratteristiche	Qualcosa che solo l'utente è o fa	Trattamento biometrico: impronta digitale struttura dell'iride geometria della mano voce

L'utilizzo di ciascun singolo fattore di autenticazione fornisce l'autenticazione single-factor. Due qualsiasi fattori di autenticazione possono essere combinati tra loro fornendo l'autenticazione two-factor, dette di Tipo 12 (uno-due o dodici), Tipo 13 e Tipo 23. Combinando tutti e tre i fattori si ha l'autenticazione three-factor.

Un servizio di autenticazione che usa solo un fattore di autenticazione può essere vulnerabile; combinando due o più fattori si ha una maggior sicurezza. Gartner Group la definisce un'autenticazione forte: un esempio largamente diffuso è la combinazione di una carta a banda magnetica e di un PIN come per il bancomat: la carta identifica l'utente; la carta ed il PIN insieme verificano queste identità. Sia la carta che il PIN sono richiesti per usare il bancomat; uno solo dei due elementi è inutile.

Un metodo di autenticazione è un'implementazione specifica di un fattore di autenticazione. Per esempio, i prodotti per l'autenticazione biometrica di vari fornitori implementano diversi metodi di autenticazione come differenti implementazioni dell'autenticazione di Tipo 3.

Un servizio di autenticazione può usare metodi di autenticazione singolarmente od in ogni combinazione. Inoltre una combinazione dei metodi di autenticazione non implica necessariamente una combinazione di fattori di autenticazione; per esempio, un servizio di autenticazione potrebbe combinare faccia e voce, entrambi di Tipo 3.

4.7 Paradigmi per l'autenticazione

Le procedure di autenticazione sono normalmente classificate sulla base del numero di partecipanti di cui, al termine del processo, risultano verificate le credenziali:

- autenticazione unilaterale, in cui si verifica l'identità di un solo partecipante;
- mutua autenticazione, in cui si stabilisce l'identità di entrambi i partecipanti.

Per verificare le credenziali dei diversi partecipanti sono disponibili varie tecniche. Indipendentemente dai particolari della procedura implementata, uno schema di autenticazione si svolge secondo uno dei seguenti paradigmi:

- paradigma username/password;
- paradigma challenge/response;
- paradigma timestamp.

4.8 Sistemi di tipo 1: Password

I meccanismi di autenticazione basati su username e password sono di gran lunga i metodi di autenticazione più comuni basati sulla conoscenza (Tipo 1) e quelli più utilizzati per i sistemi informatici; del resto rappresenta l'elemento su cui si basavano i primi sistemi di identificazione digitale.

Per il futuro Gartner Group prevede, con una probabilità del 70%, che la forma primaria di autenticazione fino al 2003, per più dell'80% dei sistemi di e-business, sarà quella basata sulla combinazione di username e password. Quindi l'impiego di metodologie più evolute, che pure presenta già oggi un certo coefficiente di penetrazione sul mercato, non dovrebbe essere diffuso in maniera massiccia ancora per qualche anno.

Tuttavia è riconosciuta la relativa debolezza dei sistemi basati su username e password, in particolare per quanto attiene alle politiche di gestione e di conservazione, la cui complessità rischia spesso di inficiare l'affidabilità e l'utilizzabilità del sistema stesso.

Quando un utente esegue il logon ad un sistema di computer, immette il nome utente e la password. Per fare una telefonata usando una carta telefonica, si deve digitare il numero di conto e la password che spesso è data da una singola stringa. Per ritirare i soldi da un bancomat, si inserisce la carta e si immette il PIN.

Un help desk o un sistema automatico per verificare l'identità di un utente che richiede di ripristinare una password, potrebbe usare altri metodi basati sulla conoscenza, come le risposte a domande segrete.

I due passi in ciascuno di questi esempi sono l'identificazione e l'autenticazione: nell'identificazione si fornisce al computer il nome utente; nell'autenticazione si dimostra al computer che l'utente è chi dice di essere.

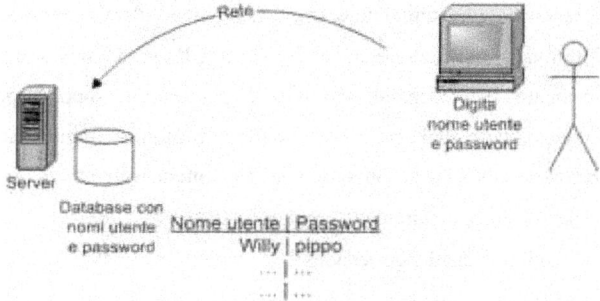

Figura 4.1 Autenticazione con password

Lo schema di funzionamento dell'autenticazione basata su password è indicato nella Figura 4.1:

Il computer alla termine di queste transazioni ha una lista di nomi utenti e password. Una volta che l'utente ha immesso il nome utente e la password, queste sono trasmesse in chiaro attraverso la rete. Il computer confronta i dati immessi con quelli memorizzati nella lista e se l'utente immette i valori corretti, l'utente entra, altrimenti rimane fuori. Talvolta il sistema richiede nuovamente il nome utente e la password; talvolta il sistema si blocca dopo un certo numero di tentativi falliti. Sfortunatamente il sistema di nome utente e password funziona meno bene di quanto si creda.

Tutta la nozione della password si basa su un ossimoro: l'idea è avere una stringa casuale che sia semplice da ricordare. Sfortunatamente se è semplice da ricordare, si tratta di qualcosa di non casuale, come "Alice". Però se la stringa è casuale, come ad esempio "g8Us*3ùP90?", non è semplice da ricordare.

Una password lunga, specialmente con all'interno alcuni spazi, è talvolta chiamata *passphrase*: si tratta di un frase complessa senza senso.

In principio più la password era lunga e più difficile era. *Passphrase* forti potrebbero essere lunghe da 25 a 100 caratteri, ma altri fattori, oltre che la lunghezza, giocano una parte importante per definire la difficoltà di identificazione.

I seguenti "retronyms" sono talvolta usati per una password convenzionale per distinguerla da una one-time password generata dai token di autenticazione:

- password memorizzate, non generate;
- password statiche, non dinamiche, che dovrebbero cambiare di volta in volta;
- password riusabili, da non usarsi una volta sola.

Nessuna di questi "retronyms" implica nessuna particolarità sulle password o sul servizio di autenticazione.

4.8.1 Paradigma username/password

Il paradigma username/password viene generalmente utilizzato nel caso di autenticazione unilaterale (come nella Figura 4.2); prevede che il client si autentichi presso il server, attraverso l'invio di un identificativo personale (username) e della password a esso associata. Il server è responsabile di verificare quanto ricevuto sulla base delle informazioni in suo possesso; questa procedura, prevedendo la trasmissione dei dati per l'autenticazione in chiaro, è sensibile ad attacchi di replicazione dati (replay attack). Oltre all'intercettazione dei pacchetti trasmessi sulla rete, la password può essere intercettata anche da speciali programmi residenti sulla stazione client o da un hacker che ha guadagnato accesso al server in maniera non legittima.

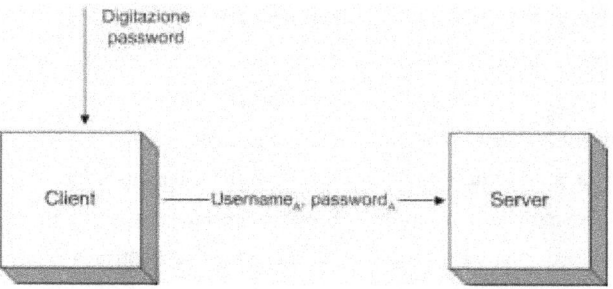

Figura 4.2 Paradigma username/password

Alcuni hanno ovviato a questo problema richiedendo le password sempre più forti, cioè più difficili da indovinare, e meno facili a trovarsi in un dizionario di password. Il sistema mainframe RACF richiedeva agli utenti di cambiare le password ogni mese e non permetteva parole di senso compiuto; Microsoft Windows non ha un tale controllo e si ricorda le password per l'utente. Alcuni sistemi generano le password casualmente per gli utenti, concatenando sillabe casuali e creando così password pronunciabili (ad esempio "patresdano") o mescolando numeri o simboli e cambiando il minuscolo con il maiuscolo: ad esempio, "FOT78hif#elf". Il PGP usa le passphrase, ad esempio, "33333Telefono,, esso devi essere TU a parlare piacevole a mel958???!telefono". Una tale frase non è certo facile da ricordare né tanto meno da scrivere!

Ci sono le eccezioni, naturalmente. Si possono immaginare applicazioni di alta sicurezza - computer per lanci nucleari, i canali per la sicurezza diplomatica, sistemi che comunicano con spie che vivono in territorio nemico, dove gli utenti impiegheranno del tempo per memorizzare lunghe e complicate passphrase. Queste applicazioni non hanno niente a che fare con moderne reti di computer e password per l'accesso ad applicazioni di e-commerce. Il problema è che l'utente medio non può ricordare password abbastanza complesse da prevenire gli attacchi di dizionario. Le password non sono sicure, se non si possono fermare gli attacchi di dizionario.

Tanto poco sicure sono le password, per di più gli utenti riusciranno a renderle ancor meno sicure. Se si chiede ad un utente di scegliere una password, ne sceglierà una semplice; se lo si costringe a sceglierne una più difficile, la scriverà su un foglietto che metterà sul monitor del computer. Se gli si chiede di cambiarla, sceglierà la password che aveva usato il mese precedente. Inoltre gli utenti sceglieranno la stessa password per più applicazioni.

Molti studi sulle password confermano le statistiche secondo le quali il 16% delle password hanno tre caratteri o meno e l'86% è facilmente rintracciabile.

Per scoprire un gruppo di password, si può creare un sito Web con informazioni di comune interesse: risultati di calcio, andamenti di borsa e così via. Quindi fare in modo che le persone registrino un nome utente ed una password per accedere alle informazioni del sito web. A questo punto si collezionano i nomi utenti e le password. La maggior parte delle volte gli utenti immettono lo stesso nome utente e la stessa password che l'utente aveva scelto l'ultima volta, forse quella stessa che permette di entrare nei suoi conti di banca o di mediazioni finanziarie.

Altro modo per ottenere nomi utenti e password è salvare password errate; le persone talvolta digitano per errore la password per il sistema A nel sistema B. Se si obbliga l'utente, durante la registrazione al sito, a rispondere a domande del tipo: "Quali altri sistemi usi regolarmente? Banca X? Mediazione Y? News Z?", allora il gioco è fatto. Un ricercatore fece questo esperimento nel 1985 ed ottenne dozzine di password di amministratori di sistemi.

Anche quando gli utenti scelgono password buone e le cambiano regolarmente, sono molto ben disposti a condividerle con altri che entrano ed escono dall'azienda, specialmente quando hanno bisogno di aiuto per svolgere il proprio lavoro. Chiaramente questo rappresenta uno dei più grandi rischi per la sicurezza ma, nella mente degli utenti, il rischio è minimo ed il bisogno di fare il lavoro è l'imperativo.

Non si vuole dire che non esistono password migliori o peggiori. Il passphrase PGP è ancora sicuro contro gli attacchi di dizionario. Generalmente, più una password è facile da ricordare, peggio è. Gli attacchi di dizionario trovano generalmente le password comuni prima di quelle non comuni: parole di dizionario, parole di dizionario rovesciate, parole di dizionario con alcune lettere maiuscole, parole di dizionario con piccole modifiche, come il numero "1" (uno) invece della lettera "l" (elle), e così via.

Sfortunatamente, molti sistemi sono tanto sicuri quanto la password più debole; quando un hacker vuole guadagnare l'entrata in un sistema, non si preoccupa di trovare un account particolare. In prove operative, alcuni software trovano circa il 90% di tutte password in meno di una giornata, ed il 20% di tutte password in alcuni minuti. Se ci sono 1.000 account e di questi, 999 utenti scelgono password straordinariamente complicate, il sistema verrà corrotto recuperando quella sola debole password.

Qualsiasi attacco di dizionario avrà successo contro tutti quegli account le cui password sono "Maria" piuttosto che contro quelli con password "prosciuttoefarfallediburro".

Un sistema con password lunghe e forti può essere sicuro. Ma tutto questo sta cambiando; la legge di Moore dice che la password forte di oggi è la password debole di domani. In generale, se un sistema è basato sulle password ed un hacker può realizzare un attacco di dizionario, allora il sistema è vulnerabile.

Si può comunque correre ai ripari prevenendo gli attacchi di dizionario. Il file delle password di UNIX, per esempio, è leggibile da tutti gli utenti; nelle attuali configurazioni, UNIX ha un file chiamato file di password shadow che contiene le password hashed, ed il file delle password leggibile dagli utenti non contiene informazioni pericolose per la sicurezza del sistema. Il file di password hashed in ambiente Windows NT è ben protetto e difficile da recuperare; anche nel caso si abbia bisogno dell'accesso di amministratore per "sniffare" le password hashed attraverso la rete, sebbene l'ultima versione di NT e Windows 2000 prevenga questo, o si abbia bisogno di recuperare le password quando sono usate per altre applicazioni di rete.

I sistemi possono anche bloccare l'accesso dopo un certo numero di digitazioni di password errate, ad esempio, tre; ciò vuol dire che dopo che un utente fallisce il logon per tre volte, il sistema congela l'account. Così se qualcuno cerca di entrare in un sistema con l'account di Willy e tenta di indovinare le password, ha solo tre tentativi disponibili prima che il sistema lo congeli. Questo, naturalmente, importunerà l'utente, ma è meglio che comprometterne l'account. La definizione esatta di "congelamento" può dipendere dalle circostanze; può essere che congeli Willy per cinque minuti, o 24 ore; può essere che lo congeli finché Willy non contatterà l'amministratore. Dispositivi ad alta sicurezza possono congelare permanentemente l'account, distruggendo le informazioni contenute all'interno, dopo un certo numero di immissioni di password errate.

4.8.2 Personal Identification Number (PIN)

Un PIN è una stringa di caratteri usata come password per ottenere l'accesso ad una risorsa del sistema. Nonostante le parole *identification number*, raramente un PIN è utilizzato come identificativo di un utente ed i caratteri di un PIN non sono necessariamente tutti numerici; un miglior nome per questo concetto potrebbe essere PASS, *Personal Authentication Service String*.

Un PIN è utilizzato in combinazione con una carta a banda magnetica, una smart card o un bancomat per autenticare un utente di una banca. I PIN sono spesso usati con altri tipi di token di autenticazione (RSA), così come con altri sistemi di sicurezza hardware (carte Fortezza).

Un PIN ha piccole differenze con una password: un PIN assomiglia ad una password debole. Un tipico PIN bancario è un numero a quattro cifre, così un utente ogni 10000 userà lo stesso PIN. I PIN Fortezza possono usare fino a 12 caratteri alfanumerici. I PIN, comunque, sono intrinsecamente più sicuri di una password:

- il sistema ha solo un'interfaccia manuale non un'interfaccia di computer: nessuno può digitare il PIN ad eccezione di usare l'apposita tastiera;
- lo stesso PIN non è stato inviato attraverso la rete e così non può essere intercettato.

Se un PIN non è usato in questo modo, non è esattamente un PIN. Alcuni sistemi che usano un cosiddetto PIN stanno usando una semplice e vulnerabile password.

Il PIN, inteso come una password composta da 4 cifre, è semplice da identificarsi per un computer: potrebbe impiegare alcuni millisecondi per provare tutte i 10.000 PIN possibili. Però una persona deve stare davanti allo sportello automatico e provare un PIN dopo l'altro; se impiega dieci secondi per tentativo, occorrono 28 ore, senza interruzioni, per provare tutti i 10.000 possibili PIN.

Ci sono persone sufficientemente disperate per provare attacchi di questo tipo, così gli sportelli automatici trattengono la scheda se l'utente digita troppe volte una password errata. Ed ancora, questa misura di sicurezza funziona per molti sistemi: serrature con combinazioni fisiche, codici di disattivazione degli allarmi (sicuramente, si possono provare tutti i 10.000 codici possibili, ma si hanno solo 30 secondi), serrature di porte elettroniche, carte telefoniche, e così via. Questi sistemi lavorano bene perché l'attacco non può essere automatizzato.

La maggioranza dei progettisti di sistemi non comprende la differenza tra un sistema con interfaccia manuale, che può essere sicuro con un PIN di quattro cifre, ed un sistema con interfaccia automatizzata. Queste motivazioni inducono il gruppo di Gartner a considerare deboli le password simil-PIN nei sistemi Web, includendo, ad oggi, anche diversi siti internet di intermediazione.

4.8.3 Problemi e soluzioni negli attacchi

Quale è la soluzione per prevenire gli attacchi di dizionario? Un trucco è trovare un dizionario più grande. Un altro consiste nell'aggiungere numeri casuali alle password, trucco conosciuto come "*salting*". C'è stato qualche lavoro sui differenti tipi di password visuali e grafiche; l'idea è che ci siano molte più password possibili, e per questa ragione è molto più duro preparare un attacco di dizionario e poi sono limitate dalla memoria dell'utente.

Le password continuano ad essere il sistema di autenticazione più utilizzato oggi al mondo, perché sono semplici da usare, non richiedono alcun hardware o programmazione particolare. Per effetto di questa popolarità molti utenti hanno una dozzina di password da ricordare ogni giorno, inclusi PIN o password di accesso ai bancomat, alle carte telefoniche, ai sistemi di voice-mail, e poi ancora per sbloccare telefoni cellulari, sbloccare computer, per accedere a servizi Internet, per scaricare la posta elettronica e per accedere a siti web. Come si vede in Tabella 4-2, le password pongono una serie di problemi e per molti di questi non c'è soluzione.

Tabella 4-2 Problemi con le password e soluzioni normalmente impiegate

Problema	Soluzione tipica	Rischi della soluzione
Prima di poter utilizzare un apparecchio, un computer od un servizio online si deve avere una password.	Molti sistemi vengono consegnati con una password o PIN di default (come "0000" or "1234").	I PIN di default spesso non vengono cambiati.
	Alcuni sistemi sono configurati in modo che la prima persona che li accende debba inserire una password.	Non c'è modo di garantire che la prima persona che accende l'apparecchio sia quella effettivamente autorizzata all'utilizzo.
La password può essere intercettata quando viene inviata al computer. Altri possono apprenderla ed impersonare l'utente.	Si può criptare la password per mascherarla nel momento in cui viene trasmessa da un computer ad un altro.	In pratica la criptazione viene raramente impiegata.
	Nessuna soluzione quando, come succede in molti casi, è impossibile utilizzare la criptazione.	Non c'è modo di criptare il PIN che una persona digita in un sistema tipo il bancomat in modo da non essere osservati da una persona posta dietro le spalle.

Problema	Soluzione tipica	Rischi della soluzione
Le persone dimenticano le password.	Si offre all'utente la possibilità di creare una seconda password che sia più difficile da dimenticare: per esempio molti siti chiedono sia una password sia una domanda di "sicurezza" del tipo "qual'è il cognome di vostra madre da nubile?". Se si dimentica la password si può utilizzare la risposta alla domanda di sicurezza.	Questi sistemi riducono i problemi legati alle password dimenticate, ma anche e invariabilmente la sicurezza del sistema, poiché un hacker che potrebbe non indovinare la password può essere in grado di indovinare la risposta alla "domanda di sicurezza".
	Si offre la possibilità di ricevere la password per posta ordinaria o elettronica.	La posta può essere intercettata. Se la stessa password viene utilizzata su diversi servizi, gli altri servizi possono essere compromessi. Questo rischio può essere eliminato cambiando la password della persona con una nuova, generata dinamicamente, in seguito inviata.
Le persone scelgono password facili da indovinare.	Si richiede una password che contenga lettere, numeri ed altri simboli. Non accettare password che contengono il nome utente o parole presenti nei dizionari.	Le persone si arrabbiano e si frustrano quando non possono scegliere la password che poi devono utilizzare. Molte persone usano la stessa password per diversi scopi; se non possono usare quella a cui sono abituati la dimenticano più facilmente.
Le persone comunicano le proprie password ad altri in modo che possano accedere ai servizi ad accesso limitato.	Tenere sotto controllo il servizio alla ricerca di indizi di uso da parte di più persone contemporaneamente, come l'uso simultaneo da diverse locazioni. Se si riscontra un uso simile, si blocca la password e magari si "punisce" l'utente.	Ci possono essere casi in cui è legittima la necessità di accessi multipli ma è impossibile per ragioni politiche, tecniche od istituzionali, che queste altre persone ottengano i nomi utente e le password per l'accesso.

4.9 Sistemi di Tipo 2: Token

4.9.1 Paradigma Challenge/Response

Il paradigma challenge/response prevede che il client si autentichi presso il server seguendo una procedura articolata in tre passi distinti:

1. il primo passo prevede che il client invii l'identificativo personale dell'utente al server;

2. il secondo passo prevede la generazione e la trasmissione di un numero casuale R (challenge) da parte del server, dove il numero R rappresenta la sfida da superare per completare l'autenticazione;

3. il terzo passo, infine, prevede che il client risponda al challenge inviando al server una trasformata del challenge ricevuto. La risposta alla sfida può essere il risultato di un'operazione di codifica del challenge R (come illustrato nella Figura 4.3) utilizzando una chiave comune K, oppure prodotto dalla concatenazione di R con una password P ed una successiva applicazione di una funzione di digest. In entrambi i casi è indispensabile che il processo compiuto dal client risulti ripetibile sul server. Poiché solo client e server sono a conoscenza del segreto (K o P) utilizzato per trasformare il numero R, il server è in grado di stabilire l'identità dell'utente che risponde al challenge in maniera univoca, applicando la trasformazione inversa in caso di codifica o confrontando il digest ricevuto dall'utente con quello prodotto localmente.

Questo sistema è immune da attacchi di replicazione, proponendo al client sfide sempre diverse, ma richiede un numero di passi (3 step) che può risultare eccessivo per una buona fruibilità di alcune applicazioni Internet.

Per le applicazioni basate su protocollo UDP, è necessario valutare le credenziali possedute dalla sorgente per ogni pacchetto trasmesso e non semplicemente all'apertura di una nuova sessione. In questo caso, una procedura composta di tre passi non è praticamente implementabile.

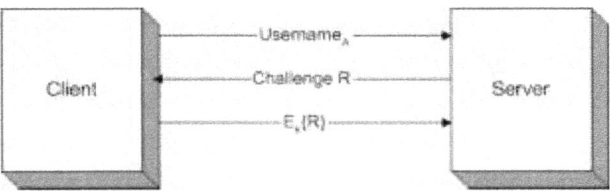

Figura 4.3 Paradigma challenge/response

La soluzione ideale è ricorrere ad un paradigma che preveda l'invio di un solo messaggio per l'autenticazione, riuscendo al tempo stesso a garantire il livello di sicurezza associato al paradigma challenge/response. In tale paradigma ogni possibilità di attacco per la replicazione dei dati è scongiurata tramite la trasformazione di numeri casuali R, che non vengono mai riproposti dal server. Aspetto fondamentale della robustezza dell'intero schema di autenticazione challenge/response è che non vengano mai codificati due numeri R uguali; di secondaria importanza il fatto che il challenge sia generato in maniera veramente casuale.

4.9.2 Paradigma timestamp

Il paradigma timestamp si propone di trarre vantaggio dalla precedente considerazione, inviando al server la versione "codificata" di un numero T, sempre diverso, stabilito implicitamente dalle due entità. Per poter concordare implicitamente un numero comune T, client e server devono avere orologi interni perfettamente sincroni. Il numero T in tal caso rappresenta il valore riportato dall'orologio interno del client al momento della richiesta di accesso al servizio (timestamp), come mostrato nella Figura 4.4.

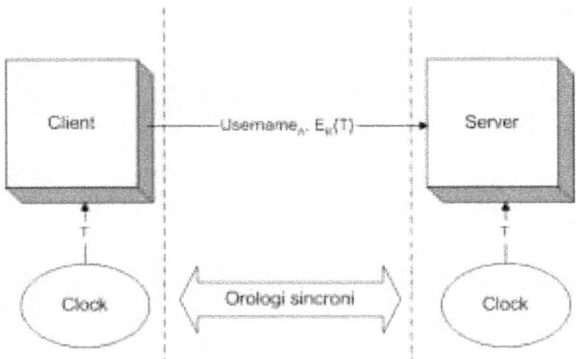

Figura 4.4 Paradigma timestamp

Il server accetta richieste di servizio solo se contengono un timestamp compatibile con il valore del proprio orologio interno. Per semplificare la validazione del timestamp, lo si considera generalmente una quantità discreta, incrementata ad intervalli regolari. Richieste di servizio datate vengono generalmente scartate, interpretandole come messaggi trattenuti troppo a lungo dai sistemi coinvolti e/o ritrasmessi da un hacker per tentare una forma di attacco nota come attacco per trasmissione ritardata dei dati per l'autenticazione.

4.9.3 One Time Password

La procedura di autenticazione basata sul paradigma challenge/response può essere eseguita anche utilizzando esclusivamente funzioni di digest. Per limitare l'efficacia di attacchi basati su forza bruta, che mirano a ricavare la password utilizzata da un partecipante a partire dalla risposta al challenge, è opportuno adottare password di limitata validità temporale. La soluzione ottimale consiste nell'utilizzare password valide per una singola autenticazione, One Time Password (OTP). Una volta verificate le credenziali il server scarta la password utilizzata rendendone impossibile il riutilizzo, sia da parte dell'utente legittimo sia da parte di un hacker. Un simile schema teorico richiede che l'utente legittimo utilizzi password sempre diverse per ogni diversa richiesta di accesso al servizio e che il server sia sempre allineato a ricevere la nuova password valida. Lo schema OTP, oltre che robusto, deve risultare semplice al punto da essere praticamente sostenibile dai sistemi che decidono di implementarlo.

Negli ultimi anni sono stati proposti diversi schemi OTP per un impiego in ambienti Internet. Tra tutte le proposte, quella che ha incontrato maggiore successo, in corso di standardizzazione da parte del IETF, è la naturale evoluzione dello schema proprietario S-key, proposto originariamente dalla Bellcore, che segue fondamentalmente le orme del paradigma challenge/response.

La robustezza di questo schema OTP si basa sull'impiego reiterato di una generica funzione di digest, non invertibile. Lo schema non prevede l'uso di altre funzioni crittografiche e non vincola all'uso di una particolare funzione di digest, definendo l'interfaccia per le funzioni di digest più diffuse in Internet, come MD5, SHA.

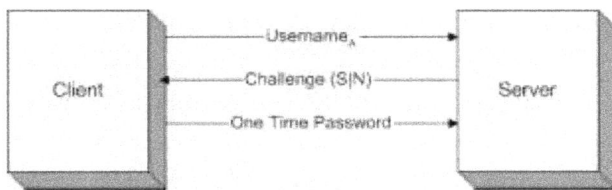

Figura 4.5 Autenticazione tramite one time password

Lo schema OTP si articola nelle seguenti fasi, come evidenziato in Figura 4.5:

1. il client richiede al server di iniziare la procedura di autenticazione, inviando lo username;

2. il server, riconosciuto lo username, invia al client un challenge per consentire la generazione della one time password;

3. il client genera la one time password e la invia al server per completare l'autenticazione;

4. il server verifica la validità della one time password, autorizzando o negando l'accesso al servizio.

Durante la prima fase, il client invia al server l'identità dell'utente che intende accedere al servizio. Il server, ricevuto lo username, lo utilizza come puntatore per esaminare una lista locale di utenti accreditati per l'accesso al servizio. La presenza dello username nel file delle credenziali memorizzato dal server, non garantisce l'accesso al servizio. Sulla base dello username inviato, il server costruisce un messaggio specifico di challenge per il client. Il messaggio di sfida contiene:

- un identificatore della funzione di digest concordata tra client e server;
- un numero N (con N maggiore di 1) che stabilisce il numero di iterazioni necessarie per generare la one time password;
- un seme S, di lunghezza variabile, generato in maniera random dal server.

La concatenazione del numero N e del seme S rappresenta la componente challenge.

Alla ricezione del messaggio di challenge, il client concatena le credenziali P digitate dall'utente (generalmente indicata come password locale) al seme S ricevuto, ottenendo una stringa di lunghezza variabile che rappresenta l'ingresso della funzione di digest prestabilita. La funzione di digest viene applicata ricorsivamente per N volte, usando ogni volta l'output del processo come nuovo input. Il risultato finale della funzione di digest (128 o 160 bit), viene trasformato in un numero binario a 64 bit, usando una diversa funzione standard, legata alla scelta dell'algoritmo di digest. La versione compressa a 64 bit dell'uscita finale della funzione di digest rappresenta la notazione binaria della one time password, secondo il processo descritto in dettaglio in Figura 4.6. Nell'eventualità che il risultato debba essere digitato manualmente dall'utente, la OTP viene frammentata in sei blocchi di 11 bit (2 bit di padding sono aggiunti per ottenere i 66 bit necessari) e ciascun blocco viene convertito in una singola parola, estratta da un vocabolario prestabilito di 2048 parole.

Per evitare una facile estrapolazione della OTP da parte di un hacker, lo schema prevede l'inserimento di password non inferiori a dieci caratteri. Il challenge inviato dal server consente all'utente di utilizzare una stessa password per più autenticazioni successive. Il seme S inviato dal server deve essere modificato ogni volta in cui il numero N scende a 1, reinizializzando la sequenza. Se non vengono mai inviati challenge (concatenazione di S e N) uguali, il client non produce mai due volte la stessa one time password, anche se l'utente mantiene la stessa password per molteplici accessi al servizio. Dovendo applicare la funzione di digest almeno una volta (N maggiore di 1), la password digitata dall'utente non viene mai trasmessa in chiaro al server.

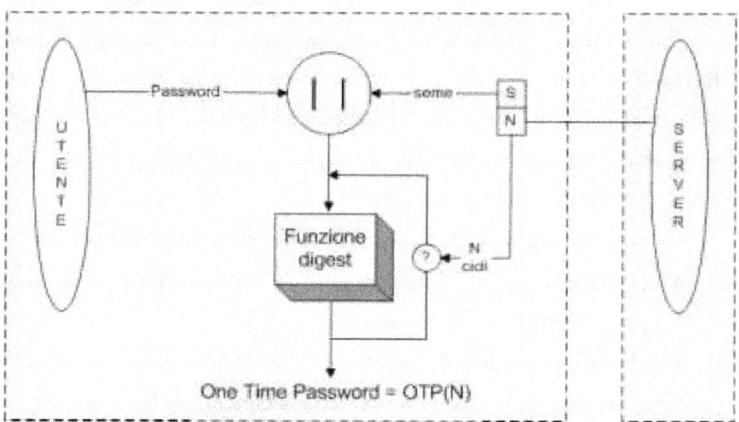

Figura 4.6 Processo di generazione della one time password

Alla ricezione della one time password, il server effettua la verifica delle credenziali dell'utente, come indicato in Figura 4.7. A tale scopo il server usa la one time password appena ricevuta come ingresso di un blocco di digest. Il risultato finale viene confrontato con quanto contenuto nel file delle credenziali memorizzato dal server; se il risultato del confronto è negativo, l'accesso al servizio è negato; se è positivo, l'accesso al servizio viene consentito. Il lavoro del server si completa modificando il file delle credenziali, predisponendolo per accettare le nuove richieste. L'operazione prevede di decrementare di un'unità il numero N associato allo username e di memorizzare la one time password appena trasmessa. Se durante questa operazione il numero N scende a zero, vengono generati casualmente un nuovo seme S* e un nuovo numero N*.

La differenza sostanziale tra lo schema appena descritto ed un generico schema challenge/response basato su funzioni di digest è che con lo schema OTP il server riesce a svolgere il suo ruolo anche senza conoscere la password, che rimane un esclusivo segreto dell'utente. In questo modo, anche se la lista locale contenente le credenziali degli utenti finisce nelle mani di un hacker, la non invertibilità della funzione di digest rende impossibile ricavare dalle informazioni in essa contenute le password utilizzate dagli utenti. L'operazione di estrapolazione della password, a partire dalle credenziali memorizzate sul server, è complicata dal fatto che per generare la one time password la funzione non invertibile è stata applicata dal client N volte.

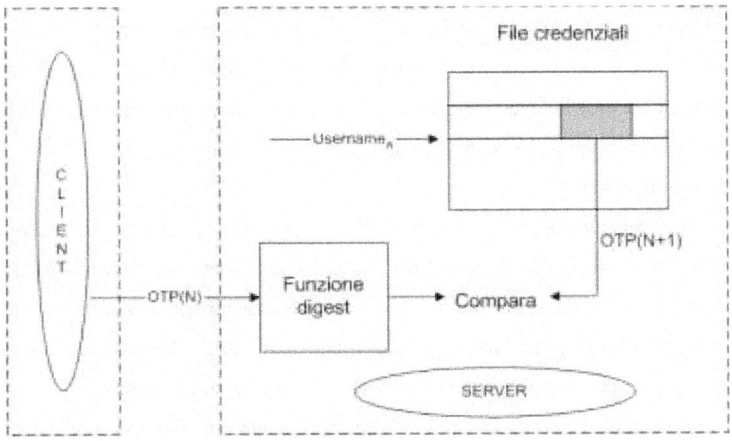

Figura 4.7 Processo di verifica della one time password

Lo schema presentato funziona solo a regime. Per una corretta implementazione è necessario prevedere un opportuno meccanismo di inizializzazione e reinizializzazione.

Il processo di reinizializzazione si ha ogni volta che:

- N scende a zero;
- l'utente decide di modificare la propria password.

Un meccanismo di inizializzazione che può essere adottato è il seguente:

- un flag memorizzato nel file delle credenziali permette di riconoscere il corrente stato della procedura OTP (se l'utente è alla sua prima autenticazione il flag vale zero, altrimenti risulta 1);
- se il flag vale zero, la fase di autenticazione viene superata in maniera implicita (il numero N, il seme S e la one time password vengono registrati per le successive autenticazioni) e il valore del flag modificato;
- se il flag vale uno ed $N > 1$, si procede applicando le regole generali dello schema OTP;
- se il flag vale uno ed $N = 1$, il messaggio di challenge prodotto dal server deve racchiudere $< S_1, S_2, N_1, N_2 >$, dove S_1 è il seme utilizzato per la sequenza corrente, S_2 il seme da utilizzare per la sequenza successiva, $N_1 = 1$ il numero di cicli per produrre la one time password corrente, $N_2 > 1$ il numero di cicli per produrre la successiva one time password.

S_1 ed N_1 vengono utilizzati dal client per produrre la one time password corrente (OTP_1); S_2 e N_2 vengono invece utilizzati per generare una seconda one time password (OTP_2) che verrà usata solo nelle autenticazioni successive. Per stabilire le credenziali del client, il server verifica la OTP_1. In caso di procedura di autenticazione completata con successo S_2, N_2 e OTP_2 vengono memorizzati dal server nel file delle credenziali, per le successive autenticazioni.

La principale debolezza dello schema proposto è legata al fatto che, alla prima autenticazione, le credenziali inviate dal client vengono accettate senza essere di fatto verificate dal server. Per evitare che un hacker possa trarre vantaggio da questa vulnerabilità, sostituendosi fin dall'inizio al client, è necessario procedere alla fase di inizializzazione utilizzando un canale intrinsecamente sicuro, ad esempio accettando un'autenticazione con flag a zero solo da un client attivo sulla stessa macchina che ospita il server. Dopo l'inizializzazione un hacker non può più sostituirsi al client, non disponendo della password.

Anche risolvendo le problematiche relative all'inizializzazione della sequenza, lo schema OTP presenta una seconda, per molti aspetti più grave, limitazione. Per ridurre il numero di informazioni che è necessario memorizzare, lo schema OTP proposto viene generalmente implementato in modo da non rendere necessaria la memorizzazione, da parte del client, del numero di cicli N che sono serviti per produrre l'ultima one time password. Un hacker può sfruttare questa vulnerabilità operando, in condizione *man-in-the-middle*, nel seguente modo:

- intercetta il messaggio di challenge inviato dal server;
- modifica la componente N del challenge sottraendovi un numero K < N;
- invia il messaggio di challenge modificato al client; alla ricezione del messaggio, il client produce la one time password applicando ricorsivamente la funzione di digest (N-K) volte, in base al contenuto del messaggio di sfida, quindi la invia al server;
- intercetta la one time password prodotta dal client;
- modifica la one time password applicando ricorsivamente la funzione di digest altre K volte;
- invia la one time password prodotta al passo precedente al server.

In questo modo, un hacker che intercetta la one time password entra in possesso delle credenziali per accedere (K-l) volte al servizio. L'hacker infatti, conoscendo la OTP al passo (N-K), è in grado di generare le OTP ai passi (N-l,..., N-K+1, N-K), indispensabili per superare la verifica del server al momento della richiesta di accesso al servizio. Per scongiurare questa forma di attacco, tramite invio di messaggi di challenge con N alterato, è indispensabile che il generatore OTP tenga traccia dei valori N inseriti nei precedenti messaggi di sfida inviati dal server.

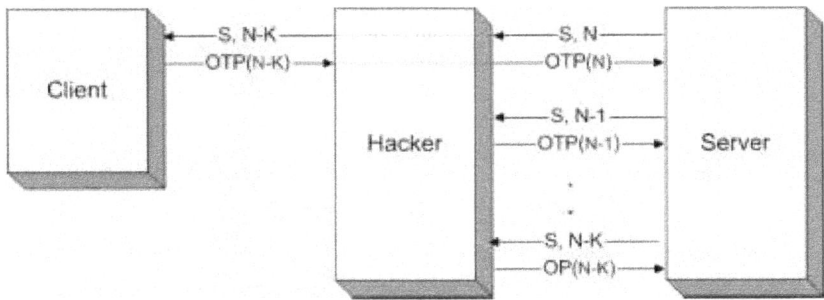

Figura 4.8 Attacco tramite messaggi di challenge con N alterato

Per aiutare l'utente a ricordare a quale valore di N si è giunti, esistono dispositivi hardware personali per l'utente predisposti al calcolo della one time password off-line. L'utente è responsabile solo di digitare il seme S, trasmesso dal server al dispositivo personale e di inserire nel client la one time password che appare a calcolo effettuato sul display del dispositivo. Questi dispositivi personali permettono all'utente di connettersi da qualsiasi terminale, senza richiedere ad altri componenti come il PC dell'utente, ad uno specifico programma client, il mantenimento di informazioni relative alle autenticazioni precedentemente concluse. Il dispositivo decrementa autonomamente il numero di cicli N, rendendo più difficile la conduzione di eventuali attacchi da parte di un hacker.

Gli schemi OTP sono generalmente utilizzati per l'autenticazione del client. Diviene complesso adattarli a servizi in cui è necessaria una mutua autenticazione.

I metodi di autenticazione che usano le one-time password possono indirizzare molte delle limitazioni dell'autenticazione con le password memorizzate. I meccanismi di OTP sono più spesso implementati come token di autenticazione. Generalmente tali token sono usati in combinazione con un PIN, un secondo fattore, che così fornisce un'autenticazione forte.

4.9.4 Token

Un token di autenticazione può avere differenti caratteristiche che dipendono dal fornitore e dal metodo di autenticazione utilizzato:

- un piccolo dispositivo handheld, con o senza una tastiera, con un video a cristalli liquidi (LCD), con dimensioni che vanno dalla grandezza di una carta di credito a quella di una piccola calcolatrice tascabile; infatti, i token di alcuni fornitori funzionano anche come le calcolatrici;
- un piccolo dispositivo con solo un display LCD. Gli utenti li preferiscono spesso perché è più difficile da dimenticare o da smarrire di un mazzo di chiavi;
- un assistente digitale personale (PDA) o uno smart phone con il software del fornitore.

Più fornitori usano un protocollo standard di autenticazione, basato sullo standard ANSI X9.9 per i MACs, mentre alcuni usano un protocollo proprietario. Alcuni fornitori offrono soltanto un metodo di autenticazione, altri ne offrono di più. Tutte queste modalità si basano sulla crittografia a chiave segreta: il token dell'utente ed il server di autenticazione hanno una chiave segreta condivisa che viene utilizzata per criptare alcuni dati, dipendenti dal metodo, che servono a generare l'OTP.

I veri token usano un orologio od un contatore e qualche volta entrambi per generare l'OTP; il token combina l'orologio od il valore del contatore con la chiave segreta condivisa per generare l'OTP, un codice casuale e non prevedibile. Altri usano un modo di challenge/response, dove il token combina un challenge casuale fornito dal server di autenticazione con la chiave segreta condivisa per generare la risposta, essenzialmente un OTP.

Il metodo dell'orologio e del contatore sono sincroni; il modo challenge/response è asincrono.

Il token ed il server compiono lo stesso processo; il server paragona l'OTP ricevuto ed il proprio risultato e la corrispondenza autentica l'utente.

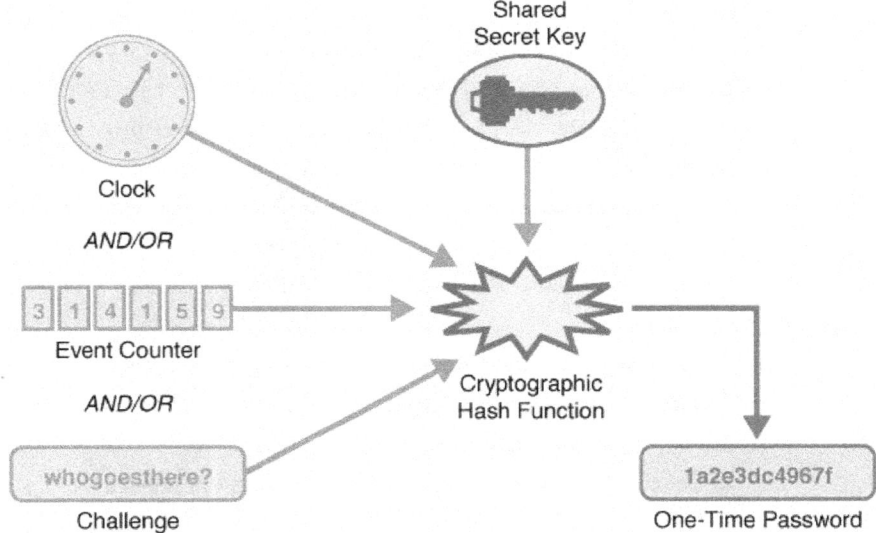

Figura 4.9 Opzioni per la generazione di una One-Time Password con la crittografia a chiave segreta

Un certo numero di fornitori offrono dei token software come alternativa ai loro token hardware. Il vantaggio principale di un token software è la semplicità d'uso, poiché molti step del processo di autenticazione sono nascosti all'utente. Poiché l'utente non ha più un token separato, comunque, questo riduce la sicurezza. Per indirizzare questo, alcuni fornitori offrono smart card o chiavi USB con all'interno la chiave segreta condivisa che lavora con il token software.

Altri fornitori semplificano il processo di autenticazione fornendo un'interfaccia senza il collegamento tra il token hardware ed il computer dell'utente; più comunemente, questa è un'interfaccia che funziona a frequenze radio o wireless, con tecnologia Bluetooth o lo standard IEEE 802.11. I token a frequenze radio o wireless offrono un vantaggio in più rispetto ai token tradizionali: un utente può essere continuamente autenticato e non solo al momento del logon; così allontanandosi dal computer automaticamente questo si spegne o all'utente viene chiusa la sessione di logon. Altri fornitori offrono un'interfaccia acustica, per cui il token emette uno "strillo acuto" che è recepito dal computer dell'utente via microfono o da un server host via telefono.

Verificare l'identità usando qualcosa che si ha, come un token fisico di qualsiasi genere, è una vecchia forma per il controllo degli accessi: una chiave fisica limita l'accesso ad una stanza o ad un edificio.

Già il possesso del sigillo del re autorizzava qualcuno ad agire per suo conto.

I sistemi più moderni possono essere automatizzati, come le chiavi elettroniche delle stanze di alcuni alberghi, i badge di società che permettono l'accesso agli edifici. L'idea di base è la stessa: un token fisico serve ad autenticare il suo possessore che deve provare che ha il token. I computer che richiedono una chiave fisica come una smart card per attivarli, funzionano proprio in questo modo. L'idea di base consiste nell'inserire il token nell'apposita fessura, così che il computer verifichi che il token sia realmente al posto giusto.

Il problema più serio con questo sistema è che i token possono essere rubati. Se qualcuno ruba le chiavi di casa, ad esempio, può aprire la casa. Così il sistema non autentica realmente la persona; esso autentica il token; la maggior parte dei computer combinano i token di accesso con password proprio per superare questa vulnerabilità. Basti pensare alle schede magnetiche per gli sportelli del Bancomat; lo sportello autentica la scheda e richiede un PIN per autenticare l'utente; il PIN è inutile senza il token di accesso. Alcuni sistemi di telefoni cellulari lavorano nello stesso modo: si ha bisogno fisicamente del telefono e di un codice di accesso per effettuare chiamate su un particolare cellulare.

Alcuni token sono facilmente copiabili, come le chiavi fisiche, che possono essere rubati, copiati e sostituiti senza che il proprietario ne sappia niente.

Un altro problema è che necessita di autenticazione per determinare che il token è realmente là. Pensando ad un token come un oggetto biometrico rimovibile, mutevole, si hanno tutti i problemi di un percorso di verifica sicuro dalla sezione precedente. Almeno il token può essere cambiato se è necessario.

Questo problema può essere illustrato pensando alle carte di credito. È difficile contraffare una carta di credito fisica, perché è rischioso usare una carta di credito copiata per acquistare oggetti in un negozio. L'impiegato può avvisare che la scheda è contraffatta. E' assai più facile usare una carta di credito contraffatta sul telefono. Al negozio, l'impiegato autentica sia il numero di conto sulla carta di credito sia la stessa carta di credito, cioè il token. Al telefono, l'operatore non può autenticare il token fisico, ma solo il numero di conto.

C'è un altro, relativamente minore, problema che si rivela con alcuni token: se gli utenti possono lasciare il token nella fessura, lo faranno spesso. Se gli utenti necessitano di una smart card inserita nella fessura prima di avviare il computer, molto probabilmente lasceranno la smart card là tutto il giorno e anche la sera quando non sono più al computer. Ma in questo modo tanto vale non fare l'autenticazione!

Tutta questa discussione presume che ci sia un tipo di lettore associato al token e che l'utente possa inserire il token nel lettore. Questo non è il caso più sovente: la maggior parte dei computer non hanno il lettore richiesto, o il sistema deve lavorare con utenti mobili che possono star seduti in un luogo diverso e distante dai loro computer normali.

Due differenti tecnologie trattano questa situazione. Il primo è il challenge/reply. Il token è una calcolatrice tascabile, con una tastierina numerica ed un piccolo schermo. Quando l'utente vuole entrare in un sistema, l'host remoto viene presentato con un challenge; egli digita quel challenge nel suo token, che calcola l'appropriato reply, inserito dall'utente nel computer ed inviato all'host. L'host fa lo stesso calcolo; se i due corrispondono, l'utente è autenticato.

La seconda tecnologia si basa sul tempo. Questo token è la stessa calcolatrice tascabile, con uno schermo. I numeri sullo schermo cambiano regolarmente, generalmente una volta al minuto. L'host chiede all'utente di inserire che cosa appare sullo schermo; se corrisponde a quello che l'host si aspetta, l'utente viene autenticato.

Naturalmente, tutto il sistema include anche una password ed il token di challenge/reply può anche richiedere una seconda password per lavorare, oltre ad altre possibili misure di sicurezza. L'idea di base è che qualche calcolo segreto venga fatto dentro il token che non può essere impersonato. Un hacker non può pretendere di avere il token, perché non sa come calcolare i reply basati sui challenge o non sa come calcolare i valori basati sul tempo. L'unico modo per fare questo è avere davvero il token.

Questo meccanismo lavora più o meno bene. Tecniche crittografiche, di criptazione o hashing, forniscono la sicurezza. L'host sa come fare i calcoli, così il sistema è l'unico tanto sicuro quanto la fonte del codice dell'host. Chiunque possa fare il *"reverse engineer"* del token può riuscire a capire come fare i calcoli, così il sistema è tanto sicuro quanto i token. Ma è certamente un metodo molto migliore delle sole password. I problemi di sicurezza si presentano nella rete e nei computer preposti per l'autenticazione.

Un ultimo token ha bisogno di discussione: la password scritta su qualche foglietto di carta. C'è una reazione impulsiva nella comunità della sicurezza a scrivere da qualche parte la password, e se fatto propriamente questo può migliorare considerevolmente la sicurezza, infatti qualcuno che scriva la propria password trasforma qualche cosa che lui sa (la password) in qualche cosa che ha (il pezzo di carta). Questo trucco permette di usare le password più lunghe, che possono renderle davvero sicure, anche se con tutti i problemi di un token semplice: si può copiare o rubare. Non va bene se Willy scrive la sua password su un post-it attaccato al monitor; molto meglio è mettere le password nel proprio portafoglio; questo può essere sicuro. Probabilmente la soluzione migliore è dividere in due parti la password: un parte ricordata da Willy e l'altra parte scritta su un foglietto posto nel portafoglio.

Similmente, ci sono sistemi per le one-time password: l'utente ha un elenco di password, scritte, e ne usa una ogni volta. Questo è certamente un buon sistema di autenticazione; l'elenco di password è il token, ma l'elenco deve essere custodito con sicurezza.

4.9.5 Smart card

Le smart card sono una promettente componente tecnologica in tema di sicurezza. Se la card viene estratta, si ha la certezza che nessuno acceda alla chiave privata. Inoltre si possono programmare in modo che richiedano un PIN o una passphrase prima di attivare le funzioni crittografiche, e questo è utile in caso di furto. Possono anche cancellarsi nel caso venissero provati diversi PIN in sequenza. Alcune card superano il meccanismo del PIN e utilizzano la biometrica: ne esistono alcune con un piccolo lettore di impronte digitali integrato.

Le smart card non sono però prive di controindicazioni. Nel caso in cui vengano perse rubate o danneggiate, quelle chiavi non sono più disponibili all'utente. Così quando si tratta di chiavi utilizzate per la criptazione di informazioni sul lungo periodo è bene prevedere un sistema di duplicazione, o di key escrow, che impedisca la perdita irreparabile della chiave. Simili misure non sono invece necessarie quando la chiave è utilizzata esclusivamente per la firma digitale; se viene smarrita è sufficiente creare una nuova chiave: nessuna informazione verrà perduta.

Alcuni tipi di smart card sono eccezionalmente fragili e non sono adatte all'uso quotidiano; le chiavi infatti si possono perdere inavvertitamente.

Ci sono anche casi di chiavi che non sono a prova di manomissione. Alcune implementano dei piccoli sistemi operativi: i difetti di questi si traducono nella compromissione della chiave. Inoltre è possibile sottoporre ad analisi fisica la card e forzarle in modo da rivelare la chiave. Nel 1996 Ross Anderson e Markus Kuhn hanno pubblicato uno studio su come sia possibile forzare la sicurezza di una smart card disegnata con professionalità ed utilizzata ampiamente per meccanismi di sicurezza. Più recentemente sono stati identificati due tipi di attacchi non distruttivi sulle smart card:

- gli attacchi cronometrici, che si basano sulla considerazione che le operazioni di criptazione richiedono tempi leggermente diversi in funzione del numero di 0 e 1 contenuti nella chiave;

- l'analisi del differenziale di assorbimento (DPA) che dà origine ad attacchi simili a quelli cronometrici, ma che prendono in esame l'assorbimento elettrico durante le operazioni di cifratura.

Dettagli relativi a questi attacchi si possono trovare sulle pagine web di Cryptography Research Inc., all'indirizzo http://www.cryptography.com/dpa/.

4.10 Sistemi di Tipo 3: Biometria

La biometria è la più vecchia forma per l'identificazione. Il riconoscimento fisico è biometria; i nostri antenati lo usarono anche prima di evolversi in creature umane.

La biometria è usata anche per l'identificazione in sistemi di comunicazione. Al telefono, la voce ci identifica alla persona dall'altro lato della linea. Su un contratto, la firma identifica la persona che lo ha firmato. La fotografia sul passaporto identifica la persona che possiede il documento.

L'autenticazione di un individuo mediante biometria è un processo automatico mediante il quale si vuole determinare l'identità attraverso l'analisi ed il riconoscimento di caratteristiche fisiologiche o comportamentali.

L'autenticazione biometrica, anche detta verifica biometrica, verifica l'identità richiesta all'utente comparando un valore codificato, dedotto da un'immagine delle caratteristiche, con un valore memorizzato, creato durante la registrazione.

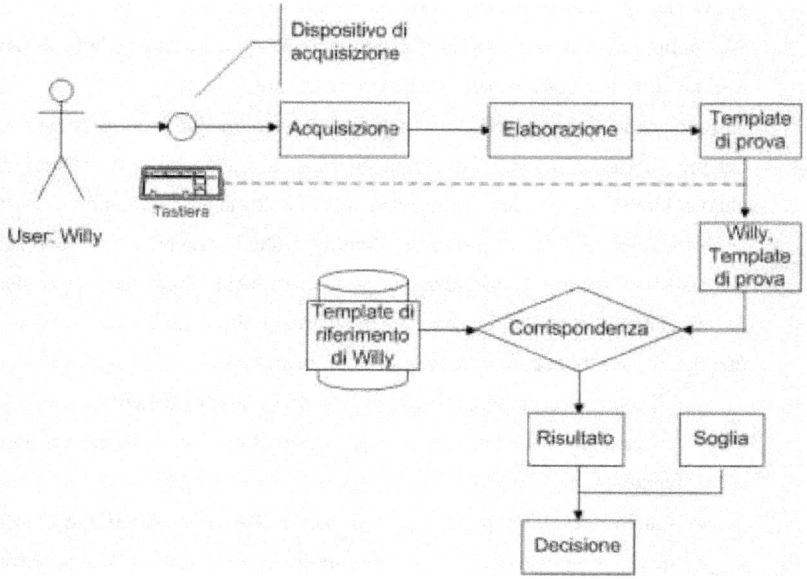

Figura 4.10 L'autenticazione biometrica

Un dispositivo di acquisizione cattura un campione delle caratteristiche, per esempio, un'immagine video dell'occhio dell'utente. Il sistema elabora il campione (o i dati biometrici) per creare un template di prova. L'autenticazione può avere luogo da remoto, usando un server di autenticazione, o localmente, usando un servizio sul computer dell'utente. Il servizio di autenticazione trova la riga dell'utente nel database, indicizzato per nome di utente, e confronta il template di prova con il template di riferimento per quell'utente.

Molte sono le misure biometriche possibili:

- Immagine della faccia
- Immagine della retina
- Scansione dell'iride oculare
- Impronte digitali
- Geometria della mano

- Impronte dei piedi e camminata
- Disegno dei vasi sanguigni nella retina
- Impronte vocali o timbro vocale
- Caratteristiche della scrittura manuale
- Modelli di dattilografia
- Geometria della firma, intesa non solo come forma della firma, ma anche pressione della penna, velocità della firma, e così via.

Infatti l'utente non dichiara un'identità, ma una misura biometrica è passata al servizio di autenticazione che poi legge il database per trovarne una corrispondenza. Quando la trova, l'utente è stato identificato ed allo stesso tempo, poiché la caratteristica codificata è unica per quell'utente, è stata verificata l'identità.

Qualunque sia la tecnica impiegata (analisi delle caratteristiche fisiologiche o comportamentali), l'utilizzo della biometria offre livelli di sicurezza significativamente maggiori di quelli offerti da tecniche più classiche basate su password o smart card.

La biometria è affidabile perché è arduo contraffare le caratteristiche. É difficile mettere un'impronta digitale falsa sul proprio dito, o rendere una retina assomigliante a quella di qualcun altro. Alcune persone possono imitare la voce, e Hollywood può fare le facce di persone assomiglianti a qualcun altro, ma in generale è duro ingannare l'autenticazione basata sulla biometria.

La biometria, d'altra parte, non è poi così sicura perché è facile da ingannare. È facile rubare un campione biometrico dopo che la misurazione è stata presa. In tutte le applicazioni prima discusse, il verificatore ha bisogno di verificare non solo che i biometrici siano accurati ma che sia entrata correttamente. Si immagini un sistema remoto che usi il riconoscimento della faccia come un biometrico. "Per avere l'autorizzazione, si prenda una fotografia di se stessi e la si invii via posta. Noi confronteremo la fotografia con quella presente nel file."

Per mascherarsi da Willy, basta prendere una sua fotografia quando non sta guardando ed usarla qualche giorno dopo, per ingannare il sistema. Questo attacco funziona perché mentre é difficile rifare una faccia che assomigli a Willy, è facile ottenere una fotografia della faccia di Willy. E poiché il sistema non verifica che la fotografia sia della faccia di Willy, ma solo che corrisponda alla fotografia della faccia di Willy presente nel file, si può ingannare il sistema.

Similmente, si può falsificare una firma biometrica usando una fotocopiatrice od un fax. E' difficile contraffare la firma del vice presidente presente su una lettera che ti dà una promozione, ma è facile ritagliare la sua firma da un'altra lettera, incollarla sulla lettera che dà una promozione e farne un fax al dipartimento di risorse umane. Non potranno dire che la firma è stata tagliata da un altro documento.

La morale è che la biometria funziona bene solo se il verificatore può verificare due cose: la prima, che la biometrica provenga dalla persona nel momento della verifica, e la seconda, che la biometrica corrisponda al master biometrico presente sul file. Se il sistema non può fare entrambe le verifiche, allora non è sicuro.

Poi c'è un altro sistema biometrico: le impronte digitali per le autorizzazioni di login da remoto. Willy mette il suo pollice in un lettore che si trova nella tastiera (in realtà tale tecnologia esiste già). Il computer spedisce l'impronta digitale del pollice all'host. L'host verifica l'impronta e permette a Willy di entrare se corrisponde all'impronta memorizzata nel file. Questo non funziona perché è molto facile rubare l'impronta digitale del pollice di Willy, ed una volta che la si ha, è facile ingannare l'host, ripetutamente.

Le tecnologie dietro alcune di queste sono più affidabili di altre; le impronte digitali sono molto più affidabili del riconoscimento della faccia, ma questo può cambiare in base ai progressi della tecnologia. Alcuni sono più intrusivi di altri; una tecnologia poi fallita era basata sul modello delle labbra che richiedeva all'utente di baciare il computer.

L'hardware resistente alle contraffazioni è efficace se include sia il lettore biometrico sia il motore di verifica; non funziona se un lettore di impronta digitale resistente alle contraffazioni spedisce i dati dell'impronta digitale attraverso una rete non sicura. La crittografia può aiutare.

Comunque, questo ci porta al secondo grande problema della biometria: non gestisce bene l'errore. Si immagini che Willy stia usando l'impronta digitale del proprio pollice come identificatore biometrico, e qualcuno lo ruba. Questo non è un certificato digitale, dove una terza parte di fiducia può copiarlo su un altro. Questo è il suo pollice: ne ha solo due ed una volta che qualcuno ruba il tuo biometrico, lo ha rubato per tutta la vita; non si può fare marcia indietro.

Questo è il motivo per cui la biometria non funziona come le chiavi crittografiche, anche se si potrebbe risolvere la logica biometrica fuzzy con un problema di logica matematica assoluta. Saltuariamente si vedono sistemi che usano le chiavi crittografiche generati dalla biometria. Questo meccanismo funziona molto bene, fino a che il biometrico non è rubato. E non si vuol dire che il dito della persona viene fisicamente tagliato, o l'impronta digitale sia imitata sul dito di qualcuno altro; si vuol dire che qualcuno ruba l'impronta digitale del dito. Una volta che questo accade, il sistema non funziona più, o meglio può essere che funzioni bene fino a quando non siano rubate le impronte di tutte le dieci dita.

Le tecniche biometriche possono essere utilizzate tanto per l'identificazione continua che per l'identificazione assoluta. L'approccio più semplice è quello per l'identificazione continua: la prima volta che l'utente accede al sistema, le informazioni biometriche vengono registrate. Negli accessi successivi i nuovi rilevamenti biometrici vengono confrontati con il primo.

Per la maggior parte delle applicazioni, la biometria ha bisogno di immagazzinare le informazioni che mette in relazione i nomi con le misure in un database. La voce lavora solo come un'identificazione biometrica al telefono se già si conosce l'interlocutore; se è un estraneo, non aiuta. Lo stesso vale con la scrittura; si può riconoscere solo se la si conosce già. Per risolvere questo problema, le banche mantengono le firme in file. Willy firma il suo nome su una carta quando apre il conto, ed esso è memorizzato nella banca (la banca ha bisogno di mantenere il suo perimetro sicuro per lavorare bene). Quando Willy firma un assegno, la banca verifica la firma di Willy con la firma memorizzata per assicurarsi che l'assegno sia valido, anche se in pratica, questo accade solo raramente. Il controllo manuale della firma è talmente costoso che la banca non si preoccupa per assegni con somme inferiori ad una certa cifra. Se c'è un problema, presumono, qualcuno si lamenterà. E' conveniente riparare solo quando il problema viene fuori occasionalmente piuttosto che pagare qualcuno che faccia sempre la verifica. Si può fare la stessa cosa con il voce di Willy, confrontare il suo timbro vocale con quello memorizzato in qualche database centrale.

Le eccezioni sono situazioni dove la biometria è solo verificata come parte di un protocollo involuto e non comune. Quando Willy firma un contratto, ad esempio, Marta non ha una copia della sua firma nel file. Il protocollo lavora ancora perché Marta sa che può verificare la firma più tardi nel tempo, se necessario.

Il Federal Bureau of Investigation ha un enorme database del genere in cui le impronte digitali ed i nomi sono messi in relazione, ed un altro in cui i nomi sono in relazione con il DNA.

Rispetto alle password e ai token la biometrica presenta due chiari vantaggi:

- in circostanze normali non si perde o non si dimentica la vostra biometrica;
- copiare, condividere o rubare elementi biometrici non è facile.

Tutti i sistemi di autenticazione basati sulla biometria lavorano in modo analogo: inizialmente il sistema cattura un campione della caratteristica da analizzare (enrollement), estrae dalle caratteristiche riscontrate un codice matematico e lo memorizza come modello. La fase di memorizzazione può avvenire sul sistema stesso, su un apposito database od ancora su una smart card.

Non è semplice, però, portare questa tecnologia dai laboratori al mercato.

Quanto viene richiesta vicina una corrispondenza per verificare l'identità di un utente, dipende da come la tecnologia biometrica è usata e la soglia impostata in una particolare implementazione. Se viene richiesta soltanto una debole corrispondenza, un utente artefatto può essere erroneamente accettato. Se viene richiesta una forte corrispondenza, un utente legittimo può essere erroneamente respinto.

Nel riconoscimento biometrico, il sistema invia solo l'esempio codificato al server di autenticazione, che poi cerca nel database di autenticazione un template di riferimento corrispondente. Il server di autenticazione ha identificato l'utente e, poiché il template biometrico è unicamente collegato all'utente, ha verificato quell'identità; infatti l'identità dell'utente è implicita nelle informazioni di autenticazione.

Nell'industria della biometria, questa "autenticazione auto-identificante" è anche chiamata identificazione biometrica, ma questo termine dovrebbe essere disapprovato poiché ignora l'aspetto cruciale dell'autenticazione.

L'autenticazione od il riconoscimento biometrico è usato da solo per l'autenticazione dell'utente in sistemi di informazioni o per i controlli dell'accesso fisico e per le applicazioni non necessitanti di sicurezza, come la presenza fisica in azienda.

È anche usato in combinazione per fornire l'autenticazione forte. Ad esempio, una smart card per l'autenticazione a chiave pubblica può essere abilitata come biometrica piuttosto che protetta da un PIN. Questo può essere un approccio molto efficace: un analizzatore di impronte digitali, per esempio, può essere costruito nel lettore (od anche la stessa scheda), e la scheda può memorizzare il template per la verifica.

Tutti i sistemi biometrici presentano un certo livello di falsi positivi, in cui il sistema dichiara una corrispondenza quando non dovrebbe, e di falsi negativi, in cui il sistema ritiene erroneamente che due rilevamenti biometrici appartengano a due persone diverse mentre sono in realtà la stessa persona.

Nell'insieme, la tecnologia biometrica diventerà sempre più accurata.

In primo luogo, il sistema non identificherà erroneamente un impostore come Willy. Il compito della biometria è verificare che il rivendicatore Willy sia l'attuale Willy, così se un impostore può con successo ingannare il sistema, vuol dire che il sistema stesso non sta lavorando molto bene. Questo viene definito un falso positivo. In secondo luogo, il sistema non identificherà erroneamente Willy come un impostore. Ancora, il fine della biometria è verificare che Willy sia Willy, e se Willy non può persuadere il sistema che è proprio lui, allora anche adesso il sistema stesso non sta lavorando molto bene. In questo caso si ha un falso negativo.

Negli ultimi tempi, i sistemi di identificazione biometrica lavorano meglio nell'identificare sia i falsi positivi che i falsi negativi. Ad esempio, si includono controlli per verificare che le parti del corpo siano vive, così che né un dito di plastica né un dito tagliato possano ingannare il lettore di impronte digitali.

Per ridurre la possibilità di falsi positivi è possibile utilizzare sia la biometria che una password o un token. Nel caso delle password, per iniziare il processo di riconoscimento, all'utente viene tipicamente richiesto un codice identificativo segreto, come un PIN, o l'inserimento in un lettore di una smart card contenente il modello biometrico; successivamente viene effettuato il rilievo biometrico, per esempio sulla voce. Il sistema utilizza il PIN per rintracciare un profilo registrato che poi viene confrontato con il rilievo. In questo modo il sistema ha bisogno di effettuare un solo confronto, senza dover ricercare nell'intero database.

L'autenticazione biometrica non ha dei confini chiari. Nei metodi di autenticazione visti sopra, il server di autenticazione confronta due cose che corrisponderanno o no. Se la password attesa è "07tVai!," e la password fornita è "07tvai!," l'identità richiesta all'utente non sarà verificata; non ci sono vie di mezzo. Il server di autenticazione non può dire, "si assomigliano abbastanza".

L'autenticazione biometrica, comunque, dipende dalla vicinanza delle corrispondenze. La stessa caratteristica biometrica può cambiare di tanto in tanto. Il campione può differire da come il dispositivo di acquisizione viene usato.

In generale, si può configurare un sistema biometrico in modo che valuti l'errore su un falso positivo o su un falso negativo. Ci sono tutte le sfumature di grigio; se il sistema ottiene un'impronta digitale che è quasi sicuro appartenere a Willy, permette l'accesso? Dipende se il sistema è più interessato ai falsi negativi o ai falsi positivi. Se il sistema sta autorizzando Willy a prendere le matite fuori dal mercato, allora deve errare sul lato dei falsi negativi; è molto peggio importunare un utente legittimo che perdere alcune matite. Se il sistema sta proteggendo grandi somme di denaro, allora è preferibile un falso positivo. Mantenere fuori gli utenti non autorizzati è più importante che saltuariamente negare l'accesso ad un utente legittimo. Se il sistema deve iniziare una sequenza di lancio per i missili nucleari, sono da evitare tutti e due.

Successivamente l'utente interagisce una seconda volta con il sistema fornendo un nuovo campione della caratteristica biometrica che viene confrontato con il modello memorizzato.

L'autenticazione biometrica può anche essere usata in parallelo con altri metodi di autenticazione. Ad esempio, se sono utilizzate le chiavi USB protette da PIN, l'autenticazione biometrica può essere usata in cabine che permettono all'utente di scegliere un nuovo PIN quando sia stato dimenticato quello vecchio.

Questi sistemi risultano particolarmente affidabili se il sistema che rileva la caratteristica del sistema è lo stesso che fa il controllo; in caso contrario si possono verificare delle situazioni indesiderate: basti pensare alla possibilità che una persona non autorizzata "stacchi" il dispositivo biometrico e si colleghi al sistema inviando una vecchia registrazione, situazione possibile visto che il controllo fatto a livello del client è suscettibile di manipolazione; un programma quindi potrebbe inviare un OK anche senza aver effettuato il controllo.

È inoltre importante non dimenticare che la biometria non è perfetta, infatti:

- l'impronta biometrica di una persona deve essere archiviata in un file o in un database prima che si possa identificare la persona;
- se il database delle informazioni biometriche viene compromesso allora l'identificazione biometrica è priva di qualunque valore;
- a meno che gli strumenti di misura siano particolarmente protetti, questi dispositivi sono vulnerabili al sabotaggio ed alla frode. Per esempio un intrusore potrebbe

ingannare un sistema di riconoscimento vocale registrando la frase utilizzata come chiave e quindi riproducendola.

La biometria coinvolge tecnologie complicate ma, dopo quasi tre decenni di ricerca, sta finalmente facendosi strada verso la gran massa dei computer e dei sistemi di controllo degli accessi. Le impronte della voce, dell'iride e la geometria della mano sono sempre più utilizzate nei sistemi di controllo degli accessi nelle zone in cui è richiesto un elevato livello di sicurezza, come le sale macchine.

Il timbro della voce apre la porta di casa. La scansione della retina permette di entrare negli uffici della società. L'impronta digitale permette di accedere al tuo computer.

Lettori di impronte digitali a basso costo possono essere comprati con le schede PCMCIA da utilizzare sui portatili, e su alcuni sono stati persino integrati.

Infatti tra i vari parametri biometrici attualmente utilizzabili per il riconoscimento quello che sarà probabilmente più usato nell'immediato futuro è l'impronta digitale, per la facilità d'impiego e l'affidabilità dei dispositivi a ciò preposti.

La biometria può essere un buon meccanismo di autenticazione, ma deve essere usato in maniera appropriata.

4.10.1 Pregi e difetti

L'autenticazione biometrica è potenzialmente il metodo più forte di autenticazione. Ciononostante, non è infallibile, ed alcune vulnerabilità hanno delle conseguenze.

Tabella 4-3 Biometria

Le caratteristiche fisiologiche	Le caratteristiche comportamentali
Generalmente offre un'autenticazione più forte, ma meno accettata dall'utente.	Generalmente offre un'autenticazione più debole, ma più accettata dall'utente.
Comune: Impronta digitale, Modelli di iride, Modelli di retina, Geometria della mano, Faccia	Comune: Timbro della voce (modelli di parlato), Firma
Emergenti: Modelli vascolari (dei vasi sanguigni), altri modelli di "struttura profonda", Stampa del palmo della mano, DNA	Emergenti: Dinamica di dattilografia

4.10.2 Attacchi Replay

Per capire un attacco replay, provate ad immaginare un computer che verifica l'identità dell'utente effettuando la rilevazione delle impronte digitali. In condizioni ideali una persona è seduta al computer, poggia il proprio pollice sul rilevatore ed il computer ne verifica l'identità. Si consideri però il caso, come in Figura 4.11, in cui un computer acquisisce le impronte digitali ed un altro ne effettua l'autenticazione. In questo caso è possibile che un hacker intercetti il codice delle impronte digitali una volta digitalizzate ed in transito sulla rete. Una volta che l'hacker si sia impossessato delle impronte le può utilizzare per impersonare la vittima.

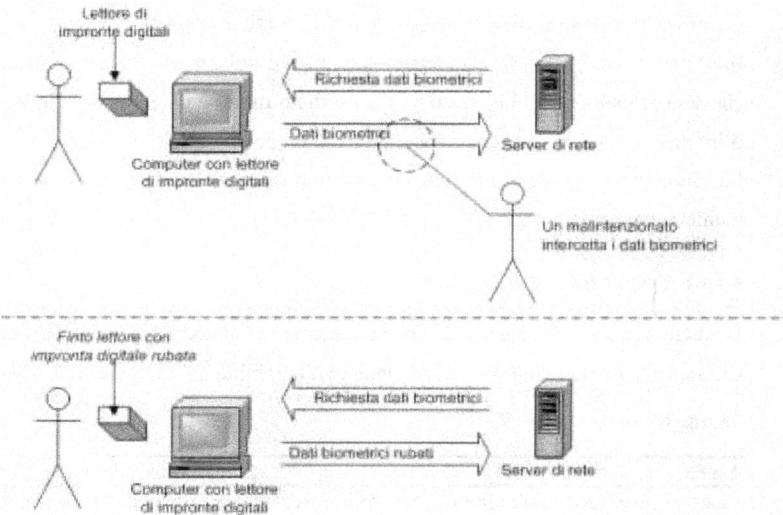

Figura 4.11 Quando la verifica biometrica è effettuata su un computer remoto collegato in rete, allora si è esposti ad un attacco replay (manomettendo il computer o il software che effettua il rilievo biometrico)

Gli attacchi replay non sono un problema solo per la biometrica: rappresentano infatti un attacco fondamentale contro tutti i tipi di sistema di identificazione digitale già citati. Per esempio, una password può essere intercettata e riutilizzata da un hacker. Anche i sistemi posizionali possono subire questi attacchi.

Un metodo per difendersi è la semplice criptazione, poiché rende più difficile intercettare password, impronte digitali ed altre informazioni utilizzate per verificare l'identità. Ma la criptazione diretta ha un importante limite: protegge le informazioni in transito, se mai l'informazione venisse rivelata ad un soggetto ostile, allora sarebbe per sempre compromessa!

Questa è la ragione per cui la pratica delle banche e delle società di carte di credito di utilizzare il codice fiscale o il "cognome della madre da nubile" è tanto problematica: non si può fare in modo che questa informazione sia verificata e segreta allo stesso tempo, perché una volta che un'informazione non è più segreta non ha più alcun valore ai fini dell'identificazione.

4.11 Altri metodi di autenticazione

4.11.1 Autenticazione basata sul luogo in cui si è

Con lo sviluppo di sistemi informatici che possono localizzare velocemente i loro utenti, oggi è possibile rilasciare dei sistemi di autenticazione basati sull'ubicazione. Per esempio un simile sistema potrebbe permettere alle persone residenti a Roma di accedere ad una banca della stessa città, vietando l'accesso ad altri a meno che non sia stato preso un accordo particolare.

Nonostante il GPS possa essere immediatamente utilizzato per ottenere informazioni sulla posizione, ci sono almeno due seri ostacoli all'uso del GPS in queste applicazioni: tipicamente non funziona all'interno di ambienti chiusi, ed inoltre non c'è alcun modo di ottenere le informazioni sulla posizione del ricevitore in modo sicuro. Una scelta migliore per sistemi di autenticazione basati sulla posizione è quella offerta dai sistemi di localizzazione di alcune reti di telefonia mobile. Con questi sistemi la rete può identificare la posizione e trasmetterla direttamente al servizio, senza il rischio che questa informazione venga compromessa nel momento in cui l'utente si autentica.

L'ubicazione di un utente può essere un fattore di autenticazione in combinazione con altri, ma raramente da solo. L'ubicazione non può verificare l'identità dell'utente, ma può fornire evidenze sul fatto che l'utente non sia un hacker.

Ad esempio, un'organizzazione può avere più fiducia nelle password memorizzate, purché quelle password memorizzate possano essere usate solo da computer posti all'interno di perimetro fisico sicuro. Un'agenzia europea, in questo ambito, ha implementato un sistema nel quale nessun utente può aprire una sessione di logon con una password memorizzata a meno che il sistema di controllo di accesso fisico dimostri che l'utente è in ufficio.

L'ubicazione può determinare quale metodo di autenticazione può essere usato. Ad esempio, un'organizzazione può permettere l'autenticazione per password memorizzate per gli utenti all'interno dell'ufficio, o da determinati terminali o computer autorizzati a compiere certe operazioni, ma richieda l'autenticazione forte, per esempio con un token hardware protetto da PIN, per gli utenti che fanno il telelavoro o si trovano in altro luogo e quindi l'accesso remoto da casa o per alcuni agenti di vendita mobili.

Ad oggi l'ubicazione non viene generalmente usata come sistema di autenticazione.

4.11.2 Autenticazione basata sulla combinazione di più fattori

Per gli accessi via rete il controllo della sola caratteristica biometrica può risultare inadeguato ed allo stesso modo la sicurezza garantita da una smart card può essere indebolita dalla possibilità di accedere alla chiave segreta memorizzata su di essa da parte di terzi.

Esiste, tuttavia, la possibilità di utilizzare il controllo dalla caratteristica biometrica del proprietario della smart card per abilitare l'accesso alla chiave privata, ovvero la generazione di una firma digitale.

In questo modo, combinando due delle tecniche di autenticazione più sofisticate, si ottiene un sistema capace di verificare l'identità della persona che richiede l'accesso con un elevatissimo livello di sicurezza.

4.11.3 Password Grafiche

Due fornitori offrono insoliti metodi di base per conoscenza ciascuno basato su immagini visuali.

Passlogix Inc. (www.passloqix.com), come parte del suo *v-GO* soluzione di single sign-on (SSO), offre la password in ambienti Windows. L'utente seleziona l'immagine grafica, ad esempio il telefono, carte da gioco, un cocktail e crea una password *v-GO* usando il mouse per fare click o trascinare oggetti con l'immagine. La password *v-GO* può consistere di tante "mosse di mouse" quante ne vuole l'utente. Questo approccio stimola la selezione di una sequenza di autenticazione che è più difficile indovinare o da decifrare rispetto alla password tradizionale.

RealUser (www.realuser.com) offre il sistema di *PassFace*. *PassFace* presenta un serie di cinque facce realistiche dell'utente generate casualmente, su internet o sull'intranet della società. Dopo l'utente completa una sessione di addestramento di cinque minuti dove sceglie ripetutamente le facce da un serie di griglie riempite con più espressioni. Scegliendo le facce corrette dall'insieme, l'utente inserisce efficacemente la propria password.

4.12 Attacchi e Difese

4.12.1 Attacchi con il paradigma password

Una password è una forma di chiave ricordata dall'utente e non generata dall'utente e sebbene onnipresenti, le password sono vulnerabili ad una moltitudine di attacchi.

Basti pensare ad un sistema di controllo degli accessi per un computer su un sito Web. Il computer ha un file di nomi utenti e password; se un hacker mette le mani su quel file, può individuare tutte le password. A metà del 1970, gli esperti sulla sicurezza del computer trovarono una soluzione migliore: anziché memorizzare tutte le password in un file, si può memorizzare un hash crittografato delle password, così quando Willy digita la password nel computer o sul sito Web, il software calcola l'hash della password e lo confronta con quello memorizzato nel file. Se essi corrispondono, Willy può entrare. In questo modo non c'è alcun file di password da "rubare"; l'hacker può "rubare" solo un file di password hashed; e poiché un algoritmo di hash previene il ritrovamento della chiave, l'hacker non può recuperare le password in chiaro.

Ecco dove entrano gli attacchi di dizionario. Si assuma che un hacker abbia una copia del file di password hashed; egli prende il dizionario e calcola l'hash di ogni parola presente nel dizionario. Se la parola hashed corrisponde ad una della lista delle password, allora ha trovato la password. Dopo che ha trovato tutte le parole, prova le parole di dizionario rovesciate, le parole di dizionario con alcune lettere maiuscole e così via. Eventualmente prova tutte le combinazioni di carattere più corte di una certa lunghezza.

Negli anni scorsi gli attacchi di dizionario erano difficili poiché i computer erano lenti; ora sono più facili, perché i computer sono più veloci. L0phtcrack è un esempio di tool utilizzato dagli hacker per recuperare le password, ottimizzato per le password di Windows NT.

Il sistema operativo Windows NT contiene due funzioni di password: una più forte disegnata specificatamente per Windows NT ed una più debole compatibile all'indietro con i protocolli di logon più vecchi. La funzione più debole non è case-sensitive e le password non possono essere più lunghe di 7 caratteri. L0phtcrack rende semplice il lavoro con simili password; su un Pentium II a 400 MHz. L0phtcrack può trovare ogni password alfanumerica in 5,5 ore, ogni password alfanumerica con alcuni simboli comuni in 45 ore ed ogni password composta da qualsiasi possibile tasto in sole 80 ore!

Nel caso del paradigma username/password, si hanno i seguenti possibili attacchi:

Furto del file di Password

Attacco

Un hacker può leggere le password degli utenti dal file delle password o da una copia di backup.

Difesa

Password hashed.

La maggior parte dei sistemi commerciali off-the-shelf (COTS) per crittografare le password usano la funzione hash di crittografia. Una funzione hash è un algoritmo di collisione libera a senso unico per il quale non si può computazionalmente trovare un oggetto di dati che possa mappare un hash pre-specificato o due oggetti di dati che possano mappare lo stesso risultato hash. Nessuna persona e nessun processo di sistema può recuperare dal file la password in chiaro; così il sistema risolve una password fornita prima di compararlo con il valore immagazzinato. Altrimenti, l'autenticazione procede come prima, cioè una funzione crittografica di hash usa un algoritmo ed una chiave per creare il valore hash dalla password. Usando la stessa chiave per crittografare tutte le password, comunque, si può creare della vulnerabilità, visto che la chiave quasi sicuramente si trova nel programma di login. Per questo, i sistemi usano le password come chiave per crittografare in chiaro il "niente" (ad esempio zero) o altri dati.

Roger Needham e Mike Guy concepirono questa difesa nel 1967; è ora di luogo comune, tanto che l'attacco del furto del file delle password è del tutto obsoleto contro i sistemi operativi e le applicazioni COTS. Ogni organizzazione che utilizza l'autenticazione con password nelle proprie applicazioni dovrebbe essere sicura implementando questa difesa.

Attacco di dizionario

Attacco

Un hacker usa una tecnica di forza bruta di comparare in successione tutte le parole contenute in qualche grande ed esauriente elenco con gli item del file delle password od una copia. L'hacker crittografa ogni valore di prova usando lo stesso algoritmo usato dal programma di login del sistema, ad esempio crypt() nei sistemi operativi Unix. Comuni implementazioni di software includono il crack per sistemi operativi Unix e l0phtcrack per Microsoft Windows.

Difesa

Sicurezza del file.

L'accesso in lettura al file di password deve essere ristretto al più piccolo numero di utenti fidati. Questo esplode il servizio di controllo degli accessi del sistema nativo o residente, ma l'implementazione può essere a discrezione dell'organizzazione. Nei sistemi operativi Unix, il file delle password è leggibile; i moderni sistemi operativi Unix mettono le password hashed in un file shadow di password.

Salted hashed passwords.

Generando il valore in un modo diverso per ciascun utente si rende un attacco di dizionario molto più duro; l'hacker deve provare tutti i valori di prova per ogni utente. Il sistema realizza questo usando un dato variabile chiamato "salt". Per modificare l'operazione dell'algoritmo di criptazione, i sistemi operativi Unix usano un valore a 12 bit, generato dal clock di sistema quando viene inserita la nuova password. Il valore "salt" di ogni utente è memorizzato con il valore hash nel file shadow di password. Il RACF di IBM non cambia l'algoritmo di criptazione, ma realizza un simile risultato crittografando l'identificativo dell'utente utilizzando la password come chiave. Questa difesa assicura che, anche se diversi utenti usano la stessa password, ogni forma criptata sarà unica, così che la conoscenza della password di un utente non espone gli altri.

Regole di formato delle password.

Tali regole possono richiedere che una password contenga almeno un numero, od un carattere speciale, od una combinazione di lettere maiuscole e minuscole, eccetera. Molti sistemi COTS supportano tali regole, ma la realizzazione è a discrezione dell'organizzazione.

Tentativo di indovinare la password

Attacco

Alcuni hacker tentano di aprire una sessione di logon con il nome di un utente vittima ed una o più password simili, facendo anche uso della conoscenza personale della vittima.

Difesa

Regole di formato delle password

Tali regole possono richiedere che una password contenga almeno un numero, od un carattere speciale, od una combinazione di lettere maiuscole e minuscole, eccetera. Molti sistemi COTS supportano tali regole, ma la realizzazione è a discrezione dell'organizzazione.

Chiusura automatica

Dopo un certo numero di tentativi falliti di logon, il sistema congela l'account dell'utente per un periodo di tempo o lo revoca del tutto; in quest'ultimo caso, l'utente deve chiedere all'amministratore di riabilitare l'account o di rimuovere la password od usare lui stesso un tool di gestione delle password.

Social engineering

Attacco

Sugli utenti

Un hacker si presenta come un amministratore e persuade l'utente a dichiarare la password o a cambiarla con un dato valore.

Difesa

Polizza di non richiesta di modifica di password.

Un'organizzazione deve stabilire un metodo di sicurezza (policy) per cui nessuno dovrebbe richiedere una password ad un'altra persona in nessuna circostanza. L'organizzazione deve anche rendere gli utenti consapevoli che gli amministratori non avranno mai bisogno di fare una tal richiesta.

Attacco

Sugli amministratori

Un hacker si dichiara come utente legittimo e chiede ad un amministratore di azzerare la propria password.

Difesa

Sicurezza nel reset della password

Un'organizzazione deve stabilire una policy per cui un amministratore azzera la password di un utente solo quando ne può verificare l'identità e comunica la nuova password all'utente in un modo sicuro. Strumenti di gestione di password possono soddisfare entrambi i criteri.

Costrizione personale

Attacco

Un assalitore usa minacce o coercizione fisica per costringere un utente a dichiarare la propria password.

Difesa

Segnale di prigionia

Il sistema deve permettere ad utente di segnalare che il processo di logon sta avendo luogo sotto minaccia; pochi sistemi COTS implementano una tal difesa.

Surfing alle spalle

Attacco

Un hacker vicino all'utente lo guarda inserire la password.

Difesa

La password blindata

Molti sistemi COTS non mostrano la password sul video o mostrano caratteri dummy ("X", "*", " /", eccetera.). Alcuni sistemi (ad esempio Lotus Notes) mostra un numero di caratteri dummy diverso rispetto ai caratteri effettivamente digitati. Nonostante queste tecniche, un hacker potrebbe essere abile e leggere i simboli digitati sulla tastiera.

Cavallo di Troia come frode informatica

Attacco

Un hacker installa un software che imita la richiesta standard della login ma raccoglie i nomi e le password dell'utente quando questo prova a fare il logon. Un hacker si cela spesso dietro un programma utile o divertente che un utente inconsapevolmente si scarica dal sistema centrale sulle unità locali; da qui l'analogia con il dono dei Greci antichi a Troia.

Difesa

Il segnale di attenzione sicuro

Alcuni sistemi COTS assegnano una speciale chiave che riconosce come richiesta per servizi speciali e fornisce un percorso fidato tra l'utente ed il software. I sistemi operativi

WindowsNT e 2000 di Microsoft usano [Ctrl]-[Alt]-[Delete] come segnale sicuro di attenzione.

Il software antivirus

Un'organizzazione può bloccare alcune frodi informatiche con il software di antivirus.

Software di accertamento di integrità dei file (FIA)

Un'organizzazione può usare uno speciale tipo di sistema di scoperta delle intrusioni basato su host per trovare cambiamenti a file critici proprio come al programma per la login.

Sniffing della memoria

Attacco

Un hacker usa un programma per copiare la password di un utente dal buffer della tastiera.

Difesa

Protezione di memoria

Alcuni sistemi operativi come Unix, Mac di Apple, Windows NT e Windows 2000 di Microsoft, sfruttano la protezione hardware dei microprocessori IBM, PowerPC di Motorola e Pentium di Intel per proteggere i buffer di tastiera da azioni di sniffing. I sistemi operativi tradizionali raramente fanno uso di meccanismi di protezione hardware e sono ancora vulnerabili. Sniffers conosciuti per Windows 95 e 98 includono keycopy, keytrap e playback.

Monitor di Keystroke

Attacco

In un tentativo di distogliere gli impiegati dall'adoperare male il computer, diverse organizzazioni usano dei programmi per esaminare le chiavi della tastiera digitate dall'utente (keystroke). Un hacker può guardare i log di monitor di keystroke per recuperare le password.

Difesa

Sicurezza di file

L'accesso in lettura ai file di log dovrebbe essere ristretta ad un piccolo numero di utenti fidati. Questo implica che il servizio, nativo o residente, di controllo degli accessi del sistema e la sua realizzazione sia a discrezione dell'organizzazione.

Sniffing di rete

Attacco

Un hacker individua i nomi e le password dell'utente trasmesse dal cliente al server leggendo i pacchetti di rete.

Difesa

Crittografia

Tutto il traffico di rete o solo le password possono essere criptate per la trasmissione lungo la rete. Alcuni sistemi implementano la criptazione nativa, come Microsoft Windows NT, Novell GroupWise, o fanno uso di un protocollo standard, tipicamente Kerberos. Comunque, un'organizzazione può implementare la criptazione attraverso la rete usando SSL o la suite per la sicurezza su IP (IPsec) o implementando una VPN proprietaria.

One-Time password e challenge/response

Un'organizzazione può usare differenti metodi di autenticazione nei quali le password degli utenti vengono modificate dinamicamente tra un logon ed un altro. Tali metodi si basano sulla crittografia simmetrica (a chiave segreta) o asimmetrica (a chiave pubblica) e possono essere implementati come software o hardware (token, smart card).

Biometria

Un'organizzazione può usare un metodo di autenticazione che genera le informazioni di autenticazione dalle caratteristiche fisiche o comportamentali dell'utente.

4.12.2 Attacchi con il paradigma timestamp

Nel caso del paradigma del timestamp, invece, per riuscire in un attacco che prevede la trasmissione ritardata dei dati per l'autenticazione, è sufficiente che un hacker trattenga il primo messaggio inviato dal client al server. Non giungendo il messaggio al server, il client deve provvedere, dopo aver eventualmente ricevuto una sollecitazione esplicita dal server (o dallo stesso hacker), all'invio di un secondo messaggio codificando un timestamp aggiornato.

Il secondo messaggio viene lasciato passare dall'hacker consentendo regolare accesso al servizio. A questo punto, l'hacker dispone di un messaggio contenente i dati per l'autenticazione, emesso regolarmente dal client e che può inviare al server nel tentativo di accedere al servizio (come descritto nella Figura 4.12).

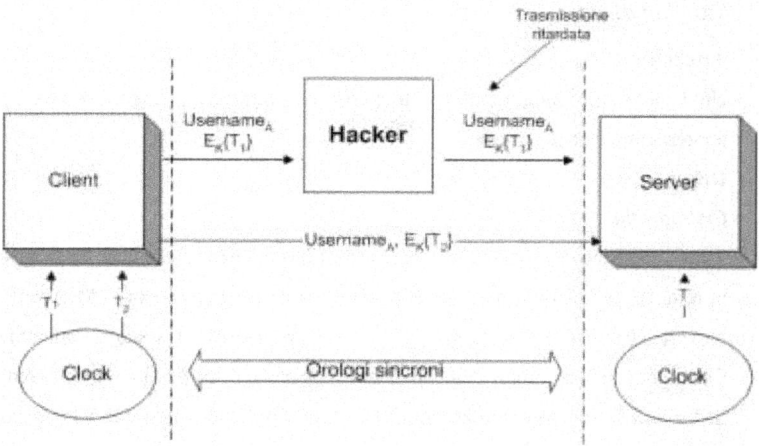

Figura 4.12 Attacco tramite trasmissione ritardata dei dati per l'autenticazione

Per scongiurare questa forma di attacco, il server deve accettare solo messaggi contenenti timestamp recenti, generalmente non eccedenti il ritardo medio di andata e ritorno introdotto dalla rete nella trasmissione dati tra client e server. Per rilevare che il sistema è oggetto di un potenziale attacco, è un indizio significativo notificare ogni richiesta di autenticazione che propone un messaggio contenente un timestamp antecedente quanto trasportato in richieste del client già accettate dal server.

Il paradigma challenge/response ed il paradigma timestamp eseguono trasformazioni delle credenziali utente che possono richiedere l'uso di funzioni crittografiche (algoritmi simmetrici o asimmetrici). Per questo motivo simili schemi di autenticazione possono risultare oggetto di limitazioni nell'uso e nell'import/export, qualora esso coinvolga Paesi con leggi speciali legate alla crittografia.

Gli schemi che adottano esclusivamente funzioni di digest ed il paradigma username/password che prevede la trasmissione in chiaro delle informazioni relative all'autenticazione, non sono soggetti invece ad alcuna limitazione di circolazione ed uso.

Indipendentemente dal paradigma utilizzato, la password, la chiave privata o la chiave comune, sono tutte informazioni che devono essere concordate preliminarmente tra le parti. La robustezza del meccanismo risiede nella riservatezza di queste informazioni, che devono essere mantenute segrete tramite uno sforzo comune che coinvolge entrambi i partecipanti.

118

Per questo motivo, è consigliabile che l'utente ricordi mentalmente le proprie credenziali, senza dover scrivere le chiavi o la propria password in un supporto accessibile da un hacker. La segretezza dell'identificativo personale dell'utente viene invece ritenuta generalmente non determinante ai fini della sicurezza.

Nonostante le debolezze nei confronti di eventuali replay attack, le procedure di autenticazione che ancora oggi sono più diffuse, rimangono quelle fondate sul paradigma username/password.

Un simile paradigma viene in genere utilizzato solo per autenticare il client. Un hacker che intenda sostituirsi al client ed accedere ad un servizio Internet, deve semplicemente procurarsi la coppia username/password. La tecnica più semplice per ricavare la password consiste nell'intercettare le informazioni trasmesse sulla rete utilizzando un analizzatore di protocollo software (pocket sniffer).

Una seconda opportunità è cercare di ottenere direttamente la lista delle credenziali memorizzata sul server. Per complicare questa forma di attacco, il server memorizza generalmente il digest della password piuttosto che la password in chiaro. Questa soluzione non elimina completamente le vulnerabilità legate alla memorizzazione delle password sul server, in quanto un hacker, entrato in possesso del digest, può tentare comunque di risalire alla password che lo ha generato procedendo con un attacco per forza bruta o basato su un vocabolario predefinito.

Un hacker può infine tentare di accedere alle credenziali memorizzate sul client, dove le informazioni possono risultare protette in maniera più blanda di quanto avviene sul server. Le informazioni memorizzate sul client sono infatti molto spesso conservate in chiaro piuttosto che codificate attraverso una funzione crittografica invertibile; l'uso di una funzione di digest lato client è ovviamente non praticabile in quanto non invertibile.

Per scongiurare la possibilità che le informazioni memorizzate sul client cadano in mano ad un hacker, la soluzione ideale è non memorizzare affatto tali informazioni su supporti fisici collegati al client. In quest'ottica, molte applicazioni prevedono che la password venga inserita manualmente dall'utente come risposta al prompt del server. Per semplificare questo compito, l'utente sceglie di solito password facili da ricordare, digitabili senza commettere errori.

Se da una parte ciò rende possibile ricordare la password mentalmente, evitando che l'utente la annoti su un supporto fisico che potrebbe essere acquisito in maniera non legittima da un hacker, dall'altra l'uso di password prevedibili, come parole di uso comune o molto brevi, semplifica il tentativo di un hacker nell'estrapolare la password, suggerendo un insieme limitato di termini maggiormente probabili, come i termini presenti in un vocabolario standard.

Una soluzione alternativa per evitare la scelta di password troppo banali, è lasciare che a produrle sia una smart card od un token piuttosto che la fantasia dell'utente. In tal caso il dispositivo hardware preposto a generare e conservare le credenziali per l'accesso al servizio deve risultare disponibile all'utente nel momento in cui effettua la procedura di autenticazione. Poiché in caso di smarrimento del supporto fisico in cui sono conservate le credenziali, chiunque ne entri in possesso potrebbe cercare di sostituirsi all'utente legittimo, molti schemi di autenticazione basati su smart card o token prevedono una procedura ibrida. Questa soluzione prevede che al risultato mostrato sul visore del dispositivo hardware, che se dotato di clock interno potrebbe restituire $E_K(T)$, in accordo al paradigma timestamp, debba essere concatenata una componente segreta P che l'utente deve digitare manualmente alla ricezione del prompt del server (Figura 4.13).

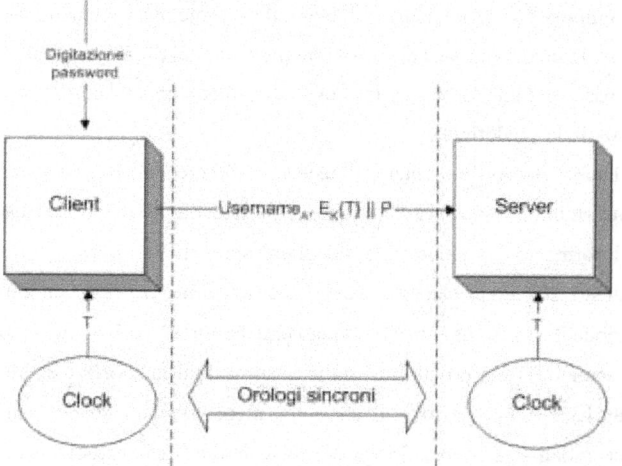

Figura 4.13 Autenticazione con paradigma ibrido (timestamp + password in chiaro)

Per minimizzare le probabilità di successo degli hacker, è comunque consigliabile modificare regolarmente le credenziali utilizzate per accedere al servizio. L'uso di una password di limitata validità temporale introduce un tempo massimo entro il quale un hacker deve intercettare, estrapolare la password ed utilizzarla. Oltrepassata questa soglia, la password scade e non è più accettata come credenziale per l'accesso al servizio.

Per ottimizzare questo principio generale, è possibile implementare uno schema entro il quale la validità di ogni password scambiata tra i partecipanti è limitata alla sola sessione corrente. Un hacker in grado di intercettare username e password non può utilizzare tale coppia in alcun modo. La fase di autenticazione, appena conclusa con successo dall'utente legittimo, rende di fatto non più valida la password usata.

Un simile schema inibisce ogni possibile replay attack. Lo schema in cui le password valgono per una ed una sola procedura di autenticazione è il noto schema One Time Password che viene spesso considerato un caso particolare del paradigma challenge/response e può essere implementato, se necessario, senza usare algoritmi di crittografia simmetrici o asimmetrici ma con un uso iterato di funzioni di digest. Questo approccio aumenta le possibilità di diffusione dello schema anche tra utenti appartenenti a Paesi diversi.

Nonostante numerosi servizi Internet prevedano solo l'autenticazione del client, si stanno sempre più diffondendo applicazioni che richiedono che il client possa verificare le credenziali del server prima di utilizzare il servizio: un esempio è rappresentato dal commercio elettronico dove è bene sapere con chi si ha a che fare, lato server, prima di inviare dati riservati per completare un acquisto online.

Per autenticare entrambi i partecipanti è necessario che anche il server, terminata l'autenticazione del client, provveda ad inviare le proprie credenziali. Se si usa un algoritmo di crittografia simmetrica ed un paradigma come quello del challenge/response, lo schema diviene globalmente quello evidenziato nella seguente Figura 4.14:

- il client invia il proprio username;
- il server risponde con una prima sfida R;
- il client restituisce una copia codificata di R, usando una chiave condivisa K_{AB};
- il client invia un secondo challenge R_2;
- il server restituisce una copia codificata di R_2 usando una chiave condivisa K_{AB}.

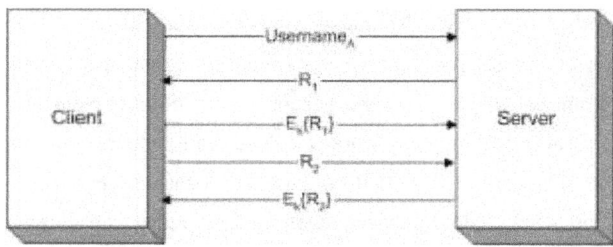

Figura 4.14 Mutua autenticazione con paradigma challenge/response

Il precedente schema di autenticazione non è ottimizzato. Il numero di passi necessari per risolvere la procedura di autenticazione può essere ridotto a 3 se il client è il primo ad inviare un challenge, in tal caso è possibile riorganizzare le cose trasformando la procedura, come indicato in Figura 4.15, in:

- il client invia il proprio username ed un primo challenge R_1;
- il server restituisce una copia codificata di R_1, usando una chiave condivisa K_{AB}, ed il secondo challenge R_2;
- il client restituisce una copia codificata di R_2, usando una chiave condivisa K_{AB}.

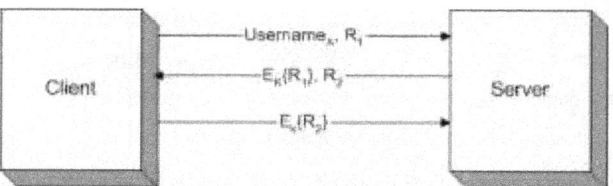

Figura 4.15 Mutua autenticazione ottimizzata

Questo schema è però soggetto ad una peculiare forma di attacco, nota come attacco per riflessione dei dati. Un hacker intenzionato a sostituire il client invia al server una prima richiesta di accesso al servizio con un challenge R_1. In accordo con lo schema precedente, riceve dal server una risposta contenente la versione codificata di R_1 ed il secondo challenge R_2. Un hacker, non conoscendo la chiave K_{AB} condivisa tra client e server, non può al momento rispondere al challenge, però può inviare al server una seconda richiesta di accesso al servizio, specificando stavolta come proprio challenge R_2. Il server risponde al challenge e restituisce all'hacker proprio il dato che gli serviva per completare la prima procedura di autenticazione. A questo punto, è semplice per un hacker ritrasmettere quanto appena ricevuto dal server, ottenendo così l'accesso al servizio come in Figura 4.16.

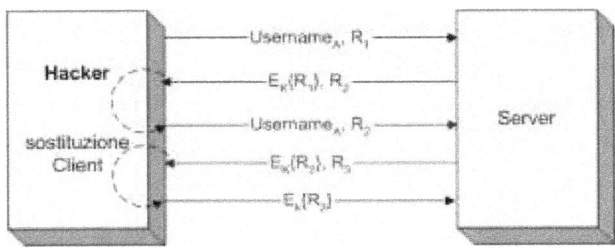

Figura 4.16 Attacco per riflessione dei dati

Questa forma di attacco non è praticabile se il primo challenge da risolvere è a carico del client; per inibire ogni attacco per riflessione dei dati, non occorre comunque tornare ad usare lo schema più complesso. Previa introduzione di opportune modifiche, la procedura di mutua autenticazione può essere mantenuta in soli 3 passi.

Una prima possibile soluzione è utilizzare chiavi diverse per le operazioni di codifica effettuate dal client e dal server; mantenendo algoritmi simmetrici è sufficiente infatti che i partecipanti condividano due distinte chiavi comuni:

- una chiave di scrittura del server (server write key);
- una chiave di scrittura del client (client write key).

La chiave di scrittura di un partecipante viene utilizzata per la decodifica del messaggio da parte dell'altro partecipante.

Un'altra soluzione per risolvere l'attacco è usare la crittografia asimmetrica, in cui ciascun partecipante è chiamato a codificare con la propria chiave privata il challenge ricevuto. La verifica della risposta viene effettuata invece decodificando il messaggio con la corrispondente chiave pubblica. Utilizzando questo approccio un hacker non può ottenere gratuitamente dal server la risposta al challenge proposto durante la procedura di autenticazione. Riproponendo infatti il challenge del server allo stesso server, questo lo codifica con la propria chiave privata producendo un risultato completamente diverso da quanto atteso dal risultato dell'operazione di codifica utilizzando la chiave privata del client. Se tale risultato viene inviato dall'hacker al server la fase di autenticazione viene considerata non superata e l'accaduto può essere segnalato ad un sistema automatico per la rilevazione dei tentativi di intrusione.

L'uso di algoritmi asimmetrici o di più chiavi comuni all'interno di un algoritmo simmetrico, può talvolta essere ritenuto una soluzione non sostenibile. In tal caso è ancora possibile evitare un attacco per riflessione dei dati effettuando un attento controllo dei challenge proposti. La codifica di un challenge deve essere effettuata dal server solo dopo che questo si è assicurato che il challenge inviato non è stato già precedentemente prodotto dal server stesso. Un server, che mantiene informazioni storiche riguardo i precedenti challenge emessi, è in grado di accorgersi quando il proprio generatore interno di numeri casuali produce come se fossero nuovi, challenge identici a precedenti, e quindi da scartare se non si vuole rischiare di incorrere in un replay attack, quando i challenge sottoposti dai client sono identici a challenge già prodotti dal server. Poiché l'eventualità che due generatori di numeri casuali generino due stessi challenge è molto bassa, utilizzando challenge sufficientemente lunghi, il server deve rifiutare ogni challenge inviato dal client che non rappresenta una assoluta novità. In questo modo, un hacker non può concludere il proprio attacco di riflessione dei dati anche se i partecipanti usano una sola chiave comune condivisa.

4.13 Standards

4.13.1 Protocolli Standard per l'Autenticazione

I protocolli di autenticazione standard sono ben noti e molto usati; la maggior parte sono stati sviluppati con il supporto dell'IETF e sono documentati come RFCs. Alcuni protocolli sono descritti solo come bozze su Internet e sono validi per un massimo di sei mesi.

4.13.2 Kerberos

La sicurezza è un argomento di cui si parla continuamente nel mondo dell'informatica. Tutti capiscono il significato della parola sicurezza e tutti hanno un'opinione in merito, perché la sicurezza è fondamentale per l'uso dei computer nei settori cruciali delle aziende. Anche la Microsoft ha cominciato a parlare molto di più di sicurezza, quando si è impegnata sempre di più nel tentativo di posizionarsi all'interno del mercato di fascia alta. In Windows 2000 uno dei meccanismi principali di sicurezza, utilizzati in precedenza per l'autenticazione, NT LAN Manager (NTLM), è stato sostituito da un nuovo sistema, Kerberos. Inoltre sono state aggiunte un paio di nuove opzioni di sicurezza: IP Security e un sistema di cifratura dei file; è stata ampliata la crittografia a chiave pubblica, un altro strumento fondamentale per la sicurezza.

4.13.2.1 La storia

Se capitasse di finire nell'Ade, il mondo degli inferi della mitologia greca, si dovrebbe mostrare molto rispetto per Kerberos, in latino Cerberus (Cerbero), il cane a tre teste che sta di guardia all'Ade con i suoi sei occhi attenti e i suoi molti denti acuminati.

Fortunatamente, il Cerberus del mondo reale è una creatura un pochino più pacifica, il cui compito è quello di sorvegliare l'ingresso ai sistemi. Kerberos è il nuovo protocollo standard per l'autenticazione sicura degli utenti di rete.

Kerberos (Figura 4.17) è stato sviluppato dagli scienziati del MIT nel 1988 all'interno del progetto Athena Network. Il progetto Athena studiava la progettazione, l'implementazione e l'amministrazione di ambienti distribuiti. Le prime tre versioni di Kerberos furono usate soltanto per lo sviluppo ed il collaudo, perciò la prima versione che si è diffusa al di fuori del MIT è stata Kerberos 4. Il codice originale del programma Kerberos è accessibile al pubblico su Internet da molti anni.

Kerberos 4 è stato usato nel mondo UNIX ed implementato in molti sistemi Unix orientati ad Internet, perché è uno dei componenti dell'architettura Distributed Computing Environment (DCE). Come succede spesso con i nuovi sistemi, Kerberos 4 ha avuto molte limitazioni. Per esempio, Kerberos 4 era basato su Data Encryption Standard (DES), la cui sicurezza è stata messa in dubbio da anni. Analogamente, le autorità degli USA hanno proibito agli sviluppatori di software americani l'esportazione delle implementazioni del DES, a meno che non chiedessero una licenza di esportazione per ogni acquirente.

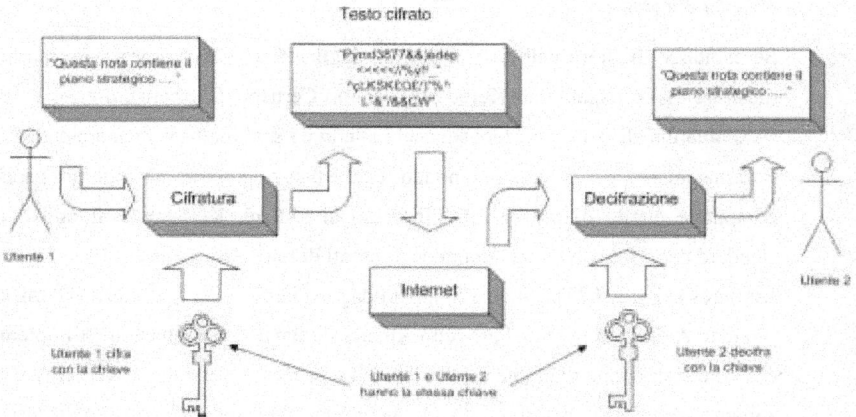

Figura 4.17 Kerberos è un algoritmo di cifratura a chiave condivisa basato sull'uso della stessa password da parte del mittente e del destinatario, motivo per cui la password non deve essere nota ad altri

La sperimentazione su Kerberos 4 ha portato allo sviluppo di Kerberos 5 che, fra le altre cose, supporta l'uso della cifratura DES tripla, oltre che di altri algoritmi crittografici. Kerberos 5 è stato adottato come standard dalla IETF sotto forma di RFC 1510. Anche se sono ancora in uso molti prodotti basati su Kerberos 4, la stragrande maggioranza dei prodotti, compreso Windows 2000, si basa su Kerberos 5. Componente assolutamente importante per la sicurezza in un ambiente di rete, soprattutto se basato su Windows 2000; infatti Kerberos è una parte di Windows 2000, anche se l'implementazione di Microsoft differisce dallo standard ed è incompatibile con il resto del mondo di Kerberos. Si può presumere che sia stato fatto per ragioni strettamente di marketing, ma questo porta ad una peggiore sicurezza; non si può cambiare un protocollo di sicurezza e presumere che il protocollo modificato sia anche sicuro.

Anziché avere tre teste, la versione informatica di Cerberus offre un processo di autenticazione a tre facce, con chiavi condivise che consentono agli utenti di rete di mostrare la loro identità senza compromettere la sicurezza della rete. La sicurezza di Kerberos, quindi si basa su due concetti fondamentali:

- Chiavi condivise. Le due parti coinvolte condividono la stessa chiave segreta, che dimostra che gli utenti sono effettivamente quelli che dichiarano di essere. L'unico "rivale" esistente nel metodo delle chiavi condivise è quello a chiavi pubbliche;

126

infatti con le chiavi pubbliche, ciascuna delle due parti ha due chiavi, una delle quali è accessibile pubblicamente ed è condivisa con tutti quelli a cui deve essere dato accesso al sistema, mentre l'altra è privata e di conseguenza è tenuta segreta a tutti, per conservare la sicurezza. Le due chiavi combinate possono verificare l'identità dell'utente.

- Autenticazione a tre facce. Questo processo di autenticazione comporta tre componenti:
  - o il client o l'applicazione client, che rappresenta l'utente;
  - o la risorsa che vuole avere la certezza che il client sia legittimo; questa risorsa è spesso un server;
  - o un repository centrale con informazioni sui client. Nella maggior parte dei casi il repository è un servizio Key Distribution Center (KDC). Il Database KDC contiene le identità e le chiavi master (password) di tutti i client e dei server che appartengono al particolare dominio. Nella terminologia di Kerberos, un dominio è un regno: per proteggere il database dagli accessi non autorizzati, tutte le chiavi master sono cifrate con le chiavi master private del server, che a loro volta sono protette dalla password KDC locale dell'amministratore. Bisogna avere ben chiaro che la sicurezza fisica del KDC è una condizione essenziale per un sistema di sicurezza Kerberos efficace. Talvolta, è più facile rubare fisicamente tutto il server per avere le informazioni che non penetrare elettronicamente nel KDC. È questo il motivo per cui dovete salvaguardare il server KDC onde impedire furti fisici.

Kerberos è stato costruito per l'uso della cifratura DES a chiave condivisa per l'autenticazione dei client in reti non sicure, che contengono, cioè, client non fisicamente sicuri. Per questo motivo, tutte le comunicazioni Kerberos che attraversano la rete sono cifrate.

Tuttavia, anche se il DES è una tecnica crittografica molto efficace, il suo codice è stato penetrato varie volte. È questo il motivo per cui Kerberos 5 offre la possibilità di implementare altri algoritmi crittografici, come, ad esempio, il DES triplo. L'algoritmo di cifratura DES permette comunque da solo un livello di sicurezza perfettamente adeguato per la maggior parte degli ambienti informatici.

4.13.2.2 Il funzionamento

L'elemento fondamentale di Kerberos è il ticket che consente ad un utente di instaurare una sessione con un server od un servizio specifico. Un ticket perciò è un certificato che viene emesso dal servizio Kerberos e certifica che l'instaurarsi di una sessione tra le due parti è stato approvato.

Inoltre esiste un tipo particolarmente importante di ticket, definito Ticket Granting Ticket (TGT), che elimina la necessità di un'autenticazione completa del client da parte del KDC ogni volta che viene emesso un ticket, in altre parole, ad ogni richiesta di accesso ad una risorsa di rete.

Dopo che un server Kerberos ha approvato il client, questi riceve un TGT che determina l'autenticazione del client ogni volta che questo richiede un ticket per una richiesta di rete. In pratica, quando viene ricevuta una richiesta di accesso alle risorse di rete, il TGT viene inviato al server Kerberos. Se il TGT è valido, il server restituisce il ticket richiesto al client senza porre ulteriori domande.

TGT elimina anche la necessità di inviare una password sulla rete, perché l'utente è in grado di decifrare il ticket sul client locale attraverso la propria stessa password.

4.13.2.3 La crittografia

La parola crittografia deriva da due parole greche che significano rispettivamente "nascondere, tener segreto" e "scrittura". Sono stati ritrovati esempi di crittografia che risalgono ai tempi degli Egizi, 4000 anni fa, quando furono cifrate alcune delle iscrizioni monumentali; anche Giulio Cesare, 2000 anni dopo, usava una forma semplice di crittografia.

La crittografia è diventata davvero importante per la società moderna soltanto con la seconda guerra mondiale: da allora il suo valore è aumentato parallelamente allo sviluppo dei computer e dei mezzi di comunicazione, perché costituisce il modo migliore per proteggere le informazioni delicate dagli sguardi non autorizzati.

I tre concetti centrali della crittografia sono:

- Cifratura: è la trasformazione dei dati, grazie alla quale il significato diventa inintelligibile.

- Decifrazione: è la trasformazione inversa che riporta i dati cifrati alla loro forma in chiaro.

- Chiave: il codice in base al quale viene effettuata la cifratura. Nella maggior parte dei casi la chiave deve essere usata nuovamente per operare una decifrazione corretta.

Nei contesti professionali, gli algoritmi crittografici più utilizzati sono il DES e l'RSA. DES e RSA (dalle iniziali dei suoi inventori, Rivers, Shamir e Adleman) sono gli unici algoritmi riconosciuti, che siano al contempo di uso pratico e di complessità sufficiente per renderne praticamente impossibile la penetrazione. In altre parole, DES e RSA possono essere decriptati, ma, nella maggior parte dei casi, il costo della decriptazione è troppo elevato rispetto ai risultati. È questo il motivo per cui, in pratica, questi algoritmi sono considerati sicuri.

Al contrario degli algoritmi praticamente sicuri, quelli teoricamente sicuri, purtroppo, si sono sempre dimostrati troppo complessi per l'impiego quotidiano. Il matematico C.E. Shannon ha dimostrato che una chiave di cifratura, scelta completamente a caso e della stessa lunghezza del documento da cifrare, è teoricamente sicura, purché la chiave venga usata una sola volta. Nella sua dimostrazione, Shannon ha addirittura usato un metodo di cifratura che è il più semplice possibile, una cifratura di Vernam, in cui viene usata per la cifratura fisica solo l'operazione di XOR (OR esclusivo). Secondo quanto racconta un ex agente segreto britannico, Peter Wright, nel suo libro Spycatcher, i servizi segreti sovietici hanno utilizzato una chiave di cifratura teoricamente sicura di questo tipo durante la guerra fredda, ma gli inglesi sono riusciti a decriptare la chiave, poiché i sovietici avevano fondamentalmente ignorato il fatto che la chiave, per essere sicura, dovesse essere usata una sola volta e per errore avevano usato la stessa chiave in parti diverse del mondo.

I ticket (e in particolare il TGT) devono fornire un grado elevato di sicurezza; è questo il motivo per cui Kerberos pone sempre un limite massimo al numero di volte per cui un dato ticket può convalidare gli account, prima di arrivare alla scadenza.

4.13.2.4 Il DES

Il DES è stato definito nel 1977 dall'American Bureau of Standards. Il DES è un algoritmo crittografico a blocchi da 64 bit, cioè cifra 64 bit del documento alla volta, secondo una chiave di cifratura a 64 bit; in effetti la chiave ha solo 56 bit, perché 8 dei bit sono utilizzati per generare dei caratteri di controllo.

Secondo lo standard americano, vengono eseguite 16 trasformazioni di cifratura; ogni trasformazione è costituita da semplici trasposizioni e sostituzioni a gruppi di 4 bit e durante ogni trasformazione, vengono usati soltanto 48 dei 64 bit della chiave, scelti a caso.

Dato il procedimento del DES, ciascuno dei singoli bit in un blocco da 64 bit dipende dagli altri, il che significa che non è possibile decifrare solo parte del messaggio, anche se è nota parte della chiave.

Inoltre, il DES è organizzato in modo tale che il numero delle combinazioni possibili delle chiavi di cifratura è tanto grande da rendere improbabile trovare la chiave di cifratura giusta, a meno che non si usi un supercomputer per almeno un anno. Fin qui i matematici non hanno trovato alcun altro metodo al di là di questo procedimento di ricerca esaustiva, che, nel caso peggiore, richiede l'esplorazione di 2^{56} possibilità, cioè 72.058 milioni di miliardi di possibilità.

Il DES però non è sempre DES: molti programmi usano meno delle 16 trasformazioni prescritte, che è una cosa poco sensata, perché la sicurezza nel DES dipende dal numero delle trasformazioni che il documento originale ha subito. Già agli inizi degli anni Novanta Adi Shamir ha dimostrato che decriptare documenti cifrati con il DES che abbiano subito da 6 a 8 trasformazioni è possibile: su un comune PC, la chiave è stata decriptata in soli 3 minuti e 3 secondi; l'unica condizione ulteriore era che il documento cifrato fosse scritto in inglese. Fortunatamente il DES standardizzato a 16 trasformazioni è sostanzialmente diverso, dal punto di vista crittografico, da quello ad 8 trasformazioni. L'attacco di Shamir al DES però mise bene in chiaro che la lunghezza delle chiavi, 64 bit, doveva essere portata presto a 128 bit, per aumentare ulteriormente la sicurezza in un mondo in cui i computer sono sempre più veloci.

4.13.2.5 Come Kerberos rende sicura la rete locale

Quando un PC vuole accedere a informazioni che si trovano su un server all'interno dello stesso dominio, deve superare un'autenticazione all'interno della rete. In pratica, questa autenticazione può essere suddivisa in una successione di eventi fra il client e il KDC.

Kerberos usa messaggi per dare a ciascuna sua componente le informazioni necessarie in merito a quello che succede durante il processo di autenticazione; molti di questi messaggi sono cifrati e contengono indicazioni temporali, per impedire a chiunque di carpire dalla rete i pacchetti con un tradizionale dispositivo di sniffing dei protocolli per poi reinviarli senza che il sistema di sicurezza noti qualcosa fuori posto.

La sequenza tipica degli eventi per l'autenticazione di un client rispetto ad un particolare server o ad un particolare servizio, visualizzata in Figura 4.18, prevede questi passaggi.

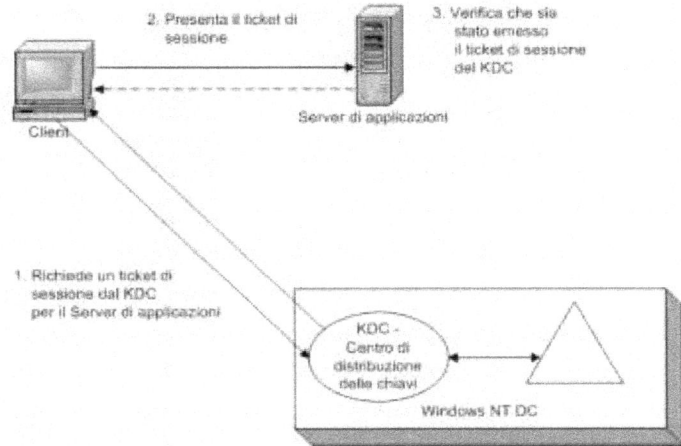

Figura 4.18 Autenticazione Kerberos del client rispetto ad un server

Questo è il modo in cui avviene l'autenticazione Kerberos del client rispetto ad un dato server.

1. Il client invia un messaggio in chiaro al KDC, in cui richiede un ticket per comunicare con il KDC da quel momento in poi; il messaggio proveniente dal client contiene il nome dell'utente, il nome del server o servizio KDC e un'indicazione dell'ora;

2. il KDC restituisce un messaggio cifrato al client; il messaggio è cifrato con la password client e contiene una chiave di sessione con l'indicazione dell'ora, da usarsi in relazione al KDC, e un TGT generale che il client può utilizzare per ottenere in futuro ticket per servizi specifici entro il regno del KDC;

3. il client invia al KDC un messaggio cifrato in cui richiede il diritto di comunicare con un dato server o servizio. Il client cifra questo messaggio con la chiave di sessione che ha ricevuto dal KDC. Il messaggio contiene il nome del server o servizio richiesto, un'indicazione di tempo e il TGT. Quando il KDC riceve il messaggio, può essere sicuro che la richiesta è venuta da quel client, perché decifra

il messaggio mediante la chiave di sessione del client. Il KDC poi fornisce una chiave di sessione condivisa, che viene usata sia dal client sia dal server. Produce anche un ticket specifico per il server che contiene la chiave di sessione, il nome del client, l'indirizzo della scheda di interfaccia per la rete del client, il periodo di validità del ticket ed un'indicazione di tempo;

4. il KDC invia al client un messaggio che contiene la chiave di sessione condivisa cifrata e il ticket cifrato; la chiave di sessione condivisa è cifrata con la chiave di sessione del client, mentre il ticket è cifrato con la chiave di sessione del server;

5. il client invia al server un messaggio per informarlo che ha il diritto di comunicare con lui. Se le richieste successive del client possono poi essere soddisfatte, ovviamente, dipende dal sistema di sicurezza del server. Il messaggio contiene il ticket cifrato che il client ha ricevuto dal KDC ed un autenticatore con indicazione temporale che è cifrato con la chiave di sessione condivisa. Il server usa la sua password per decifrare il ticket e contiene una copia della chiave di sessione condivisa ed alcune altre informazioni fondamentali relative al client. Il server usa la chiave di sessione condivisa per decifrare l'autenticatore a indicazione temporale, per verificare quando il client ha inviato il messaggio. Se il client invia il messaggio entro il periodo di validità del ticket, e se tutto il resto è a posto, il server accetta l'applicazione del client;

6. dopo che ha approvato il client, il server invia un messaggio cifrato, in cui dice al client che accetta la sua richiesta di comunicazione. Il messaggio contiene l'autenticatore a indicazione temporale che il client ha inviato al server nel passo 5. L'autenticatore a indicatore temporale è ancora cifrato con la chiave di sessione condivisa.

E a questo punto finalmente la comunicazione fra client e server può avere inizio. Quando poi il client vuole accedere ad un altro server o ad un altro servizio, i primi due fra i sei eventi precedenti sono superflui, perché può riutilizzare il TGT fino a che non scade.

4.13.2.6 Come Kerberos rende sicura la rete globale

L'autenticazione dei client fra regni diversi non è molto diversa dall'autenticazione all'interno di uno stesso regno. Ogni regno è dotato del proprio KDC e del proprio servizio di emissione dei ticket; anziché aprire un account distinto in ogni regno per lo stesso utente, Kerberos dà ai regni la possibilità di approvare ciascuno gli utenti dell'altro, che così possono avere accesso a server e servizi all'interno di ambedue i regni (Figura 4.19).

Quando l'autenticazione avviene fra due regni, bisogna eseguire i due passi seguenti, prima del passo 3 dell'autenticazione del client descritta nel paragrafo precedente. In altre parole, i due eventi seguenti o sostituiscono i precedenti passi 1 e 2 (purché il client abbia già un TGT per il regno locale) oppure sono inseriti fra i precedenti passi 2 e 3:

1. Il client invia un messaggio cifrato al KDC; questo messaggio contiene una richiesta di una chiave di sessione, che rende possibile la comunicazione con il KDC nell'altro regno;

2. Il KDC invia al client un messaggio cifrato, che contiene un ticket per il server KDC nell'altro regno, oppure il client può contattare l'altro server KDC direttamente e chiedergli un ticket per accedere al server o al servizio che vuole utilizzare.

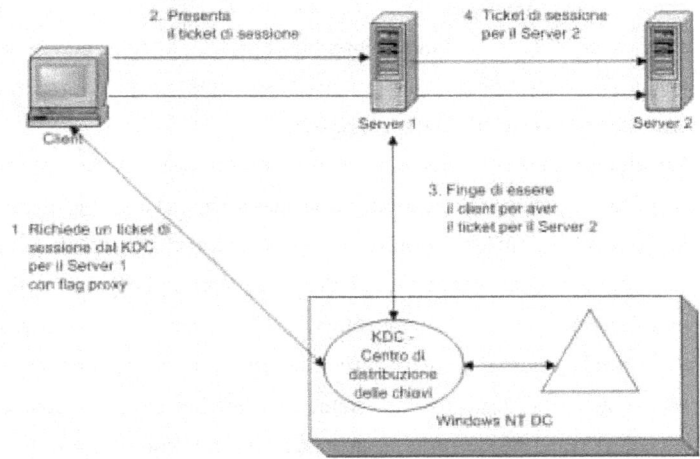

Figura 4.19 L'autenticazione Kerberos può utilizzare risorse da più server diversi

Naturalmente, i due eventi precedenti valgono soltanto se il KDC nel regno del client ha una chiave di sessione per il KDC richiesto, il che comporta che sia stata effettuata una registrazione manuale fra i due KDC.

Windows 2000 dà a un client la possibilità di accedere ad un regno che non è immediatamente accessibile dal KDC locale. L'implementazione di Kerberos in Windows 2000 può trattare una gerarchia di regni, in modo che il client possa contattare un regno che ha accesso ad un altro regno e così via. Questo viaggio attraverso la gerarchia continua fino a che il client non trova il KDC che vuole usare. La gerarchia dei regni è basata sull'albero delle directory.

4.13.2.7 Rischi

Nella mitologia greca, il cane a tre teste è stato imbrogliato in più occasioni, nonostante la sua natura. In un caso, Ercole riuscì a portare il cane dagli inferi alla superficie della Terra, ed in un'altra occasione Ulisse riuscì a corromperlo con un dolce.

Anche la versione informatica di Kerberos è suscettibile alla penetrazione. Anche se la tecnologia Kerberos è una soluzione ottima per i problemi di sicurezza degli ambienti distribuiti, non è comunque una soluzione del tutto perfetta. Il rischio maggiore e più ovvio è che Kerberos ceda davanti ad un attacco di dizionario delle password, reso possibile dal fatto che un utente scelga una password troppo semplice e troppo comune. Alcuni sistemi operativi come Windows NT contengono già alcuni strumenti per evitare questi attacchi, ma lavorando con la sicurezza informatica basata su password, si sa che gli strumenti attuali dei sistemi operativi di Microsoft sono inadeguati per realizzare una politica di sicurezza realmente efficace per le password.

Un'altra debolezza di Kerberos è che il KDC deve essere fisicamente sicuro. Una gestione sbagliata o condizioni di sicurezza inadeguate attorno al centro di distribuzione delle chiavi provocano una diminuzione drastica della sicurezza relativa all'autenticazione dei client.

Infine il rischio maggiore fra tutti è l'elemento umano; l'esperienza dice che la stragrande maggioranza delle frodi informatiche sono perpetrate dallo stesso personale fidato dell'azienda, contro il quale è insufficiente qualsiasi sistema di sicurezza.

Ma, se non altro, Kerberos è sicuramente la miglior soluzione attuale per un sistema di autenticazione della sicurezza sicuro ed amministrato con facilità negli ambienti distribuiti. Kerberos è sicuramente molto migliore dell'autenticazione NTLM, il sistema in precedenza dominante. Kerberos dà ai client una dimostrazione del fatto che il server sia quello che sostiene di essere ed introduce un limite temporale all'accesso dei client al server sulla rete. Analogamente Kerberos può essere utilizzato di routine per gestire più domini ed è uno standard riconosciuto che può essere usato da molti altri sistemi di controllo.

5 PKI - PUBLIC KEY INFRASTRUCTURE

La crittografia a chiave pubblica è l'unica alternativa diffusa alle chiavi condivise di Kerberos. Kerberos è il metodo migliore per garantire la riservatezza e l'integrità, mentre la crittografia a chiave pubblica è il metodo più qualificato per garantire la sicurezza dell'autenticazione e l'integrità. In altre parole, la crittografia a chiave pubblica è il sistema più adatto per stabilire se un particolare documento elettronico arriva da una particolare persona. Nel mondo antecedente l'elettronica, il problema dell'integrità spesso era risolto inserendo informazioni in modo tale che aggiungerne o eliminarne fosse difficile senza lasciare traccia. L'autenticazione era definita dalla firma, purché, ovviamente, si trattasse di un documento di una pagina sola. Nell'epoca dei documenti elettronici, garantire che un particolare documento sia arrivato veramente da un mittente specifico non era possibile prima che venisse introdotta la crittografia a chiave pubblica, perché un cambiamento in un documento elettronico non lascia tracce evidenti.

Quindi la soluzione al problema della sicurezza su sistemi aperti, dal punto di vista tecnico, viene risolta mettendo in opera sistemi complessi denominati "Infrastrutture a Chiave Pubblica" (PKI – Public Key Infrastructure) ed utilizzando opportune tecniche crittografiche.

L'infrastruttura a chiave pubblica è un sistema di certificati digitali, certification authority, strumenti, sistemi e hardware che viene utilizzato per ottenere l'effettiva integrazione della tecnologia a chiave pubblica.

La parola "pubblica" in PKI ha una storia ambigua. Molti dei primi proponenti immaginavano una singola PKI, gestita dal governo o per conto dello stesso, che avrebbe fornito certificati garantiti dallo Stato. Secondo questa visione ogni persona negli Stati Uniti avrebbe ricevuto un certificato. Questi certificati avrebbero potuto essere utilizzati per firmare digitalmente la dichiarazione dei redditi, gestire il commercio online e per altri scopi ufficiali. Man mano che il consenso cresceva si immaginava che i certificati della PKI divenissero l'equivalente elettronico della patente.

La PKI pubblica fu una grande visione, ma ad oggi non è accaduto nulla. Aziende come VeriSign hanno rilasciato milioni di certificati per verificare l'identità di persone ed organizzazioni e le chiavi per firmare questi certificati sono state largamente distribuite; quelle utilizzate per verificare i certificati dei server web sono utilizzate da centinaia di milioni di persone; sono però gestite da aziende private e non dal governo. In realtà la parola "pubblica" si riferisce alle chiavi pubbliche e non al pubblico in senso lato.

5.1 Chiave pubblica e chiave privata

I metodi di autenticazione basati sulla crittografia a chiave pubblica utilizzano due chiavi: Quando si vogliono proteggere l'autenticazione e l'integrità dei dati, la divisione della chiave di cifratura è la seguente:

- una chiave privata, nota solo all'utente mittente; diversamente dalla chiave segreta usata nei sistemi di crittografia simmetrica, la chiave privata di un utente è veramente segreta e mai condivisa con altri utenti o server. La chiave privata può essere usata per cifrare informazioni, nel caso in cui il mittente voglia garantire al sistema destinatario che le informazioni che riceve siano venute effettivamente da lui;

- una chiave pubblica, accessibile a ciascun utente o server che ne abbia bisogno; in una PKI, la chiave pubblica è legata all'identità dell'utente da un certificato a chiave pubblica (PKC – Public Key Certificate) pubblicato da un'autorità di certificazione. La chiave pubblica può essere usata per la cifratura di messaggi che vengono ricevuti dal mittente. Questa chiave consente al destinatario di essere immediatamente certo del fatto che il mittente sia realmente chi sostiene di essere e che il mittente si sia protetto contro la possibilità di inserimento e di modifiche nel documento da parte di altri.

Chiave pubblica e chiave privata sono collegate; la loro relazione è tale che una codifica attuata mediante una chiave presuppone una decodifica mediante l'altra.

Se si vuole utilizzare la crittografia a chiave pubblica per rendere sicura la riservatezza dei dati, il mittente cifra i dati con la chiave pubblica del destinatario, mentre il destinatario decifra i dati con la sua chiave privata. Infatti, solo l'utente desiderato sarà in grado di decifrare il messaggio, essendo il solo a conoscere la chiave privata corrispondente.

Similmente, un messaggio codificato mediante la chiave privata può essere decodificato unicamente tramite la corrispondente chiave pubblica. Il fatto che solo il possessore di entrambe le chiavi sia a conoscenza della chiave privata, assicura che ogni porzione di dati decifrabile mediante una determinata chiave pubblica sia stato codificato proprio dal possessore della coppia di chiavi. Ciò consente di autenticare la provenienza di un messaggio, di essere cioè sicuri che esso provenga proprio da chi afferma di averlo inviato. In questo modo, tuttavia, i dati inviati non vengono messi al riparo da possibili sguardi indiscreti.

Chiunque sia a conoscenza della chiave pubblica del mittente sarà in grado di decifrare un messaggio codificato tramite una chiave privata. Per rendere sicuro il messaggio sarà necessario codificarlo anche con la chiave pubblica del destinatario. Questa doppia cifratura consente di premunirsi da possibili intrusioni indesiderate e, al contempo, di effettuare l'autenticazione del mittente.

Ad esempio, come illustrato in Figura 5.1, Willy trasmette a Marta un messaggio firmato digitalmente da lui stesso utilizzando la propria chiave privata per codificare i dati originali. Willy effettua una cifratura aggiuntiva utilizzando la chiave pubblica di Marta, per evitare sguardi indesiderati. Nella crittografia a chiave pubblica, la decodifica di un messaggio deve essere effettuata utilizzando la chiave opposta rispetto a quella utilizzata in sede di codifica. Questo significa che, al momento di ricevere il messaggio di Willy, Marta dovrà utilizzare la propria chiave privata per decodificare il testo cifrato. A questo punto Marta può impiegare la chiave pubblica di Willy per verificare che il mittente sia proprio Willy. In questo modo, Marta è in grado di ottenere l'intero testo del messaggio spedito in modo sicuro e autenticato.

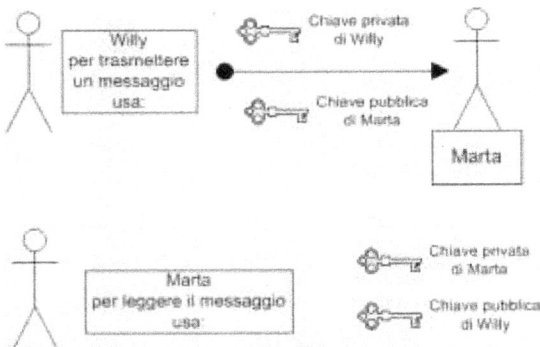

Figura 5.1 Trasmissione di un messaggio in una PKI

La ISO/IEC 9798-3:1993, *"Entity Authentication using a public key algorithm"*, definisce cinque metodi di autenticazione a chiave pubblica, indirizzando sia l'autenticazione di entità unilaterale sia quella mutua. Questi protocolli si usano per diversi sistemi e sono spessi chiamati "autenticazione con certificati digitali", anche se il solo "certificato digitale", che è il certificato a chiave pubblica, non autentica l'utente.

Tipicamente, un meccanismo di autenticazione a chiave pubblica segue il metodo di challenge/response. L'utente, o piuttosto il software sul computer, può usare la chiave privata dell'utente per firmare digitalmente un challenge dal server di autenticazione per generare la risposta. L'utente lo spedisce indietro al server con il PKC. Il server di autenticazione convalida il PKC e, se questo ha avuto successo, verifica la firma digitale usando la chiave pubblica dell'utente fornita dal PKC, autenticando così l'utente.

La chiave privata di ciascun utente deve essere memorizzata su un supporto sicuro: tale supporto, secondo il DPR 513/97 deve essere costituito da un "dispositivo elettronico in grado almeno di conservare in modo protetto le chiavi private e di generare al suo interno firme digitali"; il supporto in oggetto non può, conseguentemente, essere un dispositivo passivo di memorizzazione.

Risultano adatte allo scopo le smart card il cui accesso è protetto da un codice segreto (PIN) ed aventi a bordo l'algoritmo asimmetrico RSA o DSA, in modo da essere in grado di generare una firma senza che la chiave segreta venga mai estratta dalla carta.

Quindi le smart card, eventualmente accoppiate a metodi biometrici, risultano essere lo strumento di elezione individuato dalla normativa per il riconoscimento e per la firma digitale.

5.2 Firme digitali

Attualmente la crittografia a chiave pubblica è il metodo standard per la digitalizzazione delle firme.

Una firma digitale è la versione elettronica della firma reale. Nel mondo della carta e della penna, la validità di un assegno, di un contratto o di un altro documento deve essere certificata dalla firma delle persone coinvolte. Analogamente, nel mondo digitale, utenti e computer possono firmare documenti e dati mediante una firma digitale, nella maggior parte dei casi, le firme digitali sono basate sulla crittografia a chiave pubblica.

Come già accennato, sono le smart card generalmente ad essere previste come supporto tecnologico per meccanismi di autenticazione basati su sistemi a chiavi asimmetriche; risulta abbastanza naturale trattare in maniera unificata i due temi dell'autenticazione dell'utente e della firma del documento, essendo la firma digitale strettamente correlata con i sistemi a chiave asimmetrica. Le due funzioni possono anche essere correlate per fornire un servizio completo di "strong authentication" dell'utente e del dato o documento.

Una firma digitale consente di creare una copia elettronica di un documento originale che non possa essere modificata in modo non rilevabile e che non perda il collegamento con il suo creatore. Questo significa che un'affermazione basata sui contenuti di un documento può essere sostenuta con successo in un tribunale.

Mediante la firma digitale, infatti, è possibile autenticare l'utente od il computer con cui viene stabilita una comunicazione, assicurando che i dati ricevuti non siano stati manomessi o, peggio, inseriti nella comunicazione da utenti estranei.

Prima di potere utilizzare questa forma di autenticazione, però, è necessario conoscere la chiave pubblica dell'altra parte coinvolta, infatti chiunque in possesso della chiave pubblica del mittente può leggere il documento e quindi essere sicuro indirettamente che sia stato creato effettivamente da quello che è l'autore dichiarato. Il documento però non può essere ricifrato senza la chiave segreta di chi l'ha scritto.

Il server invia la propria chiave pubblica all'interno di un certificato, cioè del documento elettronico che accoppia una chiave pubblica all'identità del suo possessore. Anziché limitarsi ad inviare la chiave pubblica di per sé, questa viene trasmessa all'interno di un certificato che contiene anche l'identità del possessore e, spesso, anche altri dati. Per quanto la firma digitale identifichi effettivamente che chi sta inviando un messaggio è il possessore della coppia chiave pubblica / chiave privata, presenta un punto debole per quanto riguarda l'effettiva autenticazione della sua reale identità. Per questo ci vengono in aiuto le Autorità di Certificazione.

5.3 Autorità di Certificazione

L'ente che rilascia un certificato ad un utente viene definito Autorità di Certificazione (CA – Certification Authority). Questo è anche l'ente che conferma l'autenticità dei certificati rilasciati, garantendo che l'identità contenuta nel certificato corrisponda al reale possessore della chiave pubblica correlata. Se la firma digitale è l'equivalente online della firma su carta, l'autorità di certificazione corrisponde al notaio.

Anziché limitarsi a presumere che il certificato ricevuto sia autentico, ne viene controllata l'autenticità presso l'autorità di certificazione che lo ha rilasciato; ciò implica che l'autorità di certificazione abbia un'identità conosciuta e sia perfettamente affidabile. Senza poter autenticare l'identità dell'autorità di certificazione, non è possibile autenticare l'identità dell'utente o del computer remoto con cui si sta conversando.

5.4 L'architettura di una PKI

Una buona soluzione per la sicurezza in rete impone che il fornitore di contenuti ed il client gestiscano e mantengano segreti, in modo responsabile ed attento, i rispettivi certificati digitali ed altre informazioni riguardanti la sicurezza: in questo le soluzioni di PKI sono di aiuto, verso le aziende per gestire tali informazioni, in modo da mantenerle sicure e facili da organizzare; infatti la crittografia a chiave pubblica garantisce gli aspetti critici della sicurezza nelle transazioni elettroniche, potendo, però, anche aver bisogno di sapere:

- chi ha emesso il certificato;
- dove viene immagazzinata la chiave privata;
- dove si possono trovare i certificati.

La PKI ha un ruolo centrale in un sistema di sicurezza, come evidenziato in figura.

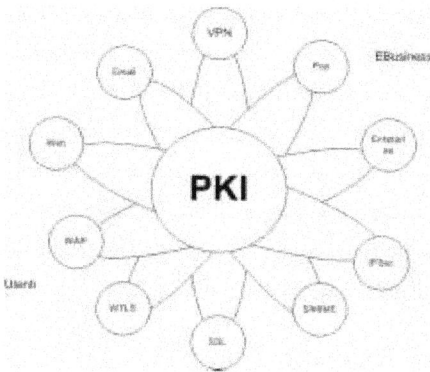

Figura 5.2 Il ruolo centrale della PKI

Un sistema per l'organizzazione e la gestione dei certificati digitali fornisce i mezzi per la risoluzione di tutti questi problemi, perciò una PKI può essere definita come: "L'insieme dell'hardware, del software, del personale e delle procedure necessarie per creare, gestire, immagazzinare, distribuire e revocare i certificati basati sulla crittografia a chiave pubblica".

Adottare un sistema PKI è un modo per innalzare il livello di sicurezza di un'azienda, rendendo agevole implementare i meccanismi di sicurezza desiderati, per rendere quanto più difficile possibile a chiunque, entrare nel sistema e danneggiarlo.

Basti pensare allo stato dell'arte della sicurezza:

- password (di Windows o di altri Sistemi Operativi) per accedere ad una workstation;
- password di accesso remoto dai laptop o dai desktop verso altre macchine in una LAN;
- password per l'accesso ai database;
- password per applicazioni Web (Intranet, Extranet, Internet);
- pacchetti di crittografia per la sicurezza delle comunicazioni via e-mail;
- liste di controllo degli accessi alla rete per determinare chi può accedere e a quale servizio;
- liste di controllo degli accessi ai database o ai server all'interno dell'azienda;
- password per servizi di crittografia.

L'aiuto di una PKI risulta prezioso nei casi in cui un semplice utente sia costretto a ricordare od annotare un gran numero di password, con conseguenti rischi di confusione e furto delle annotazioni stesse, oppure tenda ad usare la medesima password in tutti i casi, compromettendo irrimediabilmente la sicurezza dei sistemi acceduti dall'utente, qualora quella unica password dovesse cadere nelle mani sbagliate.

Oggi le organizzazioni devono tenere conto di tanti fattori, perché il problema della sicurezza si lega a prodotti che possono offrire un certo grado di interoperabilità e che devono quindi garantire:

- la possibilità di responsabilizzare gli individui;
- la scalabilità all'interno dell'impresa;
- la possibilità di aggiornare il sistema di sicurezza;
- la mancanza di conflitti tra prodotti e protocolli di sicurezza.

L'azienda deve, inoltre, trovare il modo di gestire un intero staff di persone, mantenendo le funzionalità di sicurezza invisibili agli occhi dell'utente.

I fondamenti della sicurezza delle informazioni sono sostanzialmente sei:

- Privacy
- Integrità
- Disponibilità: il sistema deve essere attivo e funzionante in ogni momento, specialmente nel caso di applicazioni critiche, tramite ridondanza delle informazioni, backup e sistemi di fault tolerance
- Controllo degli accessi
- Non ripudio
- Responsabilità: per monitorare chi ha compiuto una certa azione, su quale sistema e quando

Combinati in una politica di sicurezza, questi sei elementi rappresentano un modello di sicurezza realizzabile e onnicomprensivo.

Molti venditori offrono tool hardware e software per la sicurezza, ma è universalmente noto quanto anche un sistema di sicurezza piccolo e frammentato sia estremamente costoso, difficile da implementare, intrusivo e solo moderatamente efficace. I professionisti concordano sul fatto che il miglior sistema di sicurezza si debba costruire insieme all'azienda, dal principio; in pratica, però, questo non è sempre possibile ed allora il miglior approccio risulta essere quello di inglobare l'infrastruttura IT esistente in una onnicomprensiva architettura di sicurezza. Questo è esattamente ciò che fa una PKI: fornire ad un'organizzazione i fondamenti sui quali aggiungere facilmente servizi e funzioni di sicurezza, in qualsiasi momento sia necessario.

Per capire esattamente cosa sia una PKI, si deve prima di tutto comprendere che, in questo ambito, "infrastruttura" significa *capacità*, *abilità*, e non *funzione*. Un'infrastruttura non realizza niente da sola, così come un ponte non fa niente da solo, ma dà la capacità, l'abilità a persone e veicoli di attraversare i corsi d'acqua: questo vale anche per una PKI: rende disponibile la sua infrastruttura, cioè le sue capacità di realizzare la sicurezza.

Una PKI può fornire una moltitudine di funzionalità ad un'azienda, come:

- sostituire le password con i certificati digitali, con l'aiuto di una CA, in modo che nessun hacker possa rubare o "sniffare" informazioni in chiaro lungo la rete;
- costruire una funzionalità di "single sign-on", così che gli utenti non debbano più ricordare o scrivere dozzine di password per accedere a sistemi critici; questo

aumenta significativamente la sicurezza dell'organizzazione permettendo agli utenti di fare una singola operazione di logon e dopo la quale gestirà tutto la PKI;

- controllare quali utenti interni od esterni hanno accesso a quali informazioni o risorse di sistema;

- aggiungere o eliminare utenti gestendo la loro possibilità di accesso a sistemi critici e controllando tutto da un'unica locazione centrale, invece che da dozzine di centri remoti; questo evita che ex-impiegati e consulenti possano compromettere il sistema dopo averlo lasciato;

- assicurare che solamente il personale autorizzato abbia accesso remoto ad applicazioni di e-commerce, servizi di rete ed altre risorse critiche, con una robusta autenticazione;

- proteggere le trasmissioni dati (e-mail, ecc.) da filtri o intercettazioni da parte di hacker o criminali;

- costruire path sicuri attraverso le VPN su Internet;

- fornire consistenti livelli di privacy e sicurezza per i dati in trasmissione ed in fase di memorizzazione con l'uso della crittografia;

- fornire ai clienti un ottimo livello di affidabilità e fiducia nella sicurezza dell'azienda e nell'attendibilità delle transazioni;

- costruire un sistema di consegna della documentazione che garantisca una trasmissione accurata, il tracciamento del documento e servizi di non ripudio.

L'uso di un sistema PKI è il primo passo che un'azienda può compiere per costruire forti controlli, sia per gli accessi remoti sia per i partner nel business. Una PKI non è restrittiva né dittatoriale: la scelta di quali funzionalità usare dipende solo dai bisogni dell'azienda; però, una volta che si possiede una PKI, le opzioni di sicurezza crescono in ampiezza, flessibilità e robustezza. Purtroppo, nel mondo IT e delle reti, la sicurezza è spesso trattata come un ripensamento, un'aggiunta a posteriori: a causa della mancanza di una pianificazione appropriata, l'azienda potrebbe arrivare ad avere funzionalità di sicurezza non ben integrate tra loro ed interferendo con il lavoro vero e proprio.

5.4.1 Funzioni assolte da una PKI

Una PKI comprende comunemente le seguenti componenti funzionali:

Tabella 5-1 Componenti funzionali di una PKI

Funzione	Descrizione
Certification Authority	ha il compito di emettere, consegnare e revocare i certificati (internamente o in outsourcing)
Registration Authority (RA)	ha il compito di verificare il legame tra le chiavi pubbliche e le identità dei possessori
Soggetti o possessori dei certificati	persone, organizzazioni, macchine o software per i quali è stato emesso un certificato e che possono usare per firmare i propri documenti
Clienti	validano le firme digitali e la propria catena di certificati attraverso la chiave pubblica di una CA fidata
Repository	contenitore per le chiavi, i certificati e la lista dei certificati revocati (CRL - Certificate Revocation List) mantenuto in una directory abilitata al protocollo LDAP
Funzione di gestione	tipicamente implementata tramite una console di gestione
Politica di sicurezza	stabilisce e definisce la direzione che viene scelta, ad alto livello, per l'organizzazione della sicurezza, così come tutti i processi e i principi per l'uso della crittografia

In aggiunta a tutto ciò la PKI può fornire un servizio di recupero delle chiavi nel caso in cui un utente dovesse perdere la propria chiave privata, per un crash hardware o per altri problemi.

Alcune delle funzioni realizzate all'interno di una PKI sono:

- Registrazione: processo attraverso il quale il richiedente si presenta alla CA, per cercare di ottenere un certificato: durante la procedura viene richiesto al soggetto di fornire i propri attributi, come il nome, l'indirizzo di e-mail, il numero di telefono ed altre informazioni, seguendo le specifiche Certification Practices Statement (CPS) della CA; quindi, prima di emettere il certificato, la CA segue le linee guida specificate nel CPS per verificare che i dettagli forniti dal soggetto siano corretti.

- Certificazione: processo attraverso il quale la CA emette un certificato che contiene la chiave pubblica del soggetto, lo consegna al soggetto stesso e lo pubblica in un repository accessibile a tutti.

- Generazione delle chiavi: il soggetto talvolta genera la coppia di chiavi nel proprio ambiente locale e poi trasferisce la chiave pubblica alla CA per l'emissione del certificato. Se invece è la CA ad essere responsabile della generazione delle chiavi, le stesse sono normalmente inviate al soggetto sotto forma di file crittografato, oppure su un token fisico come una smart card. Per ragioni di sicurezza, è meglio che sia l'utente a generare la coppia di chiavi e a trasmettere la sola chiave pubblica alla CA, perché in questo modo la chiave privata è memorizzata solo in un'unica postazione.

- Recupero della chiave: alcune implementazioni PKI richiedono che venga fatta una copia di backup di tutte le chiavi, comprese quelle per la bulk encryption, e che venga memorizzata dall'utente in una postazione sicura; in questo modo le chiavi sono recuperabili se il soggetto dovesse perderle, permettendo così di decriptare dati criptati precedentemente inviati. Se invece è stato implementato un altro sistema di recupero delle chiavi, la CA stessa o il sistema dedicato per il recupero fa il backup di tutte le chiavi di tutti i soggetti; il compito principale della CA è, in questo caso, quello di assicurare che una chiave possa essere recuperata dal soggetto che ne è il proprietario e non da altre parti non autorizzate.

- Aggiornamento delle chiavi: tutte le coppie di chiavi ed i certificati associati devono essere aggiornati ad intervalli regolari; possono presentarsi essenzialmente due scenari che rendono necessaria la sostituzione della coppia di chiavi di un utente:

  o la data specificata nel certificato come data di scadenza è stata raggiunta: in questo caso i differenti componenti della PKI devono assicurare che l'aggiornamento sia quanto più possibile trasparente, in modo da minimizzare il disturbo arrecato all'utente quando la sua coppia di chiavi viene aggiornata;

o la chiave privata dell'utente o della CA è compromessa: in questo caso la transizione non è trasparente. La PKI deve avere un meccanismo per annunciare pubblicamente che il vecchio certificato, corrispondente alla chiave privata compromessa, non è più valido e che un suo sostituto è disponibile e valido con effetto immediato. Lo scenario peggiore per una qualsiasi PKI è la compromissione della chiave privata della sua stessa CA. Un modo per limitare i danni di questo disastro è quello di pre-generare ed immagazzinare in una postazione sicura una coppia di chiavi di riserva, da usare in una situazione di emergenza; anche con questa coppia di riserva non si evitano naturalmente le complicazioni, perché ogni utente della PKI deve essere informato della sostituzione usando una modalità "offline", ad esempio tramite telefono, fax, lettera o un incontro faccia a faccia con la controparte, per evitare di usare la trasmissione elettronica per le possibili intercettazioni.

- Certificazione incrociata: il processo di certificazione incrociata permette ad utenti appartenenti al dominio amministrativo di una particolare CA di fidarsi dei certificati emessi da una CA operante in un dominio amministrativo diverso. La certificazione incrociata può essere un processo mono o bidirezionale: se la CA X emette un certificato in favore della CA Y, la CA Y può emettere a sua volta un certificato in favore della CA X.

- Revoca o annullamento: nella maggior parte dei casi, un certificato rimane valido fino a quando non è raggiunta la data di scadenza. Ci sono comunque un certo numero di situazioni in cui è necessaria una revoca prematura del certificato, ad esempio se:

  o il soggetto ha cambiato nome;
  o un impiegato lascia l'azienda che ha emesso il certificato;
  o si è verificata una compromissione od una sospetta compromissione della chiave privata.

- Il metodo stabilito per la revoca del certificati include l'uso di una CRL, firmata dalla CA con la data di riferimento, che raccoglie i certificati revocati, identificati, come di norma, da un numero seriale unico assegnato nel momento dell'emissione; la CA pubblica la CRL ad intervalli regolari nello stesso repository pubblico. Un punto critico che emerge dall'uso delle CRL è giudicare l'intervallo più appropriato tra una pubblicazione e la successiva della CRL aggiornata: un certificato, la cui corrispondente chiave privata sia stata compromessa, deve essere revocato il prima possibile, subito dopo aver scoperto la compromissione; altrimenti, se la CRL non venisse pubblicata per molti giorni dopo la revoca del certificato, gli utenti non sarebbero a conoscenza del problema e potrebbero accettare messaggi firmati da un intruso con la chiave privata rubata. Comunque, anche se la CRL fosse pubblicata immediatamente dopo la revoca, non ci sarebbe garanzia che gli utenti ne vengano a conoscenza in tempo.

I problemi, crittografici e non, di cui le PKI si devono fare carico, sono ben compresi dal mondo che lavora utilizzando Internet: è per questo che la realizzazione pratica di una PKI richiede grossi sforzi di gestione e per necessità di specializzazione ne sono essenzialmente emersi due tipi:

- root PKI
- PKI ordinarie

Tutte le chiavi pubbliche delle CA a livello root sono inserite nei Web browser disponibili pubblicamente sul mercato, sotto forma di certificati X.509 auto-assegnati; la chiave pubblica è auto certificata con la corrispondente chiave privata della root CA; l'unico scopo dell'auto certificazione è quello di semplificare la gestione dei certificati. Essendo i certificati root distribuiti insieme ai browser, essi non possono essere facilmente aggiornati, perciò la gestione delle chiavi root segue il destino delle versioni e delle distribuzioni dei browser stessi. Per tenere aggiornate le chiavi root, gli utenti devono continuamente tenere allineati i loro browser alle versioni più nuove e appena uscite; inoltre, dal momento che non è possibile modificare centinaia di migliaia di copie di chiavi sparse sui browser di mezzo mondo, è anche praticamente impossibile revocare i certificati root: per questo motivo le CA root si distinguono dalle altre per la propria organizzazione, estremamente solida e a prova di pirata informatico.

Una delle tante applicazioni dei certificati digitali è quella di firmare digitalmente componenti software per autenticarne i produttori: infatti il problema della sicurezza che gli utenti stanno affrontando, relativamente a componenti attivi come gli Applet Java e gli

Active-X Microsoft, è se tali programmi, importati dall'esterno e fatti eseguire sul proprio computer, possano essere eseguiti in modo sicuro. Un modo per risolvere questo problema potrebbe essere quello di accettare solo i componenti firmati digitalmente dalla chiave pubblica dei relativi costruttori, anche se così si avrebbe solamente un modo per identificarne l'identità e, in linea di principio, questo non può garantire nulla: infatti anche una software house fidata e perfettamente in buona fede potrebbe, per errore, costruire un componente pericoloso.

L'esecuzione di componenti software richiede molto più dell'autenticazione del produttore del software e della sua origine. Questo è un problema cruciale dell'ingegneria del software in generale, ma è particolarmente rilevante nell'e-commerce, dove i componenti che rendono semplici le transazioni elettroniche sulla rete hanno una natura sempre più dinamica. Nei sistemi tradizionali, il testing accresce la fiducia in un comportamento sicuro da parte del sistema stesso, ma nei sistemi di e-commerce, i componenti software vanno e vengono dinamicamente e l'opportunità per un testing integrato ed immediato diminuisce sempre di più, anziché aumentare.

Al contrario delle root PKI, una PKI ordinaria non distribuisce le proprie chiavi pubbliche all'interno dei Web browser, ma attraverso procedure separate, controllate dall'organizzazione della PKI stessa: questa organizzazione generalmente amministra alcuni server dai quali possono essere scaricati i certificati. Le PKI ordinarie sono nate per incontrare specifici bisogni all'interno di particolari organizzazioni o attività di business.

Tali PKI avranno pieno controllo sulle politiche di fiducia all'interno della propria gerarchia, ma non potendo inserire le chiavi all'interno dei Web browser, non riescono ad ottenere facilmente una copertura globale. Le PKI ordinarie possono garantire un'alta affidabilità ed essere quindi adatte per transazioni di grande portata; inoltre le organizzazioni che le gestiscono possono decidere, o possono essere costrette dalle leggi di un particolare Paese, a fare certificazioni incrociate con altre PKI, ordinarie oppure root. In questo modo si formano diverse gerarchie di certificazioni collegate ed un utente, che si trovi di fronte alla necessità di identificare in modo sicuro un Web server certificato da una PKI ordinaria, può risalire la gerarchia fino a ritrovare un certificato root.

La distribuzione sicura delle chiavi pubbliche è essenziale ed una soluzione tipica è equipaggiare ogni utente con una smart card, contenente le chiavi private dell'utente e le chiavi root pubbliche, specialmente nel caso in cui l'utente disponga di un dispositivo wireless con il quale poter accedere ad Internet.

Il grado di fiducia nel legame tra una chiave pubblica e l'identità del possessore memorizzata in un certificato dipende da molti fattori, incluse le pratiche seguite dalla CA per verificare l'identità del proprietario, la politica operativa della CA, le procedure e i controlli di sicurezza, gli obblighi del proprietario, riguardanti ad esempio la memorizzazione sicura della chiave privata, e gli obblighi legali della CA quali, ad esempio, le garanzie che deve fornire agli utenti.

In accordo con lo standard X.509, una politica di certificazione è un "insieme di regole che indicano l'applicabilità di un certificato a particolari comunità e/o classi di applicazioni con requisiti comuni di sicurezza". Una root PKI consiste di gerarchie isolate con una CA root distinta al top: la ragione di questo è in parte dovuta alla difficoltà di confrontare il CPS e renderle compatibili e alla conseguente difficoltà nel creare certificazioni incrociate.

I modelli di sicurezza basati sulla politica sono utili, in quanto specificano regole generali per il reperimento di gruppi di informazioni oggettive e verificate dalla CA, ma affinché questi abbiano significato, la parte interessata dovrebbe effettivamente leggere il CPS o i documenti riguardanti la politica tutte le volte che accede ad un Web server sicuro. In condizioni normali questa eventualità è di fatto remota, perché significherebbe leggere ogni volta un documento lungo almeno 10 pagine, scritto in un linguaggio poco formalizzato, relativamente complesso e comprensibile esclusivamente ad esseri umani, nonostante i vari tentativi per renderlo standard e quindi per automatizzarne la lettura.

5.4.2 Timestamping

Un servizio di timestamping crea etichette che identificano univocamente l'istante corrente, associando una data ed un'ora ad un documento digitale: le etichette possono provare che una particolare porzione di dati esisteva già, in un dato istante. I servizi per il non ripudio richiedono di potersi fidare del messaggio che, se privato dell'informazione sull'istante in cui è stato emesso o valida, non avrebbe di per sé valore: il timestamping è usato per questi propositi.

Una Timestamping Authority (TSA) è una terza parte di fiducia che fornisce tale servizio di timestamping e che può essere incaricata da un'altra terza parte di verificare che, ad esempio, una firma digitale sia stata applicata prima che il corrispondente certificato digitale fosse revocato: in questo modo si può usare un certificato revocato per la verifica di una firma creata prima dell'istante della revoca.

Se un utente firma un documento e vuole avere un timestamping su di esso, allora calcola un digest del messaggio del documento usando un'apposita funzione e quindi invia ad una TSA il digest e non il documento in sé: dal momento che un digest non rivela alcuna informazione circa il contenuto di un documento, la TSA non può leggerne il contenuto. In risposta, la TSA riporta sul digest un timestamping digitale con la data e l'ora in cui è stato ricevuto, insieme alla propria firma. Se, in un istante successivo, fosse necessario dimostrare il momento preciso in cui un documento è stato scritto, l'utente potrebbe presentare il documento corredato del rispettivo timestamp, dopodiché una funzione di verifica ricalcolerebbe il digest del messaggio, si assicurerebbe del matching tra i due e alla fine verificherebbe la firma della TSA sul timestamp.

La reale importanza del timestamping diviene chiara nel caso in cui ci sia bisogno di un uso legale di documenti elettronici di lunga durata: senza un timestamping nessuno potrebbe fidarsi dei documenti firmati (potrebbero essere stati firmati dopo la compromissione di una chiave privata) e nemmeno risolvere una situazione in cui il firmatario ripudi la firma, proclamando di essere stato derubato della chiave privata che usava per firmare. Il timestamping permette di provare che un documento è stato firmato prima della revoca della corrispondente chiave privata e per questo viene frequentemente usato per decidere lo stato di un documento.

5.4.3   Impedire gli attacchi replay con la crittografia a chiave pubblica

Le tecniche di identificazione ed autenticazione menzionate finora hanno tutte un elemento debole in comune: per identificare una persona in modo affidabile è indispensabile la presenza della persona da identificare al cospetto dell'uomo o del computer che deve effettuare l'identificazione. In assenza della persona, per esempio se l'identificazione deve essere condotta via fax, telefono o Internet, c'è un alto rischio, potenziale, di frodi o abusi causati da attacchi "replay". Se utilizzata correttamente, la crittografia a chiave pubblica può eliminare il rischio di attacchi replay.

Quando si utilizzano sistemi a chiave pubblica per l'identificazione, la chiave privata è utilizzata per creare una firma che viene verificata con la chiave pubblica. Non c'è modo per un hacker di intercettare la chiave privata, fintanto che la persona che deve essere identificata non perde il possesso della chiave privata, poiché non viene mai trasmessa.

La crittografia a chiave pubblica può essere utilizzata per sistemi di autenticazione sia online che offline; nel caso dell'autenticazione offline l'utente crea un messaggio firmato digitalmente che potrà poi essere verificato in futuro; nel caso dell'autenticazione online, l'utente si autentica in tempo reale su un server remoto.

I sistemi offline di autenticazione sono piuttosto semplici:

1. l'utente crea un messaggio;
2. l'utente firma il messaggio con la chiave privata;
3. il messaggio e la firma digitale sono inviati al server remoto, che verifica la firma digitale del messaggio utilizzando la chiave pubblica.

I sistemi di autenticazione online sono in qualche modo più complessi di quelli offline poiché hanno più fasi interattive:

1. il computer dell'utente effettua una connessione con il server remoto;
2. il server remoto invia un challenge, una "sfida" generata casualmente;
3. il computer dell'utente firma digitalmente il challenge con la chiave privata dell'utente;
4. il challenge, firmato digitalmente, viene reinviato al server remoto (response);
5. il server verifica la firma con la chiave pubblica dell'utente.

Per la presenza del protocollo challenge/response, i sistemi online sono normalmente più sicuri di quelli offline.

5.5 I certificati

Si è visto come le firme digitali, soprattutto ai fini del commercio elettronico, presentino un vantaggio significativo in termini di sicurezza: poiché la chiave privata impiegata per "firmare" non viene utilizzata dal destinatario per verificare la firma digitale, è difficile metterle a rischio con attacchi replay. Le firme che provano l'identità non possono essere riutilizzate, ma devono essere create ex novo ogni qual volta si debba verificare l'identità di una persona. Per provare l'identità di qualcuno è necessario che questi sia già in possesso del file contenente la chiave pubblica; in sostanza il fatto di poter creare una firma digitale non autentica l'identità, prova piuttosto il possesso della chiave privata.

I certificati digitali e le infrastrutture a chiave pubblica sono un modo per legare l'identità assoluta e la firma digitale. Un certificato digitale è una particolare forma di firma digitale, che si accompagna ad un'identità ed è disegnato per essere interpretato automaticamente dai computer. Un'infrastruttura a chiave pubblica è l'insieme di tecnologie e politiche per la creazione e l'uso di certificati digitali. L'efficacia di questi sistemi viene dall'unione tra la crittografia a chiave pubblica, un insieme di politiche create e gestite con attenzione ed il sistema giuridico.

In pratica, si supponga di collegarsi come client al server sbagliato, o ad un server che stia simulando l'identità di quello a cui si intendeva connettersi. Questo server potrebbe facilmente rispondere alla richiesta di invio di una chiave pubblica. Quando poi venisse ricevuto un messaggio firmato digitalmente e codificato con la chiave privata del server, questo sarebbe facilmente decodificabile mediante la chiave pubblica ricevuta in precedenza. A questo punto, ottenuta l'autenticazione del server, potrebbe avere inizio l'invio di dati riservati. Il problema sta nel fatto che questo server non è il vero server scelto per la connessione. Il fatto che il server possieda una coppia chiave pubblica / chiave privata non significa che esso sia chi afferma di essere; l'unica assicurazione ottenibile riguarda il fatto che i dati ricevuti provengano effettivamente da quel server. La situazione potrebbe essere paragonata all'incontrare una persona per la prima volta e, convinti che sia Willy, richiederle una password per verificare la sua identità per il prosieguo dell'incontro. Fintanto che questa persona risponderà iniziando ogni frase con la stessa password, si potrebbe continuare a credere di parlare con Willy, questo metodo di autenticazione, evidentemente, presenta qualche punto debole.

Serve un metodo per poter legare la password all'identità di Willy. Questo è proprio il compito di un certificato; utilizzando un certificato è infatti possibile associare l'identità di un utente o di un computer alla chiave pubblica che questi utilizza. Una funzione simile, nel mondo reale, è svolta dalla patente di guida o dal passaporto, anziché accontentarsi di chiedere ad una persona la password che la identifica come Willy, si può richiedere anche la patente di guida, in cui, accanto alla password, compaiono una foto, un nome ed un indirizzo. È un passo avanti, ma c'è ancora qualche difetto: come si può essere sicuri che questa persona non abbia realizzato da sé il documento che ci sta mostrando? La patente potrebbe non essere visibilmente diversa da quella di Willy, ma com'è possibile assicurarsi che sia stata emessa da un ente certificatore e non da un impostore? Deve esistere il modo di verificare chi abbia emesso la patente e di accertare il suo grado di affidabilità.

5.5.1 Certificati X.509

Molti servizi Internet risolvono lo scambio delle chiavi pubbliche attraverso lo scambio di certificati emessi da un'autorità di certificazione. La raccomandazione internazionale X.509, parte della serie di raccomandazioni X.500, emessa dal ITU-T nel 1988, specifica il formato standard di tali certificati e le norme che regolano il dialogo tra le varie componenti che costituiscono l'infrastruttura generale di certificazione. Lo standard X.509, arrivato oramai alla versione 3, è utilizzato per la certificazione di chiavi pubbliche, come descritto nella Tabella 5-2. La certificazione avviene attraverso la codifica della chiave pubblica del richiedente con la chiave privata della CA. Lo standard non stabilisce quale algoritmo asimmetrico è necessario utilizzare per compiere questa codifica, anche se la raccomandazione generale è di utilizzare l'algoritmo RSA, dettagliato più avanti. Lo standard X.509 prevede inoltre l'uso del digest, per produrre una segnatura dell'intero messaggio codificato, senza però stabilire alcuna raccomandazione.

Tabella 5-2 Struttura di un certificato X.509

Versione
Numero seriale
Algoritmo di segnatura - algoritmo - parametri
Identità CA Periodo di validità: - Data "non prima di... " - Data "non dopo di... "
Identità soggetto richiedente Chiave pubblica dell'oggetto: - Algoritmo - Parametri - Chiave pubblica
Segnatura certificato ($K_{privata\ CA}$)

Ogni certificato X.509 inizia con il campo **Versione,** che indica la versione dello standard cui si riferisce il certificato. Certificati relativi a versioni diverse prevedono campi diversi. La versione corrente è la versione 3 (X.509v3).

Il campo **Numero seriale** contiene un intero che identifica univocamente il certificato all'interno della CA che lo emette. Lo standard X.509 prevede che una CA non possa mai emettere due certificati con lo stesso numero seriale.

Il campo **Algoritmo di segnatura** stabilisce l'algoritmo utilizzato per produrre la segnatura finale del certificato. A seconda dell'algoritmo utilizzato, possono essere necessari uno o più parametri di inizializzazione. Il campo contiene anche eventuali parametri relativi all'algoritmo di digest.

Il campo **Identità CA** indica l'identificativo dell'autorità di certificazione. La raccomandazione X.500 prevede l'uso di identificativi univoci per ogni CA.

Il campo **Periodo di validità** stabilisce la validità temporale del certificato. Ad ogni certificato sono generalmente associate due date distinte. La prima indica la data prima della quale il certificato non è ancora valido, la seconda la data dopo la quale il certificato non è più valido. Un certificato può essere revocato prima della scadenza dall'autorità che lo ha emesso.

Il campo **Identità soggetto richiedente** indica le generalità dell'utente che ha fatto richiesta del certificato. La raccomandazione X.500 prevede l'uso di identificativi univoci per ogni richiedente. L'identità del richiedente stabilisce di fatto il possessore della chiave privata corrispondente alla chiave pubblica contenuta nel certificato.

Il campo **Chiave pubblica** contiene tutte le informazioni relative alla chiave pubblica del soggetto richiedente. Oltre a contenere la sequenza binaria corrispondente alla chiave pubblica, il campo permette di stabilire l'algoritmo asimmetrico cui la chiave fa riferimento e gli eventuali parametri di inizializzazione aggiuntivi.

Il certificato termina con il campo **Segnatura del certificato,** che contiene la versione codificata del risultato ottenuto processando l'intero corpo del certificato, attraverso la funzione di digest prestabilita. La codifica viene effettuata utilizzando la chiave privata della CA; in questo modo la chiave pubblica del soggetto richiedente è trasmessa in chiaro in ogni certificato e può essere estratta dal messaggio da qualsiasi utente, anche senza conoscere la chiave pubblica della CA che ha emesso il certificato. Se un utente desidera verificare l'originalità della chiave pubblica contenuta nel certificato, deve procedere secondo i seguenti passi:

1. si procura la chiave pubblica della CA che ha emesso il certificato;
2. decodifica la segnatura del certificato;
3. applica la funzione di digest al corpo del certificato;
4. stabilisce l'originalità della chiave pubblica confrontando le segnature precedenti.

Lo standard X.509v3 prevede 3 campi aggiuntivi da inserire immediatamente prima della segnatura finale, per consentire l'utilizzo dei certificati anche quando gli identificativi X.500 utilizzati per riconoscere il soggetto richiedente e la CA vengono utilizzati per identificare molteplici entità (identificativi non univoci).

Sebbene ogni certificato abbia validità temporale limitata può essere necessario revocare uno o più certificati prima della naturale data di scadenza, per risolvere questo problema, lo standard X.509 prevede che ogni autorità di certificazione mantenga una lista aggiornata dei certificati revocati. La revoca di un certificato può avvenire solo da parte della CA che lo ha emesso. La lista dei certificati revocati non contiene informazioni riguardo le motivazioni che hanno indotto all'azione di revoca.

Poiché ogni certificato è identificato in modo univoco attraverso il numero seriale assegnatogli dalla CA, è sufficiente che la lista indichi, per ogni certificato revocato, il numero seriale e la data di revoca; è responsabilità degli utenti richiedere periodicamente una lista aggiornata alle diverse CA. Per garantire che i messaggi comprendenti la lista non vengano alterati durante la trasmissione, è prevista una segnatura della lista, formalmente identica a quella inserita alla fine di ogni certificato.

L'adozione dei certificati X.509 introduce benefici reali, se non rappresenta una decisione autonoma presa da un server o da un singolo amministratore. Per ottenere i vantaggi di un sistema efficiente di segnatura e crittografia asimmetrica, i certificati X509 devono essere considerati come parte fondamentale nella realizzazione di un'evoluta infrastruttura per lo scambio di chiavi pubbliche e segnatura dati come la PKI.

Una PKI oltre che includere una CA, gli utenti che la ritengono fidata e i certificati X509 scambiati tra le parti, prevede l'attivazione di una o più Registration Authority (RA). Le RA rappresentano le entità responsabili di intrattenere i rapporti con gli utenti finali ed i loro sistemi, sia fisicamente sia da un punto di vista informatico. È responsabilità di una RA, ad esempio, distribuire in assoluta sicurezza il certificato contenente la chiave pubblica della

CA, verificare l'identità del richiedente prima di emettere o far emettere alla CA un certificato valido, regolare il rapporto con gli utenti finali dal punto di vista amministrativo e contrattuale. L'attivazione di più PKI mutuamente compatibili, in grado di regolare i diversi servizi Internet, richiede la preliminare realizzazione di un'architettura globale che possa regolare i rapporti di fiducia tra le varie CA. Lo standard descrive una struttura gerarchica a livelli, in cui ogni CA non solo è responsabile di certificare gli utenti finali, ma anche le altre CA. Per prendere parte a questa infrastruttura, ogni autorità locale deve procurarsi un certificato valido per la propria chiave pubblica, emesso dalla CA con cui ha un rapporto diretto di parentela, come illustrato in Figura 5.3.

L'architettura X.509 prevede infine che le CA di livello più elevato si scambino mutuamente certificati riguardanti le proprie chiavi pubbliche. I certificati vengono memorizzati da ogni CA in una directory consultabile pubblicamente; il protocollo standard previsto per la consultazione di tale directory è rappresentato da LDAP, basato su TCP; la porta servizio riservata a LDAP lato server è 389/tcp e 636/tcp per la versione cifrata del protocollo.

Ogni CA non di primo livello, oltre che possedere una certificazione della propria chiave pubblica emessa dalla CA da cui discende e quindi gerarchicamente superiore, deve mantenere un certificato inverso che certifica la chiave pubblica dell'altra CA. I certificati inversi permettono di risalire la struttura gerarchica e consentono ad ogni entità, utente o CA, di verificare la chiave pubblica degli altri partecipanti.

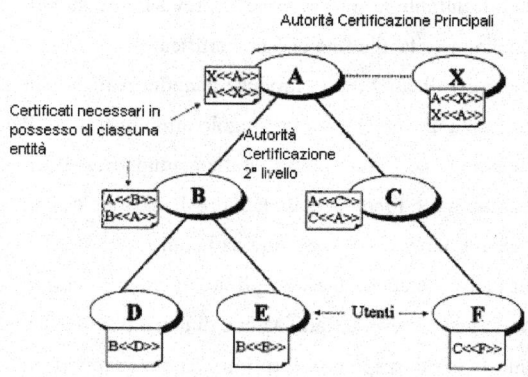

Figura 5.3 Gerarchia tra autorità di certificazione X.509

Lo standard X.509 utilizza la notazione Y«X», per indicare il certificato dell'entità X emesso dall'entità Y. Seguendo la notazione standard è possibile affermare che, per verificare la chiave pubblica dell'entità F, l'entità D (Figura 5.3) deve procurarsi prima il certificato B«A», poi quello A«C» e infine C«F».

5.5.2   Catene di certificati e certificati incrociati

Gli utenti appartenenti ad un determinato dominio hanno generalmente un numero limitato di certificati di cui potersi fidare a priori: la fiducia a priori sussiste quando un certificato può essere verificato usando una chiave pubblica memorizzata nel Personal Secure Environment (PSE) dell'utente. Qualsiasi entità (individui, gruppi di individui, applicazioni) può richiedere un accesso locale e sicuro al PSE, il quale può essere considerato un magazzino, reso sicuro con la crittografia, contenente informazioni su ogni CA considerata affidabile insieme alla relativa chiave pubblica.

La forma dell'immagazzinamento può variare, ma in genere si basa su file memorizzati su un dispositivo che fornisca sicurezza fisica, anche se questa non è specificamente richiesta: infatti l'obiettivo di un PSE è quello di memorizzare in modo sicuro le chiavi e le informazioni private senza essere costretti ad usare hardware particolare.

Le CA sono organizzate in gerarchie in cui ogni CA madre firma un certificato relativo ad una CA sua subordinata, garantendone in questo modo l'affidabilità, quando è necessario validare una catena di certificati, ogni anello è validato da quello che lo precede e questa operazione continua finché non si raggiunge l'estremo della catena. Generalmente, non c'è alcun modo automatico per avere una garanzia esauriente dell'affidabilità della CA all'estremo della catena, se non verificando la sua appartenenza alla lista delle CA, implicitamente affidabili, contenuta nel PSE dell'utente.

Un trust-point è un certificato utilizzabile per validare l'estremo di una catena: può trattarsi del certificato di una CA root o di una CA locale interna all'azienda; in generale è caratterizzato da una lunga durata del periodo di validità, ha una bassa probabilità di revoca ed è verificato usando un mezzo alternativo, ad esempio sapendolo pubblicizzato sui giornali e sui siti Web.

I certificati trust-point devono essere tenuti memorizzati in modo sicuro all'interno del PSE dell'utente e devono essere distribuiti in modo altrettanto sicuro: minare i trust-point di un utente può completamente aggirare e rendere inutile qualsiasi garanzia di sicurezza fornita da un'applicazione.

Di default non esiste alcun legame di fiducia tra due CA appartenenti a domini differenti, perciò gli utenti o le CA appartenenti ad un dominio non possono verificare i certificati di CA o utenti appartenenti ad un altro dominio, non possedendo un comune trust-point. Una soluzione è quella della certificazione incrociata, ovvero quella di far firmare alla CA root di un particolare dominio un certificato contenente la chiave pubblica della CA root di un altro dominio, che ne garantisca l'affidabilità; per questo è necessario uno scambio di certificati offline, eseguito una volta per tutte.

Un certificato incrociato permette ad un utente di costruire una catena di certificati che arrivi ad uno dei trust-point di un dominio diverso dal proprio, mentre l'esistenza di certificati incrociati indica che può esistere più di una catena di certificati utilizzabile per verificarne uno in particolare, perciò è possibile trovare catene di certificati alternative, se la prima dovesse risultare non disponibile; spesso la catena di certificati scelta è una questione di preferenza personale, basata sull'insieme di trust-point posseduti dall'utente. Questo procedimento di ricerca continua fino a quando viene trovata una catena di certificati valida, oppure non ne esiste un'altra. La costruzione della catena di certificati generalmente fa perdere tempo ed è inaffidabile, infatti il software può non essere capace di costruirla per ragioni non ben note, in quanto i certificati sono usualmente recuperati da una cache locale o dai server, anche se questo può essere reso difficile a causa della presenza di firewall o altri dispositivi di sicurezza.

La validazione di una potenziale catena di certificati implica di dover processare iterativamente ogni certificato appartenente alla catena fino a quando questa non venga validata fino all'ultimo anello. L'algoritmo di validazione è controllato dalla politica di sicurezza dell'utente, richiede come input il set di trust-point da usare, la data, altri dati ed include:

- il controllo crittografico della firma del certificato;
- il controllo di varie estensioni e settaggi nel certificato, incluso il suo periodo di validità;
- il controllo dello stato di revoca del certificato, definito in una CRL, che permette ai client e ai server di verificare se l'entità con cui stanno dialogando ha un certificato correntemente valido.

Se la catena di certificati non è valida, l'applicazione può scegliere di cercare una catena di certificati alternativa e ritentare la validazione.

A parte queste oggettive difficoltà, la certificazione incrociata può essere un potente tool di gestione della fiducia; per spezzare la fiducia, l'unico modo sarebbe quello di revocare il certificato incrociato.

5.5.3 Certificati degli attributi

I certificati contenenti la chiave pubblica provano l'identità del loro possessore, ma non stabiliscono che cosa quest'ultimo sia autorizzato a fare: i certificati degli attributi sono stati sviluppati proprio per fornire questo ulteriore controllo.

Entrambi i certificati, quello contenente la chiave pubblica e quello degli attributi, sono definiti nello standard X.509: un certificato degli attributi ha la stessa struttura di un certificato contenente una chiave pubblica, ma al suo posto contiene gli attributi (o privilegi) del proprietario. Non contenendo informazioni esplicite sull'identità dell'utente non può essere usato per identificarlo, perciò l'utente deve anche possedere un certificato contenente la chiave pubblica, referenziato nel certificato degli attributi; i certificati degli attributi sono molto meno numerosi di quelli contenenti le chiavi pubbliche.

Anche se i due certificati sono simili nella struttura, le informazioni contenute in un certificato di attributi tendono ad essere valide solamente per un breve periodo di tempo (qualche volta per solo un'ora o meno) e ad avere un piccolo raggio d'azione, cioè ad essere rilevanti solamente per un piccolo gruppo di persone, appartenenti ad esempio ad un ufficio locale. Al contrario, le informazioni identificative racchiuse in un certificato contenente una chiave pubblica tendono ad essere valide per un periodo molto lungo ed in modo relativamente globale. A causa di queste differenze intrinseche, un sistema di gestione di certificati degli attributi deve tener presente tutti i seguenti punti:

- Emissione: riguardando questioni relative ad un ambiente locale, l'emissione del certificato degli attributi può essere decentralizzata. Per esempio, in un contesto bancario, i compiti giornalieri di una persona sono determinati a livello di filiale o succursale; per questo il certificato degli attributi dovrebbe essere emesso a questo stesso livello, diversamente dal certificato di chiave pubblica ad esso associato, che viene emesso da un ufficio centrale.

- Distribuzione: se si assegna una breve durata ai certificati degli attributi, la modalità per la loro distribuzione riveste un'importanza critica ed in particolare deve essere molto più veloce e semplice di quella per i certificati con chiavi pubbliche.

- Uso: se un certificato di attributi viene usato localmente, il significato degli attributi potrebbe non essere globalmente traducibile, mentre standardizzare gli attributi ne ridurrebbe la flessibilità. Una proposta alternativa potrebbe essere quella di tradurre gli attributi passandoli attraverso un gateway di traduzione.

- Revoca: per i certificati degli attributi dotati di breve durata non c'è bisogno di revoca, perché si può semplicemente aspettare la loro scadenza e rifiutare di rinnovarli; questa loro temporaneità fornisce un controllo più stretto sugli utenti ed evita di dover distribuire liste CRL.

Per collegare un certificato degli attributi con un certificato di chiavi pubbliche, si può includerlo semplicemente in quest'ultimo, nel caso in cui gli attributi abbiano le stesse esigenze di emissione, distribuzione, uso e revoca del certificato digitale. Per esempio, se gli attributi descrivono il ruolo di direttore di un'organizzazione multinazionale, prendendo per buono l'assunto che il titolo di direttore abbia lo stesso significato attraverso tutte le sezioni dell'organizzazione, allora questi attributi probabilmente hanno la stessa durata e raggio d'azione del certificato di identità digitale, anche se, in questo caso, sarebbe meglio trasferire gli attributi in un'estensione privata aggiunta al certificato.

Nei casi in cui, invece, gli attributi abbiano, per loro natura, una breve durata e siano caratterizzati da un piccolo raggio d'azione, essi vengono gestiti meglio all'interno della struttura di certificati degli attributi; per esempio, se Willy sta sostituendo la collega Marta durante il suo periodo di ferie ed ha bisogno temporaneamente di determinati privilegi per poter approvare gli ordini di vendita, un certificato di attributi è la soluzione migliore.

La PKI esprime il profilo dei componenti di un certificato degli attributi secondo la seguente tabella:

Tabella 5-3 Profilo dei componenti di un certificato

Profilo componente	Descrizione
Versione	indica la versione del certificato degli attributi
Proprietario	identifica il proprietario del certificato di chiave pubblica cui il certificato degli attributi è legato
Emissario	specifica il nome dell'emissario del certificato degli attributi che lo ha firmato, in quanto l'utilizzo di questo certificato implica fiducia nell'entità firmataria. Per evitare confusione sui i numeri seriali e le revoche, l'emissario dei certificati degli attributi non può essere anche un emissario di certificati digitali
Numero seriale	l'emissario del certificato degli attributi assegna un numero seriale al certificato, quando questo viene creato, per poterlo distinguere dagli altri
Periodo di validità	specifica il periodo nel quale il certificato degli attributi è valido
Attributi	forniscono informazioni sui privilegi del proprietario del certificato
Estensioni	il campo delle estensioni fornisce generalmente informazioni sul certificato stesso

5.5.4 Estensioni

Le estensioni permettono di associare attributi addizionali alle chiavi pubbliche e di gestire la gerarchia di certificati: la versione 3 del formato X.509 per i certificati di chiave pubblica permette anche alle aziende di definire delle estensioni private per poter esprimere informazioni particolari. Ogni estensione in un certificato può essere designata come critica o non critica: una CA marca come critica un'estensione includendo un campo extra nella sua codifica; quando questo campo è omesso, l'estensione è trattata come non critica.

Un sistema che usa i certificati deve rigettarli se incontra un'estensione critica non riconosciuta, mentre se si tratta di un'estensione non critica, questa può essere semplicemente ignorata; va comunque posta molta cura nell'adottare qualsiasi estensione critica nei certificati, perché potrebbe creare problemi d'uso in un contesto generale.

Di seguito si illustrano brevemente le estensioni standard:

- **Authority Key Identifier**: quando l'emissario di un certificato ha più di una chiave per firmare, l'Authority Key Identifier fornisce un modo per identificare la chiave pubblica corrispondente alla chiave privata usata per firmare il certificato; questa identificazione può essere basata sia sull'identificatore della chiave, sia sul nome dell'emissario e sul numero seriale.

- **Subject Key Identifier**: fornisce un modo per identificare un utente che ha ottenuto certificati da più di una CA, attraverso la sua chiave pubblica; per facilitare la costruzione della catena di certificati, questa estensione deve apparire in tutti i certificati conformi al regolamento.

- **Key Usage**: definisce il proposito, l'obiettivo della chiave contenuta nel certificato; si può usare questa estensione quando si vuole restringere l'uso di una chiave, che potrebbe altrimenti essere utilizzata per più di un'operazione. Per esempio, se una chiave pubblica può realizzare la crittografia, si può specificare che possa essere usata per criptare solamente delle chiavi, oppure solo dei dati od entrambi.

- **Private Key Usage Period**: permette all'emissario del certificato di specificare un periodo di validità per la chiave privata, diverso da quello del certificato.

- **Certificate Policy**: contiene la sequenza di una o più informazioni, che indicano la politica in base alla quale il certificato è stato emesso e gli scopi per i quali può essere usato.

- **Subject Alternative Name**: permette di legare identità addizionali al soggetto del certificato. Le opzioni definite includono le seguenti:
  o Indirizzi Internet di posta elettronica
  o Indirizzi IP
  o Domain Name System (DNS)
  o Uniform Resource Identifier (URI)

Esistono altre opzioni, incluse le definizioni completamente locali: tutte le volte che bisogna includere in un certificato, form con nomi multipli o form con istanze multiple per ogni nome, dovrebbe essere usata questa estensione. Il Subject Alternative Name è legato alla chiave pubblica e per questo la CA deve verificare tutte le parti di questa estensione.

- **Issuer Alternative Name**: è analoga alla precedente ed è usata per associare l'emissario del certificato con le rispettive identità virtuali su Internet, che possono essere più di una.

- **Basic Constraints**: specifica se il soggetto del certificato è una CA ed indica la lunghezza della catena di certificati che può sussistere attraverso tale CA. Il campo *pathLenConstraint*, ad esempio, ha significato solo se CA è settato a "true": in questo caso fornisce il numero massimo di certificati CA che possono seguire questo certificato; un valore nullo indica che solamente un certificato può seguire quello corrente nella catena di certificati. Se appare, il campo pathLenConstraint deve essere maggiore o uguale a zero, mentre dove non appare, non ci sono limiti per la lunghezza consentita della catena di certificati.

- **Name Constraints**: può essere usata solo in un certificato CA ed indica le limitazioni, all'interno di una catena, cui devono essere sottoposti tutti i nomi di soggetti nei certificati successivi.

- **Policy Constraints**: può essere usata nei certificati emessi per una CA e può restringere la validazione della catena di certificati in diversi modi, ad esempio per richiedere che ogni certificato in una catena di certificati contenga un identificatore di politica corretto.

- **Extended Key Usage**: indica uno o più scopi per i quali la chiave pubblica può essere usata in aggiunta o al posto di quelli base indicati nei campi dell'estensione Key Usage; gli scopi possono essere definiti da qualunque organizzazione.

- **CRL Distribution Points**: specifica dove si possono ottenere le informazioni sulle CRL.

5.6 RSA

L'algoritmo RSA è l'algoritmo di cifratura preferito nella crittografia a chiave pubblica; ha il vantaggio di poter rendere pubblica una chiave di decifrazione senza compromettere la sicurezza dei dati. RSA è pressoché obbligatorio per l'autenticazione dei dati, una procedura che diventa sempre più necessaria man mano che aumentano le transazioni elettroniche che coinvolgono, ad esempio, il trasferimento di fondi.

Il sistema RSA è un algoritmo di cifratura asimmetrico, quindi vengono usate chiavi diverse per la cifratura e la decifrazione. La chiave di cifratura deve essere mantenuta segreta, mentre l'altra chiave può essere pubblica. La chiave pubblica è costituita dalla coppia (e, n) e la chiave segreta dalla coppia (d, n), dove n denota la chiave di cifratura, che è il prodotto di due numeri primi p e q sufficientemente grandi $(n=p*q)$.

I numeri d ed e devono avere la proprietà che $(d*e-1)$ sia divisibile per $(p-1)(q-1)$.

Tutta la sicurezza in RSA dipende dal mantenere segreti p, q e d. Il numero e, invece, può essere noto a tutti ed è questo che rende "pubblico" questo schema di cifratura.

Dal punto di vista matematico, cifrare un documento è un processo facile e veloce. Decifrarlo, invece, è molto difficile, se non si conosce la chiave: un malintenzionato potrebbe impiegare centinaia di anni con un computer per riuscire a decriptare il codice. Se M è un documento in chiaro, la fase di cifratura è definita come una trasformazione del testo M mediante la chiave di cifratura n insieme con e, che fa parte della chiave pubblica. La riconversione nel testo in chiaro è definita dall'applicazione al testo cifrato, rappresentato da C, di una funzione matematica di trasformazione che usa la chiave di cifratura n e d (che fa parte della chiave segreta).

Il grado elevato di sicurezza del metodo RSA dipende principalmente dalle proprietà particolari dei numeri primi, quando sono usati con i computer. Mentre trovare numeri primi grandi con un computer è relativamente facile, scomporre un numero grande nei suoi fattori primi, p e q, è un compito che richiede moltissimi calcoli.

La sicurezza di RSA può essere aumentata ulteriormente scegliendo un numero primo p forte, per cui $p-1$ abbia tra i suoi fattori un numero primo grande r e $p+1$ abbia tra i suoi fattori un numero primo grande s. Inoltre, sia $r-1$ che $s-1$ devono avere fra i loro fattori un numero primo grande.

Purtroppo questi sistemi di crittografia a chiave pubblica richiedono chiavi di cifratura molto più lunghe di quelle dei sistemi crittografici tradizionali e di conseguenza sono significativamente più lenti.

Normalmente i numeri primi p e q sono formati da un centinaio di cifre; inoltre il numero di cifre utilizzato più spesso in RSA (150 cifre) è già stato superato dallo sviluppo di calcolatori più veloci. Gli standard RSA più recenti utilizzano per p e q una combinazione di numeri primi a 256 e 258 bit.

5.7 Tecnologie SSL/TSL

Il Secure Sockets Layer (SSL) è un protocollo generico comunemente usato per inviare informazioni cifrate su Internet. Sviluppato da Netscape, viene utilizzato per codificare i dati trasmessi tra un client e un server e deve la sua popolarità al browser e al server web della stessa. L'idea iniziale era quella di incentivare le vendite dei server capaci di crittografia prodotti dall'azienda distribuendo gratuitamente il client in cui gli stessi protocolli crittografici erano implementati.

Da allora SSL è stato incluso in moltissimi altri server e browser web, tanto che guadagnò anche l'appoggio di Microsoft e di altri sviluppatori di applicazioni client/server diventando lo standard de facto. Oggi il suo supporto non è più un vantaggio competitivo ma una necessità. SSL ha conosciuto due versioni maggiori. Nel 1996 la Internet Engineering Task Force definì il Transport Layer Security (TLS) per creare uno standard aperto di cifratura a flussi. Il gruppo prese a modello SSL 3.0 e, nel 1999, pubblicò la RFC 2246, "Protocollo TLS, Versione 1.0". Con la RFC 2712 si aggiunse a TLS il supporto per l'autenticazione. Le RFC 2187 e 2818 si applicano a TLS con HTTP/1.1. Il TLS, basato su SSL, lo sostituirà, ma non è ancora usato estesamente. TLS e SSL non sono interoperabili, comunque, un client che gestisce SSL ma non TLS può gestire un messaggio inviato con TLS.

5.7.1 Caratteristiche di SSL

L'utilizzo di SSL permette di mettere le transazioni online al riparo da sguardi indiscreti o di impedire ad aspiranti ladri di impossessarsi di numeri di carte di credito o di conti bancari.

SSL è un livello di rete che si pone tra il protocollo grezzo TCP/IP e lo strato applicativo. Mentre il protocollo standard TCP/IP invia semplicemente dei flussi, privi di errori e autenticazione, tra due computer, o tra due processi all'interno dello stesso computer, SSL aggiunge numerose funzionalità, tra cui:

- Autenticazione del server, con l'uso di firme digitali
- Autenticazione del client, con l'uso di firme digitali
- Confidenzialità dei dati, tramite la cifratura
- Integrità dei dati, mediante codici di autenticazione dei messaggi

Il fatto di rappresentare un livello nell'insieme dei protocolli lo rende facilmente utilizzabile in un grande numero di applicazioni di rete. Il suo utilizzo principale, fino a oggi, è stato quello di assicurare le transazioni online effettuate sul Web, ma le sue capacità non sono limitate a un simile aspetto. L'unico requisito richiesto è il supporto di SSL sia da parte delle applicazioni server sia delle applicazioni client.

La crittografia è un settore che si muove velocemente e i protocolli crittografici non funzionano se entrambe le parti in comunicazione non usano gli stessi. Per questo motivo SSL è un protocollo estensibile e adattabile. Quando un programma che fa uso di SSL tenta di contattarne un altro, i due confrontano elettronicamente alcune informazioni e scelgono il più robusto tra i protocolli crittografici in comune. Questa operazione viene detta SSL Hello.

SSL rende le transizioni online sicure mediante la codifica dei dati trasmessi tra client e server. Oltre a codificare i dati, poi, SSL provvede all'autenticazione del partner con cui la connessione viene stabilita. Ciò impedisce a eventuali malintenzionati di assumere identità fasulle. Per poter provvedere sia alla codifica dei dati sia all'autenticazione degli interlocutori, SSL utilizza nelle proprie comunicazioni una notevole varietà di algoritmi di cifratura. A seconda del software presente su server e client e delle chiavi supportate, in base alle restrizioni all'esportazione imposte dagli Stati Uniti, la connessione utilizzerà, per rivolgersi ai diversi client e server, lunghezze di chiave diverse. In ogni caso, client e server cercheranno sempre di instaurare una connessione che utilizzi per le comunicazioni l'algoritmo di codifica più potente.

SSL fu disegnato per un uso a livello mondiale, ma fu sviluppato negli Stati Uniti quando erano in vigore restrizioni all'esportazione della crittografia più robusta. Per questo furono inserite molte funzionalità adatte ad ottemperare ai limiti imposti dal Governo degli U.S.A. in tema di export di sistemi crittografici.

5.7.2 Come funziona SSL

Prima di poter passare alla fase di codifica della connessione, una transazione SSL deve passare attraverso alcuni passaggi di handshaking. Il primo passo vede la connessione del client al server. Una volta che questo si è connesso, il server invia al client ciò che viene definito un certificato, il quale, tra le altre cose, contiene la chiave pubblica del server. Per provare la propria identità, poi, il server invia un messaggio firmato digitalmente con la propria chiave privata. Il client sarà in grado di decodificare il messaggio mediante la chiave pubblica ricevuta in precedenza, assicurandosi che il server corrisponda al firmatario. Una volta stabilito un sufficiente livello di "fiducia", il client può codificare le chiave singola che verrà utilizzata nel corso della conversazione cifrata.

Ricordate che la codifica a chiave singola, in genere, vanta una maggiore efficienza rispetto alla codifica a chiave pubblica; ne consegue che il metodo a chiave pubblica viene utilizzato unicamente per inviare la chiave per l'algoritmo a chiave singola che verrà utilizzato. Il client codifica la chiave utilizzando la chiave pubblica del server e quindi trasmette il messaggio. A questo punto, sia server sia client conoscono la chiave che dovranno utilizzare nell'algoritmo di codifica e decodifica dei messaggi scambiati. Da qui in poi, tutti i dati verranno cifrati con questa chiave.

5.7.3 Versioni di SSL

Il protocollo SSL fu disegnato da Netscape per essere usato con Netscape Navigator. La versione 1.0 venne utilizzata all'interno di Netscape. La versione 2.0 del protocollo fu diffusa con le versioni 1 e 2 di Netscape Navigator. Dopo la pubblicazione di SSL 2.0 Microsoft creò un protocollo simile, battezzato PCI, che risolveva alcuni problemi di SSL 2.0. Gli avanzamenti di PCT trovarono eco in SSL 3.0. Questa versione fu alla base del protocollo TLS sviluppato dall'IETF. Implementazioni di SSL3.0/TLS è presente in Netscape Navigator, Microsoft Windows e nella libreria open source OpenSSL.

SSL 3.0 e TLS, di fatto, sono lo stesso protocollo; TLS è in realtà la versione 3.1 del protocollo SSL.

5.7.4 Funzionalità di SSL/TLS

SSL/TLS offre molte funzionalità di interesse tanto pratico quanto teorico:

Separazione delle funzioni

SSL/TLS usa diversi algoritmi per la cifratura, l'autenticazione e l'integrità dei dati impiegando chiavi differenti (dette secrets) per ogni funzione. Il principale vantaggio di questa separazione è la possibilità di utilizzare per l'autenticazione e l'integrità dei dati chiavi più lunghe di quelle impiegate per la riservatezza.

Questo era utile per i prodotti destinati all'esportazione fuori dagli U.S.A. a causa delle limitazioni imposte alla lunghezza delle chiavi utilizzate per proteggere la confidenzialità, limitazioni non applicabili all'integrità dei dati e all'autenticazione.

SSLv3 e TLS consentono connessioni non cifrate ma autenticate e protette contro eventuali intromissioni dolose di un attaccante sofisticato. Questo può essere utile quando la cifratura sia vietata o limitata per legge.

La selezione tra gli algoritmi e la lunghezza delle chiavi è decisa dal server SSL, ma è limitata tanto dal client che dal server.

SSL maschera tutte le complessità della crittografia sia agli utenti sia agli sviluppatori. Se gli utenti utilizzano un browser capace di sfruttare SSL, come Netscape Navigator o Internet Explorer di Microsoft, si può richiedere al browser di aprire una connessione criptata semplicemente sostituendo nella URL https a http.

Per esempio, se a questo indirizzo esiste un documento proprietario:

http://www.company.com/document.html

Gli utenti lo possono ricevere in modo sicuro semplicemente usando questo indirizzo:

https://www.company.com/document.html

Allo stesso modo, se si ha un modulo CGI che permette alle persone di inserire informazioni sensibili (come il numero di carta della credito), è possibile forzare l'inserimento delle informazioni in modalità crittografica semplicemente modificando l'istruzione action= nel file HTML, ancora cambiando http: in https:.

Per esempio se il tag <form> nel file HTML somiglia a questo:

<form method="POST action="http://www.company.com/cgi-bin/enter>

va semplicemente cambiato in:

<form method="POST action="https://www.company.com/cgi-bin/enter">

Efficienza

Cifratura e decodifica con chiavi pubbliche sono operazioni che richiedono tempo. Piuttosto che ripetere il processo per ogni comunicazione tra un client e un server, l'implementazione SSL/TLS gestisce una cache di un "master secret" che sopravvive alle connessioni.

Questo consente di iniziare immediatamente nuove connessioni sicure, senza bisogno di ulteriori operazioni sulle chiavi pubbliche.

Autenticazione basata su certificati

SSL/TLS fornisce strumenti di autenticazione sia del client sia del server basati sull'uso di certificati digitali e di sfide firmate digitalmente. SSLv3 e TLS usano certificati X.509 v3. L'autenticazione è una parte opzionale del protocollo, anche se il certificato del server è una parte resa, di fatto, obbligatoria dalle implementazioni client attuali.

Protocollo agnostico

Anche se SSL è stato pensato per funzionare insieme a TCP/IP, in realtà può funzionare con qualunque altro protocollo affidabile orientato alla connessione, come X.25 o OSI. Il protocollo SSL non può funzionare su protocolli non affidabili come lo User Datagram Protocol (UDP) di IP. Tutta la comunicazione SSL/TLS ha luogo su un singolo flusso bidirezionale. Nel caso di TCP/IP, le porte elencate in Tabella 5-4 sono quelle normalmente utilizzate.

Tabella 5-4 Porte TCP/IP usate dai protocolli protetti con SSL

Parola chiave	Porta decimale	Scopo
HTTPS	443/tcp	SSL/TLS-protected HTTP
SSMTP	465/tcp	SSL/TLS-protected SMTP (mail sending)
SNEWS	563/tcp	SSL/TLS-protected Usenet news
SSL-LDAP	636/tcp	SSL/TLS-protected LDAP
SPOP3	995/tcp	SSLVTLS-protected POP3 (mail retrieving)

Protezione dagli attacchi "man in the middle" e "replay"

Il protocollo SSL/TLS è stato specificatamente disegnato per proteggere da attacchi come "man in the middle" e "replay". Nell'attacco "man in the middle", un attaccante intercetta tutte le comunicazioni tra due parti facendo a credere a ognuna di essere in comunicazione con l'altra (Figura 5.4).

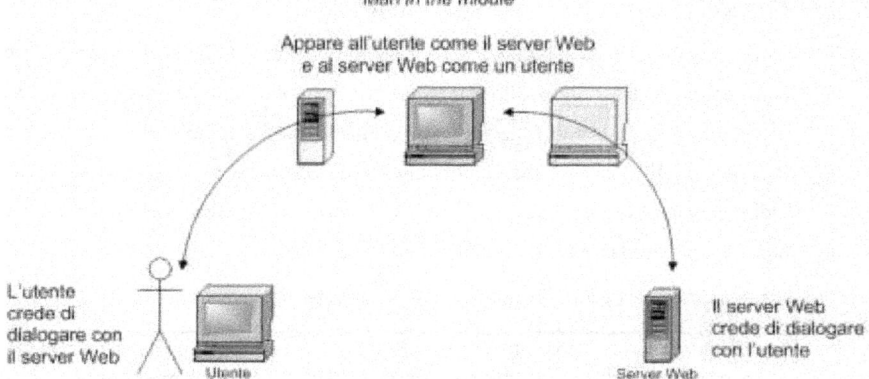

Figura 5.4 Attacco man in the middle

SSL/TLS protegge dagli attacchi del tipo *man in the middle* usando certificati digitali che permettono all'utente del web di conoscere i nomi validi del sito web. Sfortunatamente tutti i browser web in uso oggi nascondono questa informazione, che è accessibile solo mediante comandi particolarmente arcani. Una migliore interfaccia utente potrebbe mostrare il nome valido del sito web sulla barra del titolo del browser web o in qualche altro posto evidente. SSL non protegge dall'attacco *man in the middle* quando usato in modalità "encrypt-only", perché in questa modalità non richiede né al server né al client di autenticarsi. Poiché le informazioni contenute sul certificato vengono normalmente nascoste, SSL non rende un buon servizio nella protezione da un attacco del tipo *"man in the middle"*.

Nell'attacco *replay*, un attaccante cattura la comunicazione tra due parti e replica ai messaggi. Per esempio un attaccante potrebbe catturare la comunicazione tra un utente e un istituto finanziario chiedendo che venga eseguito un pagamento; ripetendo questo attacco è possibile effettuare numerosi pagamenti.

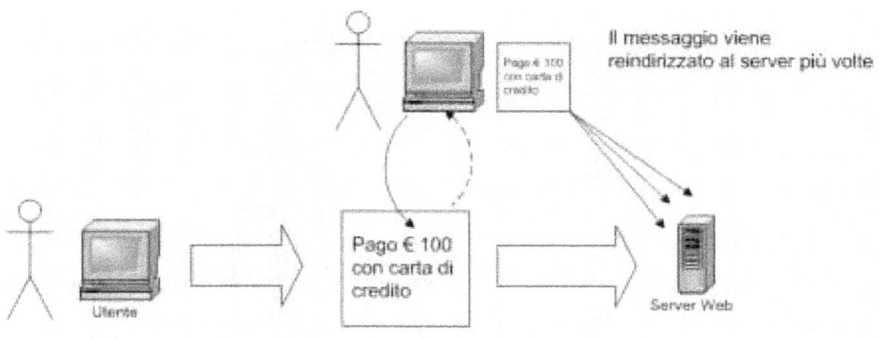

Figura 5.5 Un attacco replay

Supporto alla compressione

I dati cifrati non possono essere compressi poiché la buona cifratura rimuove effettivamente tutte le ripetizioni e le somiglianze che sono rimosse anche dalla compressione. Se i dati cifrati possono essere compressi non si sta utilizzando un buon sistema di cifratura. SSL/TLS fornisce la capacità di comprimere i dati dell'utente prima che vengano cifrati. Il protocollo supporta diversi algoritmi di compressione.

Compatibilità con SSL 2.0

I server SSLv3.0 possono accettare connessioni da client SSLv2.0 e gestire automaticamente la comunicazione senza costringere il client a riconnettersi.

5.7.5   Cos'è che davvero protegge SSL?

SSL invero non protegge molto contro gli attacchi sperimentati realmente da consumatori e commercianti su Internet, soprattutto perché SSL non tenta di risolvere i difficili problemi di sicurezza del commercio elettronico, ma si concentra piuttosto su problemi di facile soluzione. La Figura 5.6 mostra una stima della facilità di veri tipi di attacco al commercio elettronico e alle transazioni per carta di credito.

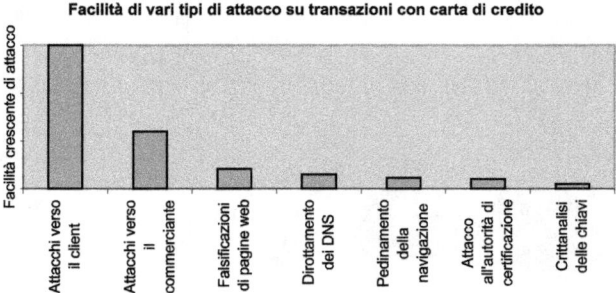

Figura 5.6 Stima della facilità di tipi di attacco al commercio elettronico e alle transazioni con carta di credito

Contro questi attacchi, che costituiscono di gran lunga la più comune minaccia a clienti e commercianti, SSL non offre alcuna protezione. La vera protezione del consumatore su Internet viene dalle Regulation E e Regulation Z e dalle politiche adottate da società come VISA, MasterCard, American Express ed altre. Quando si acquista pagando con carta di credito si può contestare l'eventuale l'addebito fraudolento il mese successivo, alla ricezione dell'estratto conto. Questa protezione funziona non solo contro le frodi ma anche contro i commercianti che consegnano prodotti difettosi o presentati in modo ingannevole. I consumatori che usano carte di debito hanno una minor protezione, poiché i soldi sono già stati prelevati dal conto corrente e quindi è necessario litigare per ottenerli indietro. Quando si utilizzano i sistemi Electronic Funds Transfer (EFT) o Automated Clearing House (ACH) non vi è alcuna protezione.

5.7.6 Un esempio

Ecco una conversazione SSL semplificata tra un server e un client.

Client	>>	"Ciao"	>>	Server
Client	<<	"Ciao" + certificato del server	<<	Server
Client	<<	("Messaggio1") chiave privata del server	<<	Server
Client	>>	(chiave privata) chiave pubblica del server	>>	Server
Client	<<	("Messaggio2") chiave privata	<<	Server

In questo esempio, il client invia dapprima un semplice saluto al server. Il server risponde inviando un saluto e il proprio certificato, che contiene la sua chiave pubblica. Nel passo successivo il server provvede alla propria autenticazione inviando il "Messaggio1", cifrato con la propria chiave privata. Il client verifica l'identità del server decodificando il cipher text con la chiave pubblica del server. A questo punto il client è abbastanza sicuro da inviare la chiave segreta che verrà utilizzata per il resto della conversazione.

Il client invia al server la chiave privata codificata con la chiave pubblica del server stesso. A questo punto sia client sia server sono a conoscenza della chiave segreta e possono portare avanti una comunicazione codificata. L'ultima parte dell'esempio mostra il server che invia il "Messaggio2" codificato tramite la chiave segreta.

5.7.7 SSL 3.0 e CA

Uno dei maggiori benefici di SSL 3.0 risiede nel fatto che questa versione aggiunge il supporto per il caricamento automatico delle catene dei certificati, permettendo così ad un server di inviare al browser un proprio certificato insieme ai certificati degli emissari. Il browser che si utilizza per navigare su Internet supporta tipicamente un certo numero di CA ben note, perciò, richiedendo una comunicazione sicura con un Web server, se questo risultasse certificato da una di esse, si è automaticamente garantiti sulla tutela delle trasmissioni. Se, invece, ci si trova a comunicare con un Web server certificato da una CA non compresa nella lista contenuta nel browser, sarà necessario caricare il certificato della CA in questione nel browser stesso, abilitando perciò quest'ultimo a validare anche tutti i certificati server firmati da quella CA; questo comportamento potrebbe risultare alla lunga pericoloso, perché, una volta caricato il certificato, il browser accetterà tutti i certificati firmati da quella particolare CA. Invece il caricamento automatico delle catene di certificati che si ha con la versione 3.0 del protocollo SSL permette al browser di validare il certificato del server anche se i certificati di alcune CA intermedie non sono stati installati, in quanto essi fanno comunque parte della catena di certificati.

5.7.7.1 Sequenza di handshake

La sessione SSL viene stabilita seguendo una sequenza di handshake tra il client e il server che può variare, a seconda che il server sia stato configurato per fornire un certificato server oppure per richiedere un certificato client. Possono esistere casi particolari in cui vengono richiesti passi addizionali di handshake, ad esempio per la gestione delle informazioni sulla Cipher Suite, cioè il set riguardante gli algoritmi da usare per la crittografia.

Una volta che una sessione SSL è stata stabilita (durante l'handshake sono stati fissati il numero di versione del protocollo, l'identificatore di sessione, il set di algoritmi crittografici e le tecniche di compressione, vedi Figura 5.7), può essere utilizzata per più comunicazioni challenge/response consecutive, evitando così le penalizzazioni di performance legate alla necessità di ripetere i numerosi passi necessari per iniziare una sessione ex novo: ed è proprio per questo che il server assegna ad ogni sessione SSL un unico identificatore di sessione, memorizzandolo in cache, e come già accennato in precedenza che può essere usato dal client nelle successive comunicazioni, per ridurre il tempo necessario per l'handshake (perlomeno finché l'identificativo di sessione rimane memorizzato nella cache del server e naturalmente finché il client non chiude il browser).

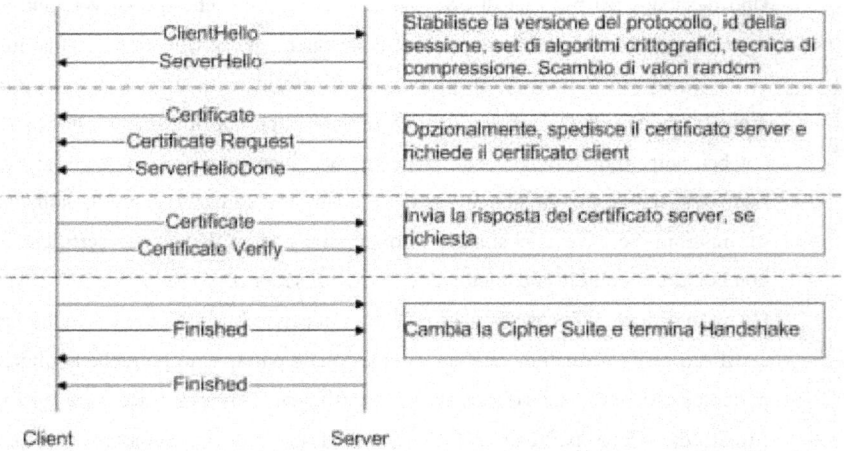

Figura 5.7 Sequenza di handshake

I passi della sequenza di handshake, come vengono presentati in Figura 5.7, sono:

1. negoziazione della Cipher Suite da usare durante il trasferimento dati;
2. costituzione e distribuzione della chiave di sessione o bulk key tra client e server ("Scambio di valori random");
3. autenticazione del server nei confronti del client (opzionale);
4. autenticazione del client nei confronti del server (opzionale).

Il primo passo permette al client e al server di negoziare una Cipher Suite supportata da entrambi (le specifiche del protocollo SSL 3.0 ne definiscono 31), definita dalle componenti presentate qui di seguito.

5.7.7.1.1 Metodo per lo scambio delle chiavi (key exchange)

Il metodo di key exchange stabilisce un accordo tra il client e il server sul metodo di condivisione della chiave crittografica segreta simmetrica (bulk key) usata per la crittografia dei dati: SSL 2.0 utilizzava solamente lo scambio di tipo RSA, mentre SSL 3.0 supporta la possibilità di scegliere tra diversi algoritmi di scambio di chiavi, inclusi RSA quando sono usati i certificati, oppure Diffie-Hellman per lo scambio di chiavi senza certificati e senza una precedente comunicazione tra client e server. Una variabile determinante nella scelta del metodo di scambio delle chiavi è la firma digitale: bisogna decidere insieme se usarla oppure no; in caso affermativo bisogna concordare su quale tipo di firma utilizzare. Firmare con una chiave privata fornisce una garanzia contro il cosiddetto attacco "*man in the middle*", nello scambio di informazioni usato nella generazione della chiave condivisa.

5.7.7.1.2 Cipher per il trasferimento dati

SSL usa algoritmi convenzionali per la crittografia simmetrica di un messaggio in una sessione sicura. Si può scegliere tra ben nove possibilità, includendo anche quella di non utilizzare la crittografia:

- Nessuna tecnica crittografica
- Stream di cifre
  - RC4 con chiave a 40 bit
  - RC4 con chiave a 128 bit
- Cipher Block Chaining (CBC): una porzione del testo precedentemente cifrato è usata per crittografare il blocco corrente
  - RC2 con chiave a 40 bit (algoritmo proprietario di RSA DSI)
  - DES con chiave a 40 bit, comprendente varianti, includendo DES40 e 3DES_EDE
  - DES con chiave a 54 bit
  - Triple DES con chiave a 168 bit

o Idea, chiave a 128 bit: uno dei migliori algoritmi disponibili e dei più forti dal punto di vista della crittografia

o Fortezza, chiave a 96 bit

5.7.7.1.3 Funzione di digest

La scelta della funzione di digest determina la modalità di creazione di un riassunto a partire da un'unita di record. Il messaggio di digest è usato per creare il Message Authentication Code (MAC) che è crittografato insieme al messaggio per fornire integrità e per premunirsi contro attacchi ripetuti. SSL supporta le seguenti possibilità:

- Nessun digest (Scelta nulla)
- MD5, algoritmo di hash a 128 bit
- Secure Hash Algorithm (SHA-1), algoritmo di hash a 160 bit

5.7.7.2 I tre protocolli della sequenza di handshake

La sequenza di handshake usa tre protocolli:

- SSL Handshake Protocol, per stabilire la sessione SSL tra client e server;
- SSL Change Cipher Spec Protocol, per stabilire effettivamente un accordo sulla Cipher Suite da adottare durante la sessione;
- SSL Alert Protocol per lo scambio di messaggi di errore tra il client e il server.

Questi protocolli, così come l'Application Protocol Data, si innestano nell'SSL Record Protocol, come si può vedere nella Figura 5.8: questo innestamento di protocolli è trasferito come se fosse un dato unico al protocollo di livello inferiore, che non esamina il contenuto di ciò che gli viene inviato, così come il protocollo incapsulato non si rende conto della presenza degli strati inferiori.

L'innestamento dei protocolli di controllo SSL da parte del Record Protocol significa che, se venisse rinegoziata una sessione attiva, il protocollo di controllo verrebbe ritrasmesso sicuramente, mentre se non fosse esistita prima una sessione, allora verrebbe usata la Null Cipher Suite, quindi non esisterebbe crittografia e i messaggi sarebbero privi di verifiche di integrità tramite digest da quando la sessione viene stabilita.

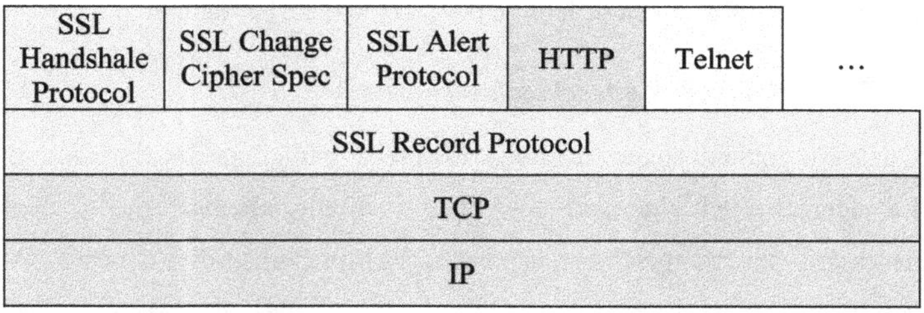

SSL Handshale Protocol	SSL Change Cipher Spec	SSL Alert Protocol	HTTP	Telnet	...
SSL Record Protocol					
TCP					
IP					

Figura 5.8 Struttura dello stack SSL

L'SSL Record Protocol è usato per trasferire applicazioni e dati di controllo SSL tra il client e il server, possibilmente frammentando questi dati in unità più piccole o combinando messaggi multipli, contenenti dati e provenienti da protocolli di più alto livello, in singole unità (Figura 5.9). Può comprimere, appendere firme digitali e crittografare queste unità, prima di trasmetterle utilizzando il protocollo di trasporto sottostante disponibile.

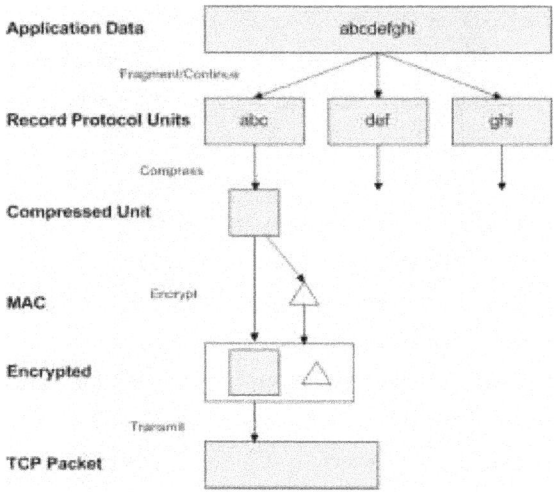

Figura 5.9 Frammentazione dei dati

Un modo comune di usare SSL è proprio quello di rendere sicure le comunicazioni HTTP sul Web, tra un browser e un Web server. Questa possibilità non preclude l'uso di comunicazioni HTTP non sicure. La versione sicura viene realizzata sovrapponendo HTTP su SSL (protocollo HTTPS), ma con un rilevante differenza: usa lo schema URL https piuttosto che http ed una differente porta del server (per default la 443).

5.7.7.3 Crittanalisi e attacchi alla sicurezza

Quale è il grado di sicurezza effettivamente raggiungibile con strumenti di questo tipo?

La sicurezza dell'algoritmo RSA non è affatto assoluta, ma al contrario, lo sforzo necessario per "rompere" con la sola "forza bruta" una tipica chiave RSA è quantificabile, con le attuali conoscenze matematiche, in modo abbastanza precise. A seconda dei mezzi a disposizione, questo sforzo è misurato in migliaia o milioni di anni di calcolo, ipotizzando anche l'impiego di computer molto più potenti di quelli pubblicamente conosciuti in questo momento. La sicurezza, da questo punto di vista, è quindi "relativamente assoluta", sempre che non subentrino altri anelli più deboli nella catena del sistema.

Infatti, l'informazione più delicata con cui si ha a che fare è la chiave privata che, data la sua lunghezza, non potrebbe certo essere normalmente ricordata a memoria da una persona; per questo viene normalmente memorizzata su un dispositivo di memorizzazione secondaria, come un dischetto o un file sul proprio hard disk. In quest'ultimo caso, è necessario proteggerla in un qualche modo, con una password o una passphrase Il fatto di scrivere la propria passphrase su un foglietto post-it appiccicato al monitor può ridurre i famosi milioni di anni di calcolo a pochi secondi.

Comunque, i potenziali anelli deboli sono sfortunatamente molti. Tuttavia si tratta sempre di debolezze esterne all'algoritmo di crittografia vero e proprio: è inutile chiedersi se i milioni di anni potranno presto ridursi a centinaia con l'aiuto di computer più potenti: è molto più utile, invece, chiedersi ad esempio in base a quali criteri è stata scelta la propria passphrase. La metodologia di attacco più efficiente conosciuta fino a questo momento, infatti, piuttosto che tentare tutte le combinazioni possibili della chiave si affida a dizionari che limitano i tentativi per trovare la passphrase alle sole combinazioni più plausibili in base a fattori tipicamente umani.

Prima di commentare i possibili attacchi condotti tramite dizionario, però, è opportuno soffermarsi ancora un momento sugli attacchi di forza bruta. Nel caso del PGP o dell'RSA, questi consistono nel tentativo di ottenere i codici di accesso avendo a disposizione la sola chiave pubblica. In termini matematici si tratta di "fattorizzare" un numero estremamente alto; lo sforzo necessario per compiere questa operazione dipende direttamente e in primo luogo dalla lunghezza della chiave pubblica prescelta. Le tipiche chiavi pubbliche create con l'RSA sono costituite, in genere, da un numero ben preciso di bit: 512, 768, 1024, 2048. All'aumentare della lunghezza della chiave pubblica aumenta anche lo sforzo necessario per fattorizzarla; questo aumento avviene però in forma esponenziale e quindi una chiave da 1024 bit è incomparabilmente più sicura, da questo punto di vista, di una da 512. Per rendere più evidenti queste differenze, la Tabella 5-5 qui riportata indica un tentativo di stima dello sforzo richiesto, con gli algoritmi attualmente più evoluti, per fattorizzare alcune tipiche chiavi pubbliche generate dall'RSA:

Tabella 5-5 Stima degli sforzi richiesti

Dimensioni della chiave in bit	Anni - MIPS necessari per la fattorizzazione
512	30.000
768	200.000.000
1024	300.000.000.000
2048	300.000.000.000.000.000.000

L'intensità dello sforzo è espressa in "anni-MIPS", una misura comunemente usata per indicare la potenza di calcolo: un anno-MIPS corrisponde ad un anno di calcolo ininterrotto effettuato da una macchina della potenza di 1 MIPS, cioè in grado di eseguire un milione di istruzioni al secondo, tenendo presente che i comuni personal computer esprimono in genere una potenza di calcolo superiore a 200 MIPS.

Per dare un'idea concreta di quale sia la capacita di calcolo raggiungibile attualmente, ricordiamo i due più importanti eventi che hanno sottoposto a prove pratiche la resistenza dell'RSA agli attacchi brute force. Nel primo caso si trattava di raccogliere la sfida lanciata da Ron Rivest nel 1977: Rivest prometteva un premio simbolico di 100 dollari a chi fosse riuscito a fattorizzare un numero di 129 cifre, approssimativamente corrispondente a una chiave RSA da 425 bit. La sfida era nota con il nome "RSA-129": lo stesso Rivest aveva stimato che fossero necessari almeno 150 anni per realizzare una simile impresa. Nel 1994, dopo soli 17 anni, questo obiettivo è stato raggiunto seguendo una metodologia assai interessante: i calcoli sono stati eseguiti su una gigantesca macchina virtuale, composta da migliaia di computer sparsi in tutto il mondo: così, anziché concentrare lo sforzo su una sola macchina che avrebbe portato a tempi di calcolo assolutamente improponibili, la sfida è stata ampiamente pubblicizzata in rete e, attraverso alcuni coordinatori, distribuita a migliaia di volontari, ognuno dei quali metteva a disposizione le proprie risorse di calcolo nei momenti in cui queste non venivano utilizzate per le normali attività lavorative. Attraverso questa enorme iniziativa pubblica e collettiva si è riusciti, in soli otto mesi di lavoro effettivo ed esprimendo uno sforzo complessivo pari a 5.000 anni-MIPS a superare la sfida, fattorizzando il numero di 129 cifre e decriptando il messaggio di sfida scritto nel 1977 da Rivest. Questo evento rese evidenti a tutti le incredibili possibilità offerte dalla cooperazione in rete su vasta scala.

Il secondo evento degno di nota è avvenuto nel 1995 e ha rappresentato il primo attacco di forza bruta riuscito direttamente contro una vera e propria chiave RSA: si trattava della chiave da 384 bit (116 cifre) di "Blacknet", un esperimento dimostrativo di come avrebbe potuto funzionare un ipotetico mercato nero di informazioni segrete, basato su crittografia e firme digitali. La chiave è stata fattorizzata in tre mesi, con uno sforzo di 400 anni-MIPS (da notare la differenza rispetto ai 5.000 anni-MIPS dell'operazione precedente, riguardante una chiave di sole 13 cifre più lunga). Nonostante l'impegno di calcolo molto più modesto rispetto a RSA-129, in questa occasione la novità era rappresentata dalla segretezza con cui si è svolto il lavoro: contrariamente alla pubblicità e agli appelli pubblici in rete alla ricerca del maggior numero possibile di volontari, in questo caso gli autori erano solamente quattro persone che hanno lavorato in privato rendendo noto il loro lavoro solo a operazione conclusa. Nonostante i quattro non fossero esattamente persone qualunque (erano tutti responsabili di centri di calcolo e tra le macchine utilizzate, oltre a decine di workstation, figurava anche un MasPar, uno dei computer più potenti e costosi mai costruiti) il tentativo, perfettamente riuscito, era quello di dimostrare come un attacco del genere fosse possibile anche senza pubblicità e dunque, a maggior ragione, anche da parte di agenzie governative più o meno segrete.

Questi due eventi hanno avuto il grande merito di dare finalmente una dimostrazione pubblica e concreta dell'effettivo livello di sicurezza garantito da sistemi come il PGP e l'RSA. I due successi nella fattorizzazione delle chiavi non devono essere interpretati affatto come un'espressione di debolezza del sistema: al contrario, ne è uscita confermata l'impossibilità pratica di attaccare frontalmente le tipiche chiavi effettivamente utilizzate in questo momento, composte da almeno 1024 bit. Le chiavi da 512 bit, considerate sicure fino a pochi anni fa, cominciano ora ad essere considerate possibili obiettivi da parte di ipotetiche organizzazioni dotate di enormi risorse e ovviamente di un enorme interesse nel dedicare queste risorse, per almeno alcuni mesi, ad uno specifico obiettivo.

Ma i metodi offerti dalla crittanalisi, la scienza che studia i modi per superare gli algoritmi di crittografia, non si limitano ai tentativi di forza bruta applicati per indovinare la chiave: spesso è possibile scoprire delle debolezze matematiche nell'algoritmo, evidenti solo dopo anni di studi. Inoltre, vi sono delle particolari condizioni nelle quali il lavoro dei crittanalisti risulta facilitato. Anche se l'RSA è reputato sicuro, da questo punto di vista, è interessante menzionare i tre principali scenari di attacco ipotizzati in crittanalisi, in ordine decrescente di complessità.

Il primo scenario è quello in cui il nemico non conosce nulla del contenuto dei messaggi che vengono scambiati; il nemico assiste cioè esclusivamente al transito dei messaggi nella loro forma crittografata (*ciphertext-only attack*). E' questo lo scenario più sicuro, in cui molte volte l'unica possibilità di attacco è rappresentata dagli attacchi di forza bruta di cui sopra, ma essendo l'algoritmo estremamente robusto, a patto di avere scelto una chiave sufficientemente lunga, gli attacchi di forza bruta risultano impossibili o eccessivamente dispendiosi in termini di tempo e risorse. E' normale allora che il nemico cerchi di ottenere ulteriori informazioni.

Si arriva così al secondo scenario, in cui il nemico riesce ad ottenere una o più coppie di messaggi in chiaro (plaintext) e delle loro corrispondenti versioni crittografate (*known-plaintext attack*). La possibilità di uno scenario simile non deve sorprendere: è sufficiente dimenticarsi sul proprio hard disk un messaggio crittografato ed il corrispondente messaggio in chiaro: un'eventuale perquisizione con sequestro del computer potrebbe fornire al nemico molte coppie di messaggi come questo. In campo crittanalitico si cerca sempre di sfruttare la disponibilità dei messaggi in chiaro per arrivare a carpire informazioni in grado di rompere chiave e algoritmo, decriptando così qualunque altro messaggio.

Infine, un terzo scenario ancora più critico è quello denominato *chosen-plaintext attack*, in cui il nemico è in grado, normalmente attraverso l'inganno e l'astuzia, di scegliere il contenuto in chiaro di un certo messaggio e di ottenere poi la sua versione crittografata. Questo tipo di attacco è ciò che ha favorito la rottura del codice "Purple" usato dai giapponesi durante la seconda guerra mondiale: le forze americane, che già monitoravano il traffico comunicativo crittografato del Giappone, inviarono una particolare notizia falsa che sapevano sarebbe stata immediatamente trasmessa, crittografata, al comando generale giapponese.

La possibilità di avere un particolare testo scelto dal nemico, e non un testo a caso, e la sua corrispondente forma crittografata offre ulteriori informazioni utili ai crittanalisti esperti.

E' bene ribadire che l'RSA pare essere assolutamente resistente perfino in caso di chosen-plaintext attack. Tuttavia è anche bene essere consapevoli del fatto che, in linea teorica, qualsiasi sistema crittografico corre rischi maggiori quando si passa da una condizione di ciphertext only ad una di known-plaintext o addirittura di chosen-plaintext attack. Nel caso della crittografia a chiave pubblica, poi, ulteriori rischi provengono dalle caratteristiche della firma elettronica: lo scenario chosen-plaintext, infatti, può essere raggiunto da questo versante con ancora maggiore facilità: è sufficiente che il nemico spedisca un messaggio apparentemente banale e innocuo, chiedendo di restituirlo dopo avervi apposto la firma elettronica; la firma apposta su un messaggio dotato di particolari caratteristiche scelte dal nemico, in modo del tutto simile a un chosen-plaintext attack, può in qualche modo facilitare le operazioni di attacco al sistema.

Rischi di questo tipo su un sistema crittografico basato sull'RSA sono di tipo teorico e speculativo, tuttavia rimane buona norma cercare di evitare, per quanto possibile, di lasciare sul proprio computer coppie di messaggi in chiaro e criptati; allo stesso modo è necessario prestare attenzione a ciò che si firma e non firmare mai contenuti ricevuti da estranei.

Conoscere la possibilità di quest'ultimo tipo di attacchi può risultare utile, forse più che per proteggere un sistema già sufficientemente robusto come l'RSA, per rendersi conto di quando le comunicazioni cominciano ad attirare attenzioni inusuali.

5.7.7.4 *Terminal Access Controller Access Control System (TACACS)*

TACACS è un vecchio protocollo proposto originariamente per l'autenticazione remota delle connessioni dial-up su router Cisco System (porta servizio 49/udp); era comune alle reti Unix e permette ad un server di accesso remoto di inviare una password di logon di un utente ad un server di autenticazione per determinare se l'accesso ad un dato sistema possa essere permesso.

Una versione successiva di TACACS è l'Extended TACACS (XTACACS).

5.7.7.4.1 Protocollo TACACS+

Il protocollo TACACS+ è il risultato dell'evoluzione del protocollo TACACS.

Nonostante il nome, TACACS+ è completamente un nuovo protocollo, sviluppato da Cisco. TACACS+ e RADIUS hanno sostituito generalmente i protocolli più vecchi in reti costruite o aggiornate più recentemente. Dove RADIUS combina l'autenticazione e l'autorizzazione, in un profilo di utente, TACACS+ separa le due operazioni.

Mentre RADIUS usa l'UDP, la versione attuale del protocollo TACACS+ utilizza il trasporto affidabile offerto dal TCP (porta servizio 49/TCP).

Il protocollo TACACS+ stabilisce l'interazione che occorre tra Network Access Server (NAS) ed un server AAA centrale, per la valutazione delle credenziali utente. Usando il TACACS+, l'invio delle credenziali da parte dell'utente al NAS avviene ancora tramite PAP (Password Authentication Protocol, basato sul paradigma username/password) o CHAP (Challenge Authentication Protocol, basato sul paradigma challenge/response), entrambi protocolli usati per l'autenticazione degli utenti che richiedono accesso dial-up tramite il PPP (Point-to-Point Protocol), molto spesso usato per la realizzazione di connessioni dati tramite linee commutate, analogiche o ISDN.

Il protocollo TACACS+ prevede la possibilità di implementare separatamente le funzioni di autenticazione, autorizzazione e account. L'uso più diffuso rimane, comunque, quello per autenticare richieste di accessi dial-up ai NAS mantenuti da un'organizzazione.

Con il TACACS+ l'autenticazione si articola nei seguenti passi:

1. l'utente remoto invia le proprie credenziali al NAS;

2. il NAS confeziona una richiesta TACACS+ e la invia al server centrale;

3. il server TACACS+ valuta le credenziali e restituisce un messaggio di accettazione o di rifiuto, a seconda dell'esito della verifica;

4. il NAS, sulla base della risposta ricevuta, autorizza o rifiuta la connessione dial-up all'utente.

Tale procedura di autenticazione centralizzata è illustrata in Figura 5.10.

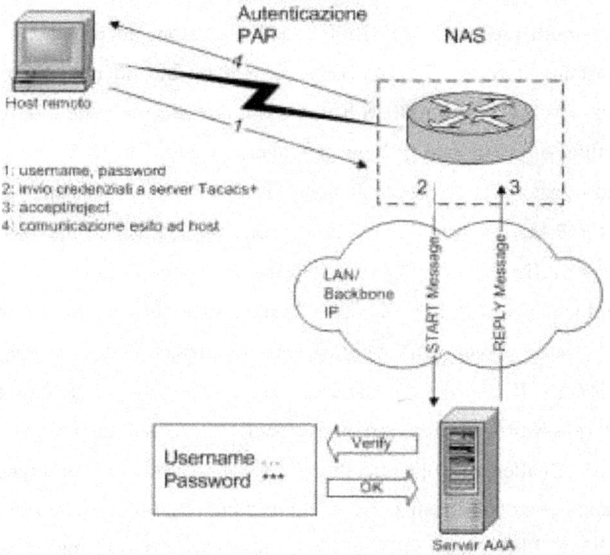

Figura 5.10 Autenticazione tramite TACACS+

I messaggi trasferiti tra NAS e server TACACS+ possono essere codificati utilizzando uno schema di crittografia simmetrica. Le trasformazioni crittografiche sono applicate a tutti i messaggi trasmessi attraverso la sessione TCP attiva tra i due sistemi. Il protocollo non descrive come i due partecipanti vengono messi al corrente del segreto comune, indispensabile per la codifica/decodifica dei messaggi scambiati. In alcune implementazioni è prevista solo la possibilità di un inserimento manuale del segreto condiviso da parte dell'amministratore.

La codifica del messaggio si ottiene applicando l'operatore XOR bit a bit tra corpo del messaggio ed una sequenza opportuna di bit, denominata *padding key*, generata a partire dalla chiave condivisa. I primi 128 bit della padding key sono ottenuti come uscita della funzione di digest MD5, utilizzando come ingresso la concatenazione dei seguenti parametri: l'identificativo della sessione corrente, la chiave comune, l'identificativo della versione TACACS+, il *Sequence Number* riportato nell'intestazione TCP. I successivi bit della padding key sono ottenuti modificando l'ingresso della funzione di digest. Per produrre l'ennesimo blocco della chiave, in coda ai quattro parametri fissi deve essere concatenato il blocco (n-l)-esimo della padding key.

Per l'autenticazione di un utente dial-up è prevista la produzione e lo scambio dei seguenti messaggi:

- uno START message (generato dal NAS) che stabilisce la natura della richiesta corrente;
- un REPLY message (inviato dal server TACACS+) che indica l'esito della valutazione delle credenziali o invoca la trasmissione di ulteriori parametri;
- 0, 1 o più CONTINUE message (inviati dal NAS per completare l'invio delle credenziali) e relativi REPLY message.

I parametri inseriti entro uno START message dipendono dal tipo di servizio per cui si richiede l'autenticazione. Il servizio di autenticazione utenti dial-up è definito servizio LOGIN. In tal caso, lo START message prevede generalmente:

- l'identificativo dell'utente (username);
- l'identificativo della porta per cui è richiesta autenticazione (esempio: ttyl, asyncS ecc. ecc.);
- l'identificativo del chiamante, se disponibile (normalmente coincide con il numero di telefono del chiamante);
- un campo dati per contenere le credenziali utente.

Nel caso di un LOGIN gestito tramite protocollo PAP, il campo dati riporta la password utente in ASCII. Nel caso di un LOGIN gestito tramite CHAP, invece, il campo dati contiene il risultato del digest ottenuto concatenando ID, password e challenge. Sia con il protocollo PAP che con il CHAP non sono previsti *CONTINUE message*. In tal caso, il *REPLY message*, può contenere solo due valori: PASS per indicare che la verifica ha avuto esito positivo, FAIL per un esito negativo. Il server TACACS+ è responsabile di mantenere un database completo degli utenti e delle risorse cui sono abilitati ad accedere.

Ogni autenticazione dial-up coinvolge il server centrale. Per questo motivo, la stazione che ospita il server TACACS+ rappresenta un potenziale collo di bottiglia dell'infrastruttura di accesso. È necessario dimensionare attentamente le risorse hardware e software della stazione server, per non incorrere in un abbattimento delle prestazioni complessive. Un ritardo aggiuntivo di uno/due secondi è accettabile per il completamento della fase di negoziazione di una nuova connessione. Introdurre un ritardo superiore, per la valutazione delle credenziali, potrebbe invece risultare inaccettabile per l'utente legittimo, portandolo a fare pressioni per l'attuazione di altre soluzioni più veloci ma non altrettanto sicure. Qualora un singolo server risultasse insufficiente per gestire tutte le autenticazioni, è possibile attivare uno o più server di backup, contattabili dai NAS, nel caso in cui il server principale non risponda per tempo.

Il server TACACS+, per il ruolo che riveste, rappresenta un bersaglio particolarmente interessante per gli hacker. Per limitare l'incidenza degli attacchi contro il TACACS+, è opportuno che la stazione che svolge questo ruolo non sia direttamente raggiungibile dagli utenti esterni alla rete locale. È bene inoltre che la stazione sia dedicata esclusivamente al processo di autenticazione degli utenti. Solo un utilizzo esclusivo garantisce che non siano contemporaneamente attivi sulla stazione altri servizi, che possono utilizzare le stesse risorse e/o modificare i file contenenti le credenziali utente generando disservizi o consentendo accessi non legittimi.

L'alterazione dei file contenenti le credenziali utente e le altre regole di controllo attive sul server TACACS+ non rappresenta comunque l'unica vulnerabilità del sistema. Il server TACACS+ è infatti chiamato a registrare tutto quello che gli viene comunicato dai NAS e le azioni conseguenti le richieste. Per un efficiente controllo degli accessi, gli Access Server comunicano al server TACACS+ non solo le richieste di nuove connessioni (richiesta di start), ma anche gli istanti in cui viene abbattuto il collegamento (registrazione dello stop). La traccia di tutto quello che è accaduto viene memorizzata nei file di log, conservati nel server TACACS+.

Un attacco mirato ad alterare e/o leggere i file di log mantenuti dal server può avere pesanti effetti "collaterali". Un hacker in grado di modificare/distruggere questi file può cancellare ogni traccia del suo accesso alla rete.

Leggendo il contenuto degli stessi file, l'hacker può anche acquisire importanti informazioni, relative agli utenti che dispongono di accessi dial-up. Per ridurre i vantaggi derivanti dal successo di un simile accesso illegittimo alle informazioni presenti sul server, è consigliabile limitare l'accesso in scrittura ai file e, se possibile, mantenerne solo una versione crittografata.

5.7.7.5 Remote Authentication Dial In User Service (RADIUS)

Il RADIUS è un protocollo client/server e software che abilita i server di accesso remoto (RAS) a comunicare con un server centrale per autenticare gli utenti remoti ed autorizzare il loro accesso al sistema o servizio richiesto. Creato dalla Livingston Technologies, ora appartiene alla Lucent Technologies, RADIUS è uno standard industriale de facto usato da molte aziende di prodotti di rete.

RADIUS non fornisce un singolo metodo di autenticazione, ma piuttosto un servizio comune di autenticazione per tutti i tipi di collegamento remoto, inclusi quelli effettuati attraverso firewalls, VPNs ed Internet. RADIUS permette ad un'azienda di mantenere i profili degli utenti in un database centrale che tutti i server remoti possono condividere.

Fornisce una sicurezza migliore, permetta ad un'azienda di organizzare una policy che possa essere applicata ad un singolo punto della rete amministrata. Avere un servizio centrale vuole anche dire tener traccia facilmente delle modalità di pagamento e delle statistiche di rete.

5.7.7.5.1 Caratteristiche tecniche

Il protocollo RADIUS è una soluzione alternativa al TACACS+ per autenticare le richieste di connessioni dial-up.

A differenza del TACACS+, il RADIUS utilizza il protocollo UDP (porta 1812/udp per il servizio di authentication e porta 1813/udp per l'accounting).

Con il RADIUS l'autenticazione si articola nei seguenti passi:

1. l'utente remoto invia le proprie credenziali al NAS;

2. il NAS confeziona una Access Request e la invia al server centrale;

3. il server valuta le credenziali inviate e restituisce un messaggio di accettazione (Access Accept) se tutte le condizioni sono rispettate, un rifiuto (Access Reject) se una o più condizioni non sono rispettate, una sfida aggiuntiva (Access Challenge) se è necessario l'invio di altre credenziali;

4. il NAS, sulla base della risposta ricevuta, richiede informazioni aggiuntive, autorizza o rifiuta la connessione dial-up all'utente.

Tale procedura di autenticazione è illustrata nella seguente figura.

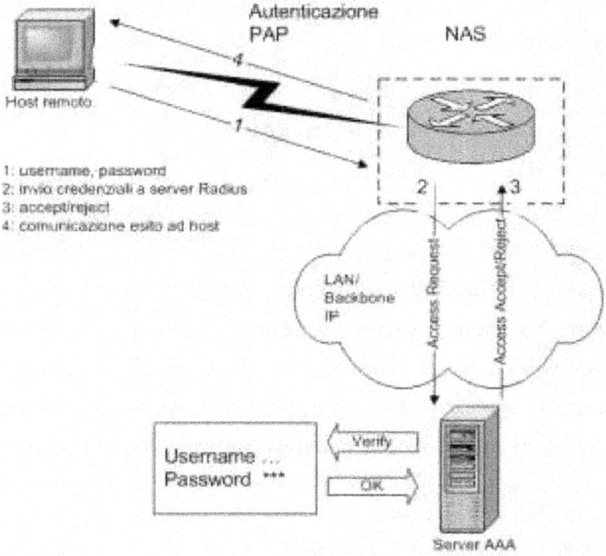

Figura 5.11 Autenticazione tramite RADIUS

In presenza di un messaggio Access Challenge, il processo di autenticazione richiede più volte la ripetizione dei passi descritti. Nel caso in cui siano richieste informazioni aggiuntive, è responsabilità dell'Access Server inviare all'utente la sfida prodotta dal server RADIUS. Tale sfida contiene un numero casuale, che deve essere trasformato utilizzando una prestabilita funzione crittografica, che si avvale di una chiave comune. La chiave deve essere condivisa tra utente e server RADIUS. Non occorre che tale segreto sia noto all'Access Server. Per agevolare la trasformazione della sfida, è previsto che ciascun utente si avvalga di software o hardware specializzato.

Il protocollo RADIUS può comunque interoperare con il PAP e CHAP. Ogni volta che è necessario inviare al server RADIUS una password digitata dall'utente, il protocollo prevede che questa sia trasformata, utilizzando la funzione di digest MD5 e un segreto condiviso tra NAS e server RADIUS. La codifica della password si ottiene con un meccanismo formalmente identico a quello previsto per la codifica del corpo del messaggio, con il protocollo TACACS+. Il protocollo RADIUS non prevede una codifica completa del corpo del messaggio.

Il segreto condiviso tra NAS e server RADIUS viene utilizzato anche per autenticare le risposte del server RADIUS. Il server RADIUS è responsabile, infatti, di inserire nei messaggi di Accept, Reject e Challenge un Response Authenticator (128 bit) prodotto attraverso la funzione MD5, utilizzando in ingresso il segreto condiviso e i parametri inviati precedentemente dal NAS nella Request. In ogni Access Request è previsto inoltre l'inserimento di un numero casuale (Request Authenticator) sempre di 128 bit, per scongiurare ogni forma di attacco per replicazione dati.

I parametri contenuti in un messaggio Access Request generalmente comprendono:

- l'identificativo dell'utente (username);
- la password utente (user-password o CHAP-password a seconda del metodo di autenticazione previsto);
- l'identificativo del Network Access Server (NAS IP address);
- l'identificativo della porta (NAS port) per cui vale la richiesta.

Tutte le problematiche di sicurezza illustrate per un server TACACS+, sono valide anche per la gestione e la protezione di un server RADIUS. Ciascun NAS (formalmente un client RADIUS) può essere configurato affinché, nel caso in cui non riceva una risposta entro un prefissato ammontare di tempo, invii nuovamente la richiesta di accesso pendente. Questo accorgimento sopperisce all'assenza di un meccanismo di riscontro esplicito direttamente a livello trasporto, come invece accade nel TACACAS+, essendo basato su TCP invece che su UDP. È possibile configurare anche un server RADIUS alternativo o di backup.

Il primo controllo effettuato dal server RADIUS, alla ricezione di una richiesta da parte di un client, è stabilire l'identità del NAS. Se la richiesta proviene da un Access Server non conosciuto, il messaggio viene scartato senza avvisare il mittente e l'evento registrato in un apposito file di log. Per poter svolgere correttamente il proprio compito, ogni server RADIUS necessita di un database in cui sono indicati i profili fondamentali degli utenti, che richiedono l'accesso al servizio. La lista delle condizioni necessarie contiene almeno la password utente, ma può specificare anche una data porta, un prefissato NAS ed un insieme di servizi prestabilito. Pur essendo utilizzato principalmente per autenticare richieste di accesso tramite connessioni dial-up, il protocollo RADIUS offre completo supporto alle funzionalità di autenticazione, autorizzazione e account, anche per regolare l'accesso a servizi applicativi eterogenei (accesso remoto tramite Telnet ecc.). A titolo di esempio, è possibile mostrare i parametri contenuti nei messaggi scambiati tra un generico

Access Server (indirizzo IP 192.168.1.100) e server RADIUS, al fine di autorizzare un utente (username = pippo) ad accedere al servizio Telnet su una prestabilita stazione (indirizzo Telnet server = 192.168.1.33):

Parametri della Access Request inviata dall'Access Server:

Parametro	Valore
User-name	"pippo"
User-password	(trasformata della password digitata dall'utente)
NAS-IP-Address	192.168.1.100
NAS-Port	12

Parametri della Access Accept inviata dal server RADIUS:

Parametro	Valore
Service-Type	Login-User
Login-Service	Telnet
Login-Host	192.168.1.33

Il protocollo prevede che, oltre ai segreti condivisi tra server RADIUS e utenti, anche quelli condivisi tra server RADIUS e Access Server vengano memorizzati sulla stazione che agisce da server RADIUS. Per fare in modo che questa necessità non si trasformi in una vulnerabilità, è opportuno che solo il processo che implementa la procedura di autenticazione sulla stazione server possa accedere fisicamente a questi dati.

5.7.8 Certificati digitali SSL

I mezzi pratici per implementare una PKI e le firme digitali sono certificati server via Web che abilitano l'autenticazione e la crittografia SSL. I certificati SSL formano la base di un'infrastruttura di fiducia su Internet permettendo ai siti Web di offrire sicurezza, assicurare lo scambio di informazioni sicure tra i loro clienti. I certificati server SSL soddisfano il bisogno della riservatezza, integrità, autenticazione ed il non ripudio.

SSL/TLS fa largo uso di certificati a chiave pubblica per autenticare sia il server sia il client coinvolti nella transazione. SSL/TLS fa uso sia dei certificati X.509 versione 3 sia dei certificati Diffie-Helman per conservare le coppie di chiavi; SSL 3.0 supporta anche una versione modificata del certificato X.509 per conservare le chiavi pubbliche che è utilizzata anche dal protocollo per lo scambio di chiavi usato dal Ministero della Difesa statunitense Fortezza/DMS. Anche se SSLv3.0 supporta il sistema di cifratura hardware Fortezza, una variante TLS del Ministero della Difesa statunitense, lo standard TLS non fornisce alcun supporto in merito.

L'algoritmo SSL è già diventato standard di fatto per le connessioni fra browser Internet e server Internet e supporta i seguenti tipi di certificati:

- Certificati a chiave pubblica RSA con chiave di lunghezza arbitraria
- Certificati a chiave pubblica RSA con chiave limitata a 512 bit
- Certificati RSA per la sola firma, che contengono chiavi pubbliche RSA utili solo per la firma dei dati e non per la cifratura
- Certificati DSS
- Certificati Diffie-Hellman

L'uso dei certificati è facoltativo. SSL richiede un certificato del server, a meno che sia il client che il server utilizzino l'implementazione Diffie-Hellman del protocollo per lo scambio di chiavi.

5.7.8.1 SSL

Il protocollo SSL è diventato lo standard universale nel Web per autenticare i siti Web e gli utenti di browser Web e per le comunicazioni crittografate tra utenti e server Web.

I certificati server sono disponibili dalle CA come VeriSign, terza parte fidata, che pubblica certificati per individui, organizzazioni e siti Web. Le CA usano metodi di verifica completi per assicurare che gli utenti certificati sono chi dichiarano di essere prima di essere pubblicati. Gli stessi certificati digitali SSL firmati dalle CA sono costruiti in tutti i maggiori browser e server Web, inclusi Netscape Communicator e Microsoft Internet Explorer, così che semplicemente installando un certificato digitale in un server Web possano abilitare le caratteristiche di SSL nel comunicare con i browser Web.

I certificati di un server SSL adempiono due funzioni necessarie per stabilire il commercio elettronico fidato:

- *autenticazione del server SSL*: i certificati server permettono agli utenti di confermare l'identità di un server Web. I browser Web controllano automaticamente che il certificato di un server e l'identificativo pubblico siano validi e siano usciti da una CA, come VeriSign, inclusa nell'elenco delle CA di fiducia costruito nel software dei browser. L'autenticazione di un server SSL è vitale per la sicurezza delle operazioni di commercio elettronico nelle quali gli utenti, ad esempio, inviano il numero di carta di credito sul Web e vogliono prima verificare l'identità del server che lo riceve;

- *crittografia SSL*: i certificati server SSL stabiliscono un canale sicuro che abilita tutte le informazioni mandate tra un browser Web di un utente ed un server Web per essere criptate dal software di invio e decriptate dal software ricevente, informazioni private protette dall'intercettazione su Internet. Inoltre, tutti i dati inviati attraverso una connessione crittografata con SSL sono protetti da un meccanismo che individua le manomissioni, che determina automaticamente se i dati sono stati alterati durante il transito. Questo significa che gli utenti possono fiduciosamente spedire ad un sito Web dati privati, come il numero di carta di credito, avendo fiducia che SSL li mantiene privati e riservati.

5.7.8.2 Come funzionano i certificati server SSL

Gli identificativi dei server sfruttano i vantaggi di SSL per lavorare in modo congiunto tra i siti Web e i browser dei visitatori. Il protocollo SSL usa una combinazione della crittografia asimmetrica a chiave pubblica e la più veloce crittografia simmetrica.

Il processo comincia stabilendo una "stretta di mano" SSL per permettere al server di autenticarsi all'utente del browser e quindi permettere al server ed al browser di cooperare nella creazione delle chiavi simmetriche usate per la crittografia, decrittografia e l'individuazione di manomissioni.

1. Un cliente contatta un sito ed accede ad un URL sicuro: una pagina assicurata da un Server ID, indicata da un URL che inizia per *https* al posto del solo *http* o da un messaggio dal browser. Questo tipicamente può essere un modulo di ordinazione online che raccoglie le informazioni private del cliente, come l'indirizzo, i numeri di telefono, ed il numero di carta di credito o altre informazioni per il pagamento;

2. il browser del cliente automaticamente spedisce al server il numero della versione SSL del browser, dati generati casualmente ed altre informazioni di cui il server ha bisogno per comunicare con il cliente che sta usando SSL;

3. il server risponde automaticamente inviando il certificato digitale del sito al browser del cliente, insieme con il numero della versione SSL del server, ecc...;

4. il browser del cliente esamina le informazioni contenute nel certificato del server e verifica che:

   - il certificato server sia valido ed abbia una data valida;

   - la CA che ha pubblicato il server sia stata firmata da una CA fidata il cui certificato sia costruito nel browser;

   - la chiave pubblica della CA emanante, costruito nel browser, convalidi la firma digitale dell'emittente;

   - il nome del dominio specificato dal certificato server combaci con il nome di dominio attuale del server. Se il server non può essere autenticato, l'utente è avvertito che una connessione criptata e autenticata non può essere stabilita;

5. se il server può essere autenticato con successo, il browser Web del cliente genera una "chiave di sessione" unica per crittografare tutte le comunicazioni con il sito usando la crittografia asimmetrica;

6. il browser dell'utente crittografa la chiave di sessione con la chiave pubblica del sito così che solo il sito possa leggere la chiave di sessione e la spedisca al server;

7. il server decripta la chiave di sessione usando la propria chiave privata;

8. il browser spedisce un messaggio al server informandolo che i messaggi futuri provenienti dal cliente saranno crittografati con la chiave di sessione;

9. il server quindi spedisce un messaggio al cliente informandolo che i messaggi futuri provenienti dal server saranno decriptati con la chiave di sessione

10. una sessione SSL sicura è ora stabilita. SSL quindi usa la criptazione simmetrica, che è molto più veloce della criptazione PKI asimmetrica, per criptare e decriptare i messaggi con la pipeline SSL sicura;

11. una volta che la sessione è completata, viene eliminata la chiave di sessione.

Tutto ciò richiede solo secondi e non richiede alcuna azione da parte dell'utente.

I browser Netscape Navigator e Microsoft Internet Explorer hanno incorporati i meccanismi di sicurezza per impedire agli utenti di sottoporre inconsapevolmente le loro informazioni personali su canali insicuri. Se un utente prova ad inserire le informazioni in un sito non sicuro, cioè un sito senza un certificato server SSL, i browser mostreranno il seguente avvertimento:

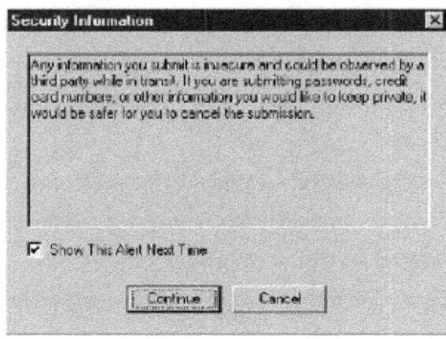

Figura 5.12 Messaggio di avvertimento

Se invece un utente inserisce i dati della carta di credito o altre informazioni in un sito con un certificato server valido ed una connessione SSL, l'avvertimento non appare. La connessione sicura è senza interruzioni, ma i visitatori possono stare sicuri che le transazioni effettuate con un sito sono rese sicure se:

- L'URL nella finestra del browser mostra *https* all'inizio, invece di *http*
- In Netscape Communicator, il lucchetto nell'angolo in basso a sinistra nella finestra di navigazione sarà chiuso invece che aperto
- In Internet Explorer, un'icona a forma di lucchetto appare nella barra in basso alla finestra

5.7.8.3   I punti di forza di SSL: 40 bit e 128 bit

SSL ha due punti di forza che si riferiscono alla lunghezza della chiave di sessione generata per ogni transazione crittografata, 40 e 128 bit. Più lunga è la chiave, più è difficile rompere il codice di criptazione. La criptazione a 128 bit di SSL è la più forte al mondo: secondo i laboratori di RSA, ci vorrebbero bilioni di bilioni di anni per trovare la soluzione usando la tecnologia di oggi. La criptazione a 128 bit è approssimativamente $3*10^{26}$ più forte della criptazione a 40 bit.

Microsoft e Netscape offrono due versioni dei loro browser Web, export e domestic, che forniscono diversi livelli di criptazione dipendenti dal tipo di certificato server SSL con cui il browser comunica:

- certificati server SSL a 40 bit (come i Secure Server ID di VeriSign): abilitano la criptazione SSL a 40 bit per comunicare con la versione export dei browsers

Netscape e Microsoft Internet Explorer e la criptazione a 128 bit per comunicare con la versione domestic dei browsers Microsoft e Netscape;

- certificati server SSL a 128 bit (come i Global Server ID di VeriSign): abilitano la criptazione SSL a 128 bit, la più forte al mondo, con entrambe le versioni dei browser Microsoft e Netscape.

Per abilitare pienamente la criptazione a 128 bit con un Global Server ID è importante generare il giusto tipo di chiave privata durante il processo con cui si ottiene un Server ID. Un punto importante nel processo è la generazione di Certificate Signing Request (CSR) con il software del server Web. Nel generare un CSR, gli amministratori del server Web devono porre attenzione nel selezionare una chiave privata a 1024 bit, che abiliti il Global Server ID per stabilire la criptazione SSL a 128 bit, piuttosto che una chiave privata a 512 bit, che abilita la criptazione solo a 40 bit.

Gli utenti di Netscape possono seguire questi passi per vedere che il livello della criptazione sta proteggendo le loro transazioni:

1. andare alla pagina Web sicura che si vuole verificare
2. fare click sul pulsante Security nella toolbar del Navigatore. La finestra di dialogo di informazione di "Security" indica se il sito Web usa la criptazione
3. se la usa, fare click sul pulsante di informazione di "Open Page" per mostrare più informazioni sulle caratteristiche di sicurezza del sito, incluso il tipo di criptazione usato
4. si può anche verificare quale livello di SSL è attivato sul proprio server Web seguendo questi passi:
   o con un client a 128 bit, come la versione domestic di Netscape Navigator, fare click su Options e quindi su Security
   o nelle opzioni per abilitare SSL, fare click su Configure sia per SSL 2 che per SSL 3; accettare la criptazione a 40 e 56 bit ed uscire
   o provare ad accedere al sito, se si usa la sicurezza a meno di 128 bit, si riceverà un errore nella finestra del browser: "Netscape e questo server non possono comunicare sicuramente perché non hanno gli stessi metodi di criptazione"

Gli utenti di Internet Explorer possono trovare il livello di criptazione di un sito Web, seguendo questi passi:

- andare al sito Web che si vuole concordare
- fare click con il pulsante destro del mouse sulla pagina del sito Web e selezionare Proprietà
- fare click sul bottone "Certificates"
- nel settore "Fields", selezionare il tipo di criptazione; i dettagli mostrano il livello di criptazione se è a 40 o 128 bit.

L'e-business può scegliere di semplificare il processo di verifica del certificato per i visitatori del sito descrivendo le misure di sicurezza implementate nella parte di sicurezza e privacy del sito. I siti che usano i Server ID di VeriSign possono anche mostrare il sigillo di sito sicuro sulla loro home page o sulla pagina di asserzione di sicurezza o sulle pagine dedicate all'acquisto. Il sigillo è un simbolo della fiducia estesamente riconosciuto che abilita i visitatori del sito a controllare in tempo reale con un click i certificati di VeriSign.

5.7.9 Segnatura dei messaggi e funzioni di digest

L'integrità di un messaggio può essere appurata provvedendo alla sua segnatura prima della trasmissione. La segnatura di un messaggio si traduce nel calcolare un'impronta digitale in genere denominata MAC (Message Authentication Code). La sorgente è responsabile di calcolare il MAC del messaggio prima di trasmetterlo attraverso la rete. La destinazione deve essere messa nella condizione di poter ripetere l'operazione che ha permesso alla sorgente di calcolare il MAC al fine di stabilire l'autenticità del messaggio ricevuto.

La segnatura del messaggio permette di stabilire una serie di fattori fondamentali, quali l'autenticità della sorgente, l'originalità del messaggio, l'integrità del messaggio ricevuto e il non ripudio.

Esistono due schemi alternativi che possono essere utilizzati per ottenere la segnatura di un messaggio M.

Il primo schema prevede l'uso di algoritmi crittografici, simmetrici o asimmetrici, in coppia con speciali funzioni matematiche denominate funzioni di *digest* (*hash function*). I digest sono anche chiamati *one-way hash functions* perché producono valori difficili da invertire, resistenti agli attacchi, effettivamente unici e largamente distribuiti.

Il secondo schema richiede esclusivamente l'adozione di una robusta funzione di digest. In tal caso la segnatura può essere prodotta da chiunque è in possesso del messaggio originale.

Le funzioni di digest distillano l'informazione contenuta in un file, grande o piccolo che sia, in un unico grande numero, normalmente lungo tra i 128 e i 256 bit. Una buona funzione di digest $H()$ combina tutte le seguenti proprietà matematiche:

- poter essere applicata a messaggi di qualsiasi dimensione;
- produrre un'uscita di lunghezza prestabilita;
- essere computazionalmente semplice calcolare $D=H(M)$;
- essere computazionalmente impossibile, noto D, ricavare M tale che $D=H(M)$;
- essere computazionalmente impossibile individuare un M_1 diverso da M_2 tale che $H(M_1)=H(M_2)$;
- essere computazionalmente improbabile trovare due valori M_1 e M_2 entrambi significativi, tali che $H(M_1)=H(M_2)$.

Le prime tre proprietà sono condizioni necessarie ma non sufficienti, fondamentali ai fini pratici per implementare le funzioni di digest entro applicazioni e servizi Internet. Le restanti proprietà sono invece indispensabili per generare una segnatura robusta dei messaggi.

In tutti i casi in cui la conoscenza del messaggio M è pubblica, o comunque estesa ad un nutrito numero di entità partecipanti, la segnatura di un messaggio richiede l'impiego di componenti segrete riconducibili univocamente ad uno dei partecipanti. Tali componenti non devono essere deducibili dal risultato della funzione di digest per non compromettere l'intero sistema.

Lo schema più diffuso per determinare l'integrità di un messaggio M prevede l'utilizzo di un generico algoritmo di crittografia a chiave pubblica e privata, in coppia con un'opportuna funzione di digest, come descritto nella seguente figura.

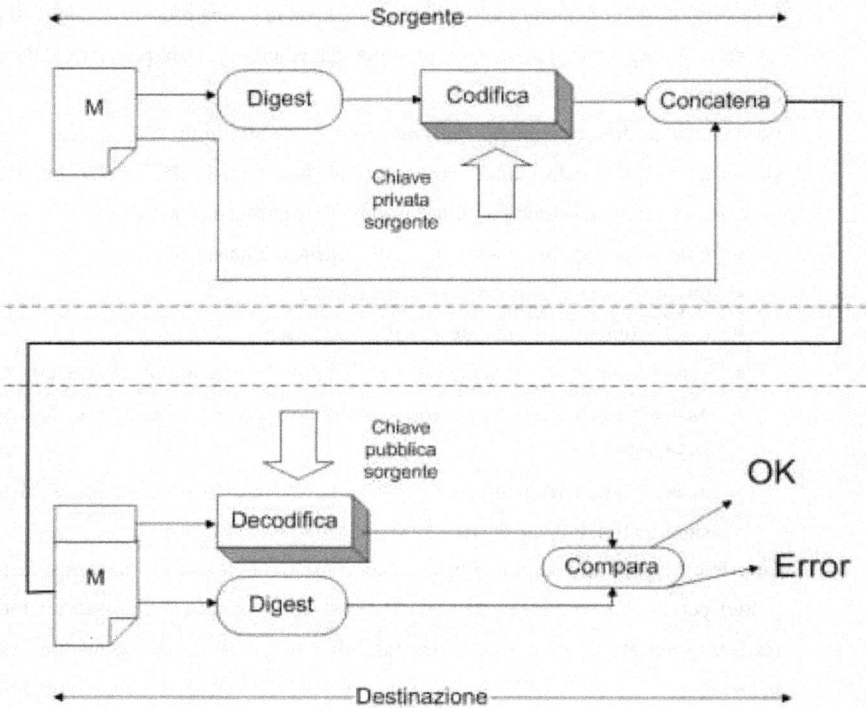

Figura 5.13 Schema per la segnatura di un messaggio usando un algoritmo asimmetrico

Marta e Willy possono effettuare il test sull'integrità del messaggio M scambiato procedendo come segue:

1. Marta e Willy adottano un comune algoritmo asimmetrico e una comune funzione di digest;
2. Marta invia a Willy la propria chiave pubblica;
3. Marta applica la funzione di digest al messaggio M da trasmettere;
4. Marta produce una segnatura del digest (MAC) utilizzando la propria chiave privata;
5. Marta invia il messaggio M (anche in chiaro) e il MAC a Willy;
6. Willy produce il digest usando,come ingresso della funzione di digest, il messaggio M ricevuto;
7. Willy decodifica il MAC ricevuto usando la chiave pubblica di Marta;

8. Willy confronta il risultato del passo 6 con il risultato del passo 7; se i digest coincidono la segnatura del messaggio è valida.

La segnatura del messaggio M potrebbe essere generata senza ricorrere ad alcuna funzione di digest, codificando l'intero messaggio con la chiave privata della sorgente prima di trasmetterlo. Il principale guadagno conseguibile adottando lo schema precedente sta nella differenze delle prestazioni.

Gli algoritmi asimmetrici sono infatti incommensurabilmente più lenti di qualsiasi funzione di digest. Per questo, codificare solo i digest, di breve lunghezza, significa conseguire un notevole risparmio computazionale rispetto a codificare l'intero messaggio M. Inoltre trasmettendo il digest cifrato assieme ad M si consegue un consistente risparmio di banda rispetto ad allegare l'intero messaggio cifrato C.

Molte funzioni di digest sono state proposte e sono attualmente in uso. Eccone alcune:

Tabella 5-6 Funzioni Digest

Funzioni Digest	Caratteristiche
MD2	è la più sicura tra le funzioni di digest sviluppate da Ronald Rivest, ma anche la più onerosa in termini di calcolo, pertanto è scarsamente impiegata; MD2 produce un digest a 128 bit
MD4	è stato sviluppato da Rivest come alternativa rapida a MD2, ma in seguito è emersa una debolezza per cui dato un file firmato con MD4 è possibile trovare un altro file che produca la stessa firma, senza dover ricorrere ad un attacco di forza bruta; produce un digest a 128 bit
MD5	è una modifica di MD4 ed è più sicura, ma sta lentamente perdendo terreno dall'estate del 1996, quando sono state scoperte alcune debolezze; produce un digest a 128 bit;
SHA	il Secure Hash Algorithm è parente di MD4; produce un digest a 160 bit
SHA-1	produce un digest a 160 bit

Funzioni Digest	Caratteristiche
SHA-256, SHA-384, SHA-512	sono funzioni di hash a 256, 384 e 512 bit, progettate per essere utilizzate rispettivamente con algoritmi di crittazione a 128, 192 e 256 bit

Oltre a queste funzioni è anche possibile utilizzare i tradizionali sistemi di crittazione a blocchi, come il DES, come funzioni di digest. Per utilizzare una funzione di crittazione come funzione di digest, è sufficiente eseguire la funzione di crittazione in modalità di feedback del codice. Come chiave si può utilizzare una chiave scelta casualmente e specifica per l'applicazione. Si tratta l'intero file in input. L'ultimo blocco è il digest. Gli algoritmi a chiave simmetrica producono delle hash eccellenti, ma sono nettamente più lenti delle funzioni descritte in precedenza.

5.8 Secure Shell (SSH)

Secure Shell (SSH) è un protocollo stabile, disponibile sia in versione commerciale sia open-source. SSH fornisce il supporto per funzioni di logon remoto sicuro, il trasferimento di file sicuro ed invii TCP/IP e X.11 sicuri.

SSH può automaticamente criptare, autenticare e comprimere i dati trasmessi.

SSH usa la crittografia per proteggere le informazioni inviate via Internet dall'intercettamento e può utilizzare chiavi pubbliche per l'identificazione e l'autorizzazione. SSH invero può utilizzare differenti schemi per l'autenticazione, tra cui anche le password e Kerberos.

5.8.1 Autenticazione con chiavi pubbliche utilizzando SSH

In SSH v.1, i server di autenticazione criptano una sfida con la chiave pubblica dell'utente e l'utente genera la risposta decriptandola con la sua chiave privata. In SSH v.2, l'utente firma l'identificativo di sessione (derivato da un valore condiviso di Diffie-Hellman) ed il server di autenticazione usa la chiave pubblica dell'utente per verificarlo.

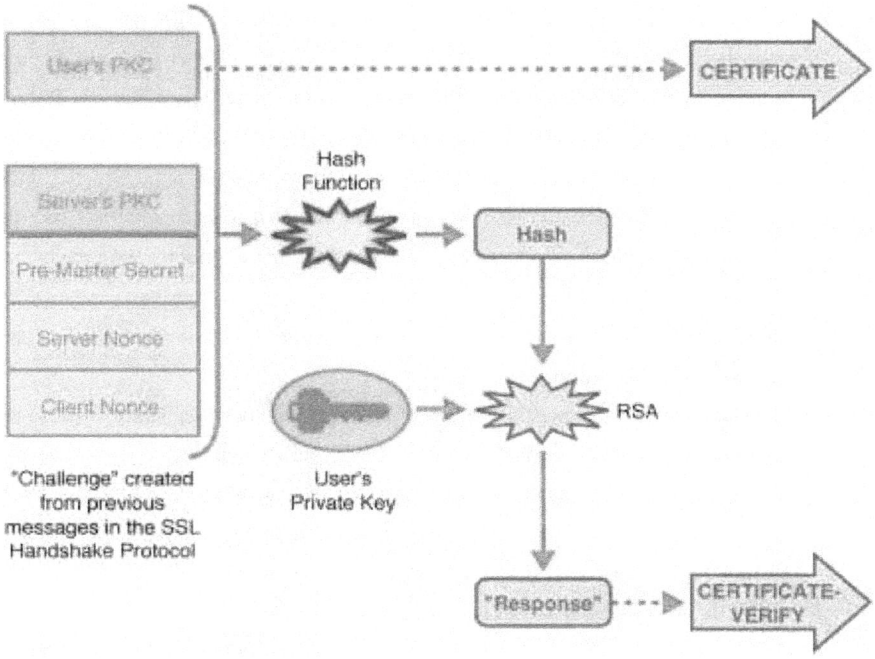

Figura 5.14 Autenticazione con SSL

SSH usa anche la crittografia a chiave pubblica per l'autenticazione nei sistemi Unix; SSH, comunque, usa metodi di autenticazione piuttosto diversi che possono non basarsi sui PKC. Le smart card (ISO 7816) possono essere usate nell'autenticazione a chiave pubblica per immagazzinare in modo sicuro le credenziali dell'utente, in particolare la chiave privata, separatamente dal computer dell'utente o da altri dispositivi di accesso. Inoltre, il processore in una smart card può effettuare il processo di autenticazione onboard senza necessità del dispositivo dell'utente. Il provvedimento di Microsoft sul supporto nativo per il logon interattivo con le smart card nel sistema operativo Windows 2000 server ha popolarizzato e facilitato questo metodo.

Le chiavi USB (o dongles) sono i contenitori alternativi per le credenziali di chiave pubblica. Questi prodotti hanno guadagnato interesse perché le porte USB sono più comuni dei lettori di smart card tra i dispositivi dell'utente. Le chiavi di USB possono anche essere usate con Windows 2000.

L'autenticazione a chiave pubblica chiederà generalmente all'utente una password, una passphrase o un PIN per abilitare l'uso delle credenziali dell'utente e così, in combinazione con una smart card o una chiave USB, si può fornire anche l'autenticazione forte.

La maggioranza delle persone che usano SSH lo impiegano come un programma di telnet sicuro. È possibile usare SSH per effettuare il logon ad un sistema remoto digitando "ssh hostname" dalla linea di comando Unix. Il programma SSH contatterà il sistema remoto, chiederà la password e la invierà criptata in rete al server remoto; se la password è quella dell'account allora il sistema remoto permetterà il log in.

In alternativa alle password, implementa un sistema di autenticazione che è basato sulla crittografia a chiave pubblica.

SSH usa l'autenticazione RSA; in questo caso, prima si deve registrare una chiave pubblica RSA sul server SSH come "authorized key", quindi qualunque utente che possieda la chiave privata corrispondente può accedere al sistema sul quale si trova SSH senza dover digitare la password. È possibile creare una coppia di chiavi RSA per SSH utilizzando il programma "ssh-keygen". Questo programma crea due file:

$HOME/.ssh/identity.pub, una chiave pubblica.

$HOME/.ssh/identity, la chiave privata, che può essere eventualmente criptata con una passphrase.

Se non viene fornita alcuna passphrase, la chiave privata non viene criptata.

Il file identity.pub contiene la chiave pubblica in un formato ASCII facilmente leggibile. Questo formato viene utilizzato per permettere di spostare facilmente la chiave verso altri sistemi usando i comandi "copia" e "incolla" tipici delle interfacce grafiche.

Il file identity contiene, alla stessa stregua, la chiave privata. Poiché questo file non deve essere spostato velocemente contiene una più compatta rappresentazione binaria.

Per poter utilizzare questa chiave pubblica sarà necessario spostarla manualmente nella directory .ssh del sistema remoto, all'interno del file authorized_keys. Come il nome stesso suggerisce il file ssh/authorized_keys contiene una lista di chiavi che sono autorizzate ad accedere al sistema senza fornire una password.

Una volta che la chiave pubblica è stata presentata sulla macchina remota l'utente può accedere da una macchina all'altra senza fornire password.

Un'interessante caratteristica del comando ssh è l'opzione "-v" (verbose), che impone a ssh di stampare un log di ogni operazione crittografica compiuta man mano che il client procede nella connessione.

Il client SSH attivo sulla prima macchina informa il server SSH remoto di voler utilizzare l'autenticazione RSA con una certa chiave. La macchina remota allora lancia la "RSA challenge". La RSA challenge è semplicemente un numero selezionato casualmente; questo valore è talora detto nonce. Quindi il client SSH della prima macchina firma la RSA challenge e la rinvia al server SSH della seconda macchina. Il server sulla seconda macchina controlla la firma utilizzando la chiave pubblica che ha archiviato; nel caso di criptazione RSA, il sistema remoto verifica la firma decifrandola con la chiave pubblica che ha registrato. Se la firma decriptata contiene il numero relativo al challenge originale allora il client deve essere in possesso della chiave privata RSA. Da ultimo la macchina remota concede il login.

Il processo relativo allo scambio del numero, alla sua firma, e quindi al rinvio della firma è il challenge/response a chiave pubblica che è alla base di molti protocolli crittografici.

Questa tecnica non può essere facilmente compromessa da un attaccante che stia intercettando la connessione. Anche se l'attaccante potesse vedere i numeri che sono scambiati e la firma che viene restituita dalla persona al computer, non vedrebbe la chiave privata e sarebbe quindi impossibilitato a falsificare la firma della persona in futuro. Tutto quello che può vedere è la firma, valida, che viene fornita, nulla più.

Il sistema però può essere compromesso se l'attaccante ha accesso al computer su cui si trova la chiave privata. Tutto quello che deve fare è copiare la chiave, per poi impersonare l'utente. Per questo motivo il sistema SSH permette all'utente di proteggere ulteriormente la propria chiave criptandola. Nella pratica, però, molte persone non cifrano le proprie chiavi private SSH, soprattutto se usano i sistemi UNIX, perché in questo caso si aggiunge ben poco in termini di sicurezza. Se un attaccante ha la capacità di superare i permessi Unix di lettura e scrittura dei file può anche intercettare i tasti digitati durante la battitura della password necessaria a decifrare la chiave privata.

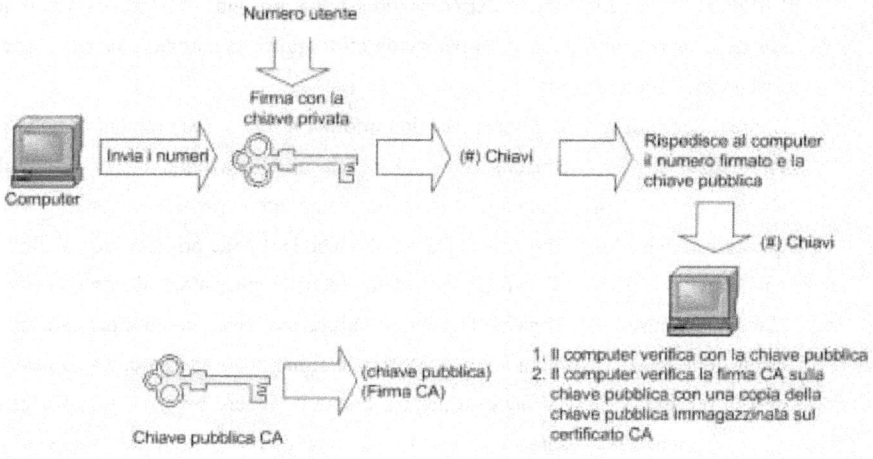

Figura 5.15 Processo challenge/response con chiave pubblica

In un processo challenge/response a chiave pubblica, un computer può inviare ad una controparte un numero (challenge) da firmare. Se questa lo può firmare e restituire e se la firma digitale viene verificata utilizzando la chiave pubblica archiviata per quella controparte, allora deve essere in possesso della chiave privata corrispondente.

Un altro attacco possibile è quello di intercettare molti login catturando sempre le challenge/response casuali per ognuno. Raccogliendone un numero sufficiente è possibile che un tentativo di travestimento possa avere successo se la "nonce" generata dal server come challenge è identica ad una di quelle intercettate. Per questa ragione molti sistemi di crittografia includono l'orario nel nonce.

6 SINGLE SIGN-ON

L'autenticazione degli utenti è il punto chiave dei servizi di sicurezza nella struttura informatica di un'organizzazione.

Un'organizzazione deve bilanciare la semplicità d'accesso e d'uso con un'efficace configurazione di sicurezza. Spesso, infatti, incrementando una si finisce per degradare l'altra.

Una delle conseguenze della complessità ed eterogeneità delle moderne architetture di rete, è la proliferazione delle credenziali che gli utenti devono utilizzare per avere accesso ai sistemi. I prodotti di Single Sign-On (SSO) permettono di accedere a tutte le piattaforme ed applicazioni verticali in modo trasparente. Le soluzioni di SSO si possono adattare ad applicazioni client/server, legacy e web-based. Questi sistemi possono eliminare oppure creare punti deboli nelle strutture di sicurezza.

L'organizzazione dovrebbe configurare un sistema di autenticazione più robusto, utilizzando metodi di autenticazione forte come ad esempio sistemi biometrici, token oppure smart card. Questi sistemi di autenticazione hanno, come conseguenza, un aumento del carico di lavoro nella gestione e configurazione dei servizi informatici.

Molti fornitori offrono soluzioni definite Authentication Management Infrastructure (AMI), che forniscono un unico punto di controllo per i servizi di autenticazione ed altri servizi.

Un sistema di SSO era pensato come un prodotto che decrementava la sicurezza; ai giorni nostri con l'uso dei prodotti di SSO si incrementa sia la semplicità di uso, sia la sicurezza utilizzando appropriate implementazioni, contrastando i punti deboli dell'infrastruttura, non permettendo il trasferimento delle password tra gli utenti, avvalendosi della strong authentication.

Pertanto, i nuovi sistemi di SSO allargano notevolmente la visione di quelli tradizionali grazie a nuove tecnologie e ad un'infrastruttura più matura. Inoltre, la richiesta ed i benefici per un'identificazione degli utenti universale e sicura hanno rinnovato l'interesse dell'IT nei sistemi di SSO.

6.1 Le sfide del Single Sign-On

I sistemi informatici si moltiplicano e gli utenti devono combattere una battaglia persa contro il proliferare delle password. Ogni nuovo sistema richiede una nuova log-in ed ogni utente deve avere un'unica identità sul sistema. L'utente deve fornire una password che permetta al sistema di verificarne l'identità; inoltre, ogni sistema richiede la propria autenticazione poiché deve accertarsi delle generalità dell'utilizzatore e non può contare sulle precedenti autenticazioni.

Un'organizzazione dovrebbe essere in grado di allocare ad ogni utente lo stesso username per ogni sistema, ma la sincronizzazione delle password fa nascere un problema più grande. Ogni utente ha bisogno di una password per ogni sistema, ed anche se si sceglie una password per tutti i sistemi, si ha una modalità molto difficile da mettere in pratica.

Differenti sistemi hanno regole diverse per la gestione delle credenziali, come ad esempio l'uso di stringhe di varia lunghezza. Differenti sistemi hanno un diverso ciclo di vita delle password, così che un utente è costretto a cambiare la propria password su un sistema prima che su un altro. Sia che si mantenga una sola password, sia che se ne mantenga una moltitudine, l'utente dovrà sempre confrontarsi con le richieste di identificazione.

Non solo gli utenti devono affrontare il problema delle password, ma più password un utente deve memorizzare, più alta è la probabilità che queste siano dimenticate; di conseguenza i centri di assistenza saranno sommersi di richieste per ripristinare le password. Si devono attribuire diritti amministrativi ai centri di assistenza per permettere loro di modificare le credenziali degli utenti.

Rischi per la sicurezza possono derivare dal fatto che gli utenti, per non dimenticarsi le password, annotano ad esempio su supporti cartacei informazioni preziose che possono essere facilmente accessibili.

In ogni caso le password possono offrire un certo numero di rischi per la sicurezza, come già visto in precedenza. Le password possono essere un metodo di autenticazione *debole* e sono vulnerabili a molti attacchi; alcuni di questi attacchi possono essere tecnici oppure si basano su informazioni personali dell'utente. Oggigiorno esistono numerosi sistemi di autenticazione *forte*, come ad esempio sistemi biometrici, *password-generating token*, smart card.

I sistemi biometrici utilizzano alcune caratteristiche fisiche o comportamentali, come le impronte digitali, il riconoscimento della retina o della voce. Queste caratteristiche uniche sono utilizzate per verificare l'identità dell'utente.

I *password-generating token* generano differenti password ad ogni accesso. Inoltre ad ogni log-in si deve immettere un codice PIN per concludere con successo l'operazione. Quindi un utente ha bisogno di due cose, un token ed un codice PIN. Questa autenticazione viene definita *strong authentication*.

Le smart card incrementano l'offerta degli strumenti di autenticazione tramite token. Le smart card contengono le credenziali basandosi sull'infrastruttura PKI, esse conservano le chiavi private e pubbliche dei certificati che possono essere utilizzate per verificare l'identità del possessore. Inoltre le smart card possono essere protette con l'attivazione di un codice PIN.

Questi sistemi di autenticazione forte risolvono i problemi relativi alle debolezze nell'uso di password, ma possono generare altre incognite. In primo luogo si possono creare delle limitazioni nel supporto in alcune applicazioni o piattaforme. Ad esempio se si utilizza un prodotto che fornisce l'autenticazione agli utenti remoti con RADIUS, non sarà agevolmente estendibile ad un mainframe IBM. In seconda istanza, diversi utenti possono avere necessità di differenti sistemi di autenticazione. Inoltre un'azienda può decidere di avvalersi di un nuovo sistema di autenticazione e questa acquisizione non deve pregiudicare l'acceso con i vecchi sistemi. Infine, i servizi tecnici sono sovraccaricati in modo crescente dalla gestione di molteplici servizi di autenticazione.

Il mercato offre due principali tipologie di prodotti per risolvere i problemi sopra menzionati: prodotti di *Single Sign-On (SSO)* e prodotti di *Authentication Management Infrastructure (AMI)*.

Un prodotto di SSO permette ad un utente di accedere ad un gruppo di piattaforme di computer oppure a più applicazioni dopo essere stato autenticato solo la prima volta.

Un prodotto AMI dà facoltà ad un utente di accedere ad una serie di sistemi dopo essere autenticato da un unico server usando uno o più sistemi di autenticazione.

Le differenze tra prodotti SSO e AMI stanno diventando sempre meno evidenti. Alcuni sistemi di SSO offrono sistemi di autenticazione forte e prodotti AMI offrono funzionalità di single sign-on oppure integrano prodotti di SSO di terze parti. I prodotti di SSO e di AMI stanno convergendo, ma non esiste un singolo prodotto che integra completamente tutti e due. Se un'azienda predilige la semplicità d'uso propenderà per prodotti i SSO, mentre se la priorità è la sicurezza si sosterrà la scelta di sistemi AMI.

6.2 Background

6.2.1 Requisiti per nuovi modelli di sistemi di SSO

Per la maggior parte delle organizzazioni è impossibile incorporare tutte le loro applicazioni in un'unica interfaccia di presentazione. Pertanto gli utenti dovranno accedere a varie applicazioni o piattaforme nel loro formato originario. Questo formato può essere Windows, web-based, oppure un emulatore standard o proprietario. Fornendo queste diverse modalità di accesso, i servizi di IT dovranno fare in modo che l'accesso ai sistemi sia veloce, semplice e coerente.

Questo obiettivo continua ad essere in evoluzione ed ha una complessità sempre maggiore. Infatti il numero di applicazioni e piattaforme è in continua crescita e la distribuzione degli utenti, coinvolti nell'uso di questi sistemi, è sempre più grande. L'operazione di logon è divenuta una delle sfide più importanti per l'efficacia e la soddisfazione degli utenti.

Inoltre si deve giungere ad un'amministrazione centralizzata degli accessi ed aumentare la sicurezza generale, per difendere il sistema da minacce interne ed esterne.

6.2.2 Privacy e produttività in azienda

Per molte ragioni, gli amministratori dell'IT delle aziende devono continuare ad utilizzare molte delle caratteristiche amministrative che sono all'interno delle applicazioni, mentre tentano di creare un ambiente il più possibile integrato. Fortunatamente molto di questo lavoro di amministrazione è trasparente per l'utente finale. L'utente percepisce l'uso dei diversi ambienti con differenti log-in. L'obiettivo di un efficace sistema di logon è di renderlo completamente trasparente all'utente. Quindi più un utente è alleviato dalla logica dei processi di logon, più è alta l'efficienza e la produttività.

I livelli di trasparenza rispetto al sistema informativo possono essere differenti in funzione dell'ambito in cui è utilizzato. Nel caso di un'azienda sanitaria, dove la sicurezza dei dati è implicita nella riservatezza del paziente e l'uso di terminali condivisi è la consuetudine, il disagio dei sistemi di logon si identifica in password e sessioni di lavoro condivise. Nel caso di ambienti finanziari o di amministrazioni pubbliche, il disagio dei sistemi di logon non è solo in relazione alla privacy ed alla conformità del dato, ma si riflette anche sulla produttività degli operatori. Tale produttività è relazionata al ritardo nelle operazioni di autenticazione, alle continue richieste di credenziali e gestione delle password. E' stato valutato che il tempo impiegato nelle operazioni di autenticazione è fra le tre e le quarantaquattro ore annuali per utente, una quota significativa nell'uso delle risorse aziendali.

Oltre a ciò si deve aggiungere il costo associato alla gestione dell'infrastruttura che amministra le autorizzazioni di accesso e il supporto dell'help desk.

6.2.3 SSO e sicurezza: una convivenza tradizionale

Questo dilemma è fonte di preoccupazione per molti sistemi informativi, in quanto causa una separazione tra la piena soddisfazione degli utenti e la sicurezza del sistema. In molte situazioni, la sicurezza è un obbligo non evidente in prima istanza, mentre la soddisfazione degli utenti ha un impatto immediato ed evidente. L'effetto è che molti utenti sono spesso tentati di non abilitare l'uso di password nelle applicazioni ed a condividere le password tra le varie piattaforme.

Negli ultimi tempi, alcune norme hanno elevato l'importanza di queste questioni. Adesso molte aziende riconoscono che i sistemi di sicurezza e di auditing, oppure le strategie nel controllo degli accessi che mettono in essere, sono tanto efficienti quanto lo sono i sistemi di autenticazione. I dipartimenti dell'IT devono risolvere i problemi senza compromettere la soddisfazione degli utenti.

Le organizzazioni, adesso, si rendono conto del bisogno di sistemi complessi per la gestione delle autenticazioni e del Return Of Investment (ROI) raggiungibile con una corretta soluzione e considerano questi sistemi come prioritari nella definizione dei budget aziendali.

6.3 Architetture SSO

I sistemi di SSO esistono da molti anni: uno dei primi esempi è Kerberos. Le applicazioni che si basano su Kerberos utilizzano API che contattano un repository, effettuano un'operazione di autenticazione e restituiscono le credenziali di rete all'applicazione chiamante. Il processo di autenticazione ha esito positivo se l'utente immette la username e la password corrette. Per le chiamate successive nell'applicazione, saranno utilizzate le stesse credenziali come prova dell'identità dell'utente. Questo modello è indicato come

Single Network Credential, è una tecnologia efficace se tutte le applicazioni aderiscono al modello.

Il modello *Multiple Network Credential* è più diffuso in ambienti eterogenei evoluti. In prima istanza un utente si deve autenticare presso un prodotto SSO. Quando il fruitore del servizio cerca di accedere ad un sistema della rete che richiede l'autenticazione, il prodotto di SSO fornisce la username, la password ed altre informazioni per quella applicazione prelevandole dal database delle credenziali e compie l'operazione di logon presso il sistema target. Dietro le quinte il sistema effettua molteplici operazioni di autenticazione con credenziali diverse a seconda dell'applicazione o della piattaforma.

Esistono molteplici approcci, tecnologie e prodotti che contribuiscono a risolvere la sfida del single sign-on. Tra questi si evidenziano le *password vaults*, sistemi con token e certificati, sistemi fondati sulle directory ed offerte di sistemi SSO special-purpose.

Per alcune soluzioni è sperimentato che operano su sistemi a vasta scala, mentre per altri non ne è provata l'affidabilità e la scalabilità.

Lo scopo di questa sezione è definire varie tipologie di architetture e di considerarne i vantaggi e gli svantaggi nel contesto di un sistema di SSO.

Tutte le tecnologie di SSO contengono tre elementi essenziali:

Interfaccia	La modalità con cui il SSO interagisce con l'applicazione, che di solito risiede in un agente sul desktop.
Amministrazione	Le modalità con cui il sistema SSO è installato, gestito e monitorato.
Database delle credenziali	Ogni applicazione acceduta richiede che il SSO fornisca le credenziali ed altre informazioni riservate. Il database delle credenziali è il luogo in cui questi dati vengono memorizzati.

Le variazioni di questi tre elementi e di come sono tra loro connessi hanno come effetto differenti configurazioni ed architetture che si possono caratterizzare come:

- Password Vaults
- Amministrazione centralizzata e deposito locale delle credenziali
- Amministrazione e deposito centralizzato delle credenziali
- Architettura interamente distribuita

6.3.1 Password Vaults

La Figura 6.1 mostra la configurazione di base di questo modello. Si comprende che tutti e tre gli elementi dell'architettura sono condensati in un unico elemento che è situato sul desktop dell'utente. Dalla postazione locale, una nuova applicazione può essere integrata per memorizzare le relative credenziali. L'installazione di questo tipo di software non è più complicata che una qualsiasi altra applicazione client e le funzionalità amministrative tendono ad essere limitate. Questa tipologia di software per SSO è ideale per un uso di tipo individuale.

I *Password Vaults* costituiscono uno strumento di valore limitato per aziende di media e grande dimensione. Il database locale delle credenziali non permette il roaming degli utenti e l'amministrazione locale esclude qualsiasi rafforzamento delle policy di sicurezza a livello globale. Il livello di trasparenza per l'utente è basso finché esso è coinvolto nell'amministrazione dei processi di logon.

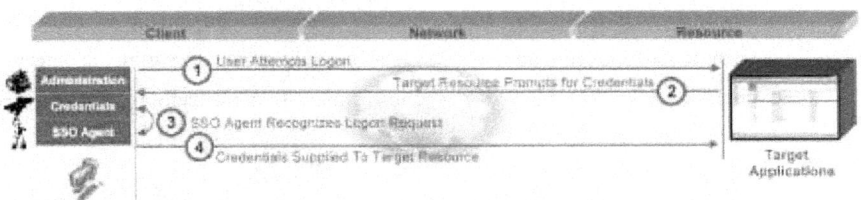

Figura 6.1 Amministrazione e database locali delle credenziali

6.3.2 Amministrazione centralizzata e deposito locale delle credenziali

Quando si deve gestire un sistema per un alto numero di utenti, il modello precedente fallisce su più fronti. Prima di tutto, molte aziende devono organizzarsi per gestire e monitorare in modo centralizzato i processi di logon. In seconda istanza, le organizzazioni prediligono installare e configurare il loro sistema di SSO senza dover modificare le installazioni presso le postazioni di lavoro remote degli utenti. Quindi l'amministrazione deve essere centralizzata e ciò può essere conseguito con un server che controlla ed esegue un monitoraggio delle applicazioni installate sui desktop remoti. Invece le credenziali sono affidate alle postazioni di lavoro remote, permettendo al software locale di gestirsi in modo autonomo i processi di autenticazione (vedi Figura 6.2).

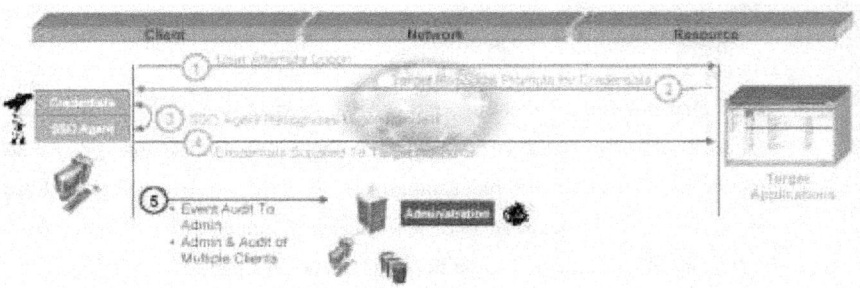

Figura 6.2 Amministrazione centralizzata e database locale delle credenziali

6.3.3 Amministrazione e deposito centralizzati delle credenziali

Molti ambienti di lavoro hanno l'esigenza che gli utenti possano condividere una postazione di lavoro e che sia possibile pellegrinare da un computer ad un altro. La soluzione consiste nel migrare il database delle credenziali dalle postazioni remote ad un database centralizzato e che questo riesca a consegnare ai desktop le informazioni nella fase di logon. Quando un utente esegue un'operazione di log-in, un agente software contatta il server centrale e gli vengono restituite le credenziali appropriate (vedi Figura 6.3).

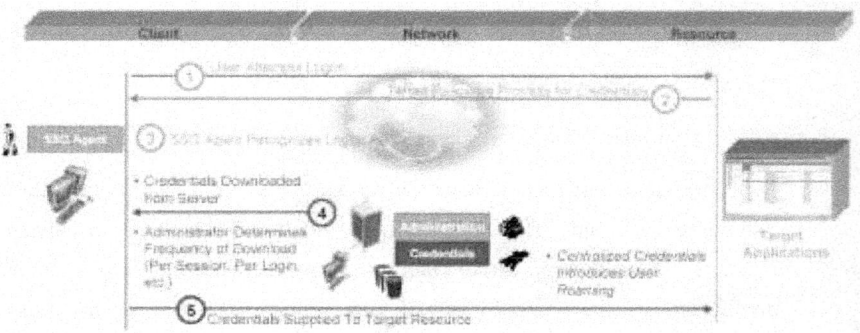

Figura 6.3 Amministrazione e database centralizzati

Questo modello permette di gestire in modo centralizzato le credenziali e il roaming degli utenti, ma presenta incognite per la scalabilità e per una situazione di criticità (single point of failure) del sistema. Il sistema di SSO rappresenta un cardine per tutte le risorse della rete di un'azienda ed il sistema deve essere contattato ogni volta che è richiesta un'operazione di logon. Tutte le applicazioni e le piattaforme devono fare affidamento sulla continuità di servizio di un unico server; in questo modo si è generata una situazione di criticità della rete. La crescita e la scalabilità del sistema possono essere condizionate dalle limitazioni dovute alla mancanza di ridondanza, failover e backup.

6.3.4   Architetture interamente distribuite

Quest'architettura è indicata per esigenze di sistemi scalabili e ridondati. Come si deduce dalla Figura 6.4, i server ed i database sono separati. Il server diviene un'applicazione a se stante ed è gestito da un amministratore distinto.

Solitamente, un amministratore può accedere e gestire più server fin quando vi è una connessione di rete tra loro, oppure con un sistema di SSO evoluto, può delegare l'amministrazione di siti periferici. In questo modo, i server non si affidano ad un proprio database delle credenziali. Si predilige memorizzare le informazioni sensibili su un database commerciale o su un sistema di directory, e quindi accedere a questi dati in fase di logon. Questa soluzione permette di riuscire ad avere un'architettura scalabile che supporta la ridondanza.

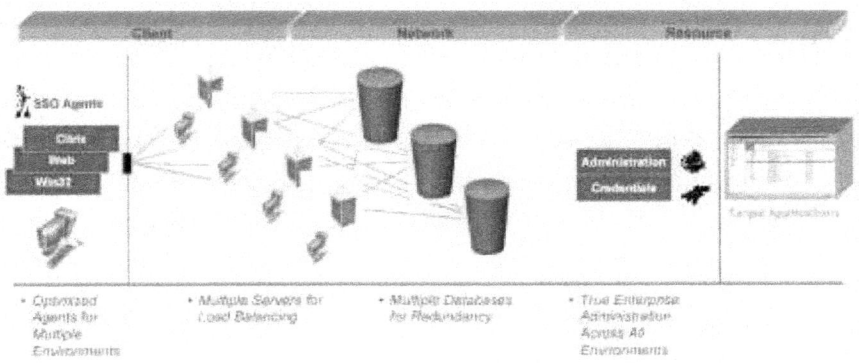

Figura 6.4 Architettura interamente distribuita

Questo approccio modulare ha molti vantaggi: prima di tutto, la scalabilità delle transazioni e la ridondanza può essere conseguita avendo molti server distribuiti nell'architettura di rete e configurati in modalità cluster. La distribuzione dei server permette di ridurre la latenza di rete e di dividersi il carico delle richieste di autenticazione. Inoltre la sincronizzazione dei database garantisce la ridondanza ed il backup dei dati.

In questa architettura, il processo di logon è da considerarsi come una risorsa di rete. Gli agenti SSO possono operare sulle postazioni di lavoro client, stabilire delle connessioni con i database delle credenziali e mantenere anche una cache locale.

Gli agenti possono essere utilizzati sulle diverse piattaforme che un'azienda ha o può adottare. Per esempio può esistere un agente Win32 che fa da mediatore per le applicazioni che si basano su architetture Windows. Però si possono adottare agenti per ambienti Web, Citrix oppure per sistemi Windows CE che accedono allo stesso database delle credenziali.

6.3.5 Architetture SSO: Conclusioni

Il tipo di architettura SSO che si intende adottare è solitamente messa in relazione con più elementi. I fattori che contribuiscono alla definizione dei requisiti sono:

- complessità dell'architettura, applicazioni e database server interessati;
- dimensionamento, numero degli utenti e delle applicazioni;
- obiettivi per le prestazioni, scalabilità e ridondanza.

Comunque le architetture hanno importanti implicazioni su come i sistemi sono adottati. Per esempio, un sistema ben progettato potrebbe essere abbastanza flessibile da permettere ad un'organizzazione di registrare gli utenti in tutti i diversi ambienti della rete. Ciò significa che un utente, le cui impronte digitali sono state recuperate con un'applicazione Win32, potrebbe utilizzare la stessa registrazione per autenticarsi in ambienti web o Citrix. In modo analogo, un'azienda non è costretta a mantenere una struttura parallela per i processi di logon e di auditing per gli utenti della LAN, del Web e per gli utenti remoti. Un sistema di SSO ben progettato potrebbe amministrare tutte le richieste simultaneamente.

6.4 Modelli di integrazione

A livelli macroscopici, il termine *Single Sign-On* può essere usato per far riferimento a qualsiasi tecnologia o strategia che:

- fornisca la username e la password dell'utente all'applicazione chiamata;
- consolidi la logon dell'utente;
- permetta, dopo una logon con esito positivo, di soddisfare le successive richieste di autenticazione.

Molte applicazioni richiedono che il sistema di SSO fornisca anche un ruolo di dominio o del tipo di utente si sta connettendo. Inoltre molte applicazioni necessitano che l'utente navighi all'interno del sistema prima oppure dopo il processo di log-in. Questa funzionalità aiuta a definire i processi di workflow per l'utente.

Esistono diversi gradi di complessità associati al processo di integrazione nelle applicazioni. I differenti approcci all'integrazione nelle applicazioni si possono caratterizzare nei seguenti gruppi:

- Inserimenti automatici
- Web SSO
- Intercettazione delle transazioni
- Sostituzione delle dynamic linked library (DLL)
- Integrazione a livello di API
- Integrazione basata su standard o su prodotti
- Sincronizzazione delle password

6.4.1 Inserimenti automatici

Gli Inserimenti automatici si basano su scripts che forniscono le credenziali come la username, la password, il dominio alle applicazioni chiamate, in modo tale che l'applicazione non riesca a distinguere se è l'utente stesso che ha effettuato l'autenticazione. Questo tipo di modello, diversamente dal modello di integrazione a livello di API, non richiede alcun intervento o modifica dell'applicazione sottostante. Nei prodotti di SSO che forniscono questo modello, gli scripts di inserimento automatico delle credenziali sono ottenuti con strumenti aventi interfaccia grafica (GUI) oppure con wizard già implementati o da sviluppare con appositi script. Questo ambiente di scripting è forse il sistema più vantaggioso per ottenere un SSO con una quantità minima di codice che può essere riutilizzato.

Il vantaggio più evidente di adottare il sistema di inserimenti automatici come sistema SSO è che non richiede upgrade o modifiche del software del client. Per alcune grandi aziende, questo è l'obiettivo principale; infatti non possono richiedere al loro fornitore principale di software di modificare il codice delle applicazioni, non hanno le risorse finanziarie per acquistare gli upgrade necessari oppure hanno bisogno di continuare ad utilizzare le funzionalità native delle logon delle applicazioni. Tutti i modelli di inserimento delle credenziali si imperniano sullo stesso concetto: essi inseriscono le informazioni necessarie nel workflow delle applicazioni esistenti.

Questo modello è di gran lunga il più semplice da adottare; si implementa facilmente e, come detto, non è intrusivo nelle applicazioni client e server. Il suo scopo primario è automatizzare le procedure di logon e non rendere sicura l'architettura del sistema. Gli scripts non sono necessariamente semplici ed intuitivi da scrivere e distribuendo questi scripts sulle postazioni di lavoro remote la scalabilità è garantita.

I rischi per la sicurezza dell'architettura del sistema derivano dal fatto che le password possono essere inserite negli scripts e le informazioni viaggiano sulla rete senza essere criptate.

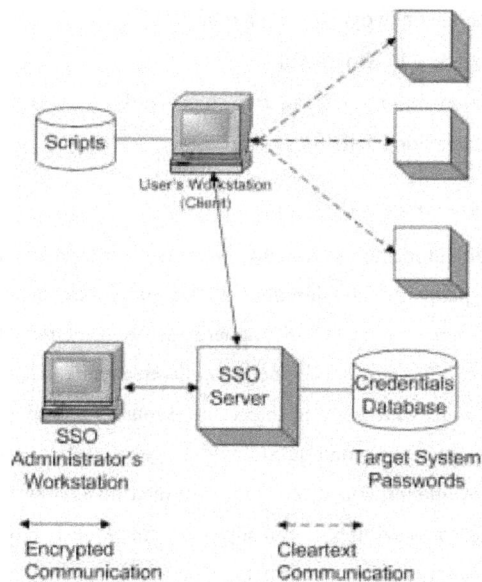

Figura 6.5 Single Sign-On utilizzando scripts

Tra gli inserimenti automatici si possono individuare due modalità con cui un sistema di SSO rintraccia e scatena gli eventi di inserimento delle credenziali nelle applicazioni sottostanti, inserimenti basati sul tempo e sugli eventi.

Il programma SSO attiva un timer dopo che ha ricevuto una richiesta di logon; dopo un determinato intervallo di tempo, le credenziali dell'utente sono inviate alla form di logon. Questo approccio è vincolato a fattori esterni che possono disturbare le applicazioni, come ritardi nei processi di logon, latenza di rete, ritardo nelle risposte dei client e dei server.

Quindi il metodo non risulta essere molto affidabile e non permette al sistema di essere scalabile. Al contrario gli inserimenti basati sugli eventi sono molto più affidabili.

6.4.1.1 Windows scraping per applicazioni basate su Windows

Talune funzionalità di alcuni software SSO sfruttano le proprietà che descrivono gli oggetti di una finestra di un'applicazione Windows. Queste proprietà hanno sempre le stesse caratteristiche ogni volta che viene lanciata un'applicazione e ciò dà facoltà a un sistema SSO di monitorare e riconoscere quando una finestra o una dialog box appare sullo schermo.

Un'integrazione a questo livello offre molte opportunità per gestire anche le variazioni nel layout delle applicazioni. Inoltre le informazioni sono inserite in campi specifici delle form o delle dialog box, minimizzando i tempi ed i rischi che si possono affrontare utilizzando tecniche di *screen detection & insertion*.

Sfortunatamente l'uso degli attributi delle form presenta comunque alcuni problemi: può accadere che queste proprietà non siano facilmente distinguibili in finestre diverse, causando confusione negli inserimenti dei dati. In questi casi, alcuni SSO possono recuperare altre informazioni dalle finestre delle applicazioni per avere sufficienti indizi per inserire i dati in modo corretto.

6.4.1.2 Windows scraping per applicazioni basate su Web

La modalità di Inserimento Automatico per applicazioni web-based è del tutto simile alle applicazioni basate su Windows. Infatti le proprietà delle finestre prodotte dal browser sono monitorate dal sistema SSO. Inoltre, la struttura propria dell'HTML rende semplice, per un sistema SSO, il monitoraggio delle sessioni al fine di determinare con precisione i processi di logon. Le informazioni possono così essere inserite come parte della transazione in atto, senza che l'utente ne sia consapevole.

6.4.1.3 Screen detection per applicazioni basate su emulazione di terminale

L'approccio *screen detection* è utilizzato in applicazioni che si basano su emulatori di terminali a caratteri. Generalmente, questa strategia è abbastanza stabile, per quanto l'emulatore possa essere effettivamente monitorato. Se si utilizzano emulatori standard, come il VT100 oppure il 3270, l'inserimento delle credenziali è semplice ed efficace, mentre si possono avere più inconvenienti con emulatori proprietari.

Per poter operare in modo appropriato, un sistema di *screen detection* deve esaminare le richieste di autenticazione, di ripristino delle password, ecc... sullo schermo. Una volta che l'evento è stato riconosciuto, un client può inserire le informazioni specifiche dell'utente connesso.

I possibili svantaggi di questo approccio stanno nella accuratezza dell'integrazione con l'emulatore di terminale. Se questa integrazione non è completa si rischia di inserire dati non corretti oppure al momento sbagliato.

6.4.2   Web SSO

L'integrazione con sistemi Web-based è certamente la più semplice da ottenere; quando un utente fornisce le credenziali, il web server le verifica sul database centralizzato delle credenziali. Per quanto questa soluzione possa apparire ottimale, le applicazioni web-based sono di solito solo una parte dell'intero ambiente informativo di un'organizzazione. All'interno di quest'ambiente, le applicazioni web comprendono un portale con un unico *look and feel* per numerose applicazioni e definiscono delle procedure di registrazione per gli utenti. In questo modo si è creato anche un unico strumento di amministrazione per la gestione degli accessi. Questo tipo di Single Sign-On è ideale per un limitato settore di applicazioni all'interno di un'organizzazione.

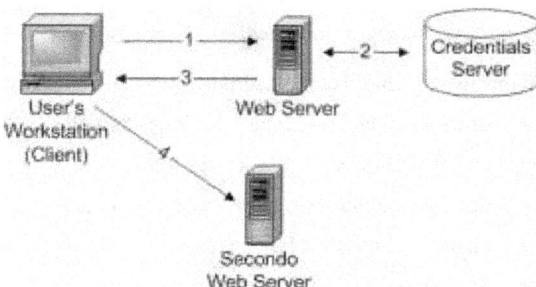

Figura 6.6 Web SSO

Un diffuso metodo di Web SSO si basa su *secure session IDs* o *cookies* (vedi Figura 6.6). L'utente fornisce la username e la password (1). Il web server recupera le credenziali dell'utente connesso da un database centralizzato (2) e salva un cookie criptato sulla postazione di lavoro remota (3). Quando l'utente continua nella navigazione oppure accede ad un altro web server, il server interrogato, oltre alle richieste, riceve anche il cookie cifrato che permette di risalire alle credenziali del fruitore (4).

Alcuni prodotti utilizzano un reverse proxy; in questi casi, il proxy server diviene un gateway per le autenticazioni per tutti i web server cui un utente può accedere. Il proxy server esegue l'autenticazione iniziale dell'utente e quindi eseguirà la richiesta di autenticazione su ogni web server.

Adesso molti prodotti forniscono entrambe le soluzioni.

6.4.3 Intercettazione delle transazioni

Il modello delle Intercettazioni delle transazioni consiste nell'intercettazione dei messaggi tra un client, un client convenzionale in un'architettura a tre livelli oppure un emulatore di terminali in un'applicazione basata su terminali, ed un'applicazione di riferimento. In realtà, questo modello non può essere realizzato in soluzioni dove le informazioni sono criptate e dove un sistema di sicurezza non deve essere vulnerabile. Per di più, il formato dei messaggi in ogni applicazione è differente, rendendo limitata la copertura delle applicazioni utilizzabili. Negli ambienti con applicazioni a tre livelli, l'adozione di questo modello è possibile, anche se risulta impraticabile in realtà per lo scambio e l'interpretazione delle transazioni tra i client ed i server.

6.4.4 Sostituzione delle DLL

La sostituzione delle DLL è un approccio molto simile al modello delle intercettazione delle transazioni ed è descritto come una strategia elegante, ma di limitato utilizzo. Le librerie DDL dell'applicazione sono sostituite con le librerie fornite dal sistema SSO. Queste librerie permettono la gestione delle credenziali e dell'autenticazione. Alcuni prodotti SSO permettono anche di cifrare le comunicazioni sulla rete.

Alcune implementazioni SSO sostituiscono la libreria WINSOCK.DLL, perché è utilizzata per applicazioni basate su socket. Invece, le applicazioni Microsoft Office utilizzano il protocollo Server Message Block (SMB).

Questo sistema è efficace in teoria, ma a livello pratico molte volte è fallimentare in quanto le applicazioni spesso non condividono le stesse librerie. Inoltre alcune librerie possono essere soprascritte da successivi upgrade software.

6.4.5 Integrazione a livello di Application Programming Interface (API)

L'integrazione a livello di API implica modifiche del codice sia del sistema SSO che le applicazioni sottostanti. Questo tipo di integrazione elimina tutte le sfumature del modello degli Inserimenti automatici e fornisce una stretta integrazione con alti livelli di sicurezza e di efficienza nelle operazioni di logon. Questo approccio non servirà mai un alto numero di applicazioni ed i maggiori produttori di applicazioni non sono disposti a modificare il codice per supportare nuove integrazioni (Vedi Figura 6.7).

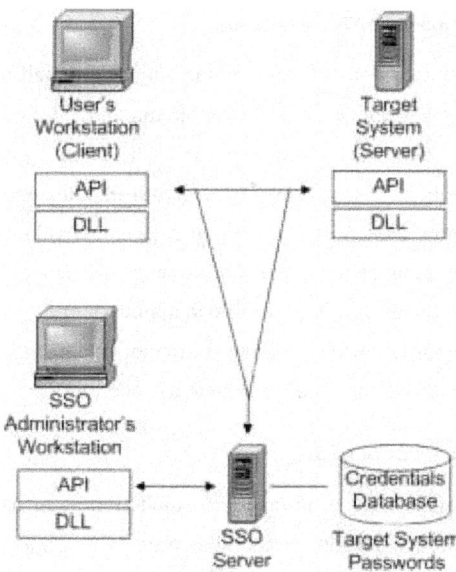

Figura 6.7 SSO a livello API

6.4.5.1 Integrazione con API pubblicate

L'integrazione a livello API è generalmente impiegata nelle applicazioni di infrastruttura. Le applicazioni di infrastruttura di sicurezza quali PKI, VPN e firewall possono includere delle librerie API che sono rese pubbliche ed accessibili dal fornitore del software. In questo modo le applicazioni sono in grado di sfruttare le potenzialità dei prodotti di sicurezza. Questi prodotti sono progettati per aumentare il livello di sicurezza generale e rendere più agevoli le operazioni di logon.

Queste tecnologie operano semplicemente come gateway tra i contenuti delle applicazioni. Quindi, più applicazioni sono state "certificate" sulle API pubblicate, più la tecnologia è versatile. Di conseguenza, molte aziende come VeriSign, Entrust e CheckPoint hanno creato dei programmi di certificazione ben precisi ed accurati per le loro interfacce API.

Un'altra categoria di applicazioni che sono disponibili in questo modello di sistemi SSO sono quelle applicazioni di infrastruttura che rappresentano i componenti fondamentali delle attività di un'azienda. Di norma, queste applicazioni influenzano l'intero ambiente IT dell'azienda, e possono essere effettivamente integrate nelle applicazioni solo se il fornitore decide di pubblicare e mantenere le librerie API. Molti produttori, invece, decidono di non rendere pubbliche le loro API specifiche per le operazioni di autenticazione, pensando di mantenere il più possibile la proprietà sul codice sviluppato.

Nei casi in cui i fornitori dei software applicativi sono disponibili ad integrare la tecnologia SSO nel loro codice, ciò è limitato solo alle versioni attualmente rilasciate o future, ed il cliente è obbligato a fare gli aggiornamenti software alle versioni più recenti.

Un altro effetto delicato dell'integrazione a livello di API è l'eventuale esigenza di aggiornare e distribuire nuovo codice del cliente; molte organizzazioni dovranno mantenere più versioni di codice software, generando un carico di lavoro rilevante al supporto applicativo.

Entrambe queste categorie mostrano benefici nell'utilizzo di un'integrazione a livello API con librerie dedicate che possono essere riutilizzate non solo all'interno di un'azienda, ma un fornitore di sistemi SSO può avvalersene per offrire soluzioni efficaci ed economicamente vantaggiose. Nella maggioranza dei casi esistono applicazioni per le quali l'integrazione a livello di API non è possibile. Si ottengono risultati eccellenti in termini di integrazione delle applicazioni e performance delle operazioni di autenticazione.

6.4.5.2 Sviluppo di applicazioni su misura

Questo modello è il progenitore di tutti i sistemi di integrazione SSO. In pratica, un gruppo di analisti lavora presso il cliente ed esamina tutte le applicazioni che devono essere integrate. Una volta che il lavoro degli analisti è completato, i programmatori cominciano la loro opera di scrittura di codice per le integrazioni. Questa tecnica è estremamente flessibile e permette di ottenere qualsiasi tipo di integrazione. Comunque, il codice prodotto in questa modalità è completamente specializzato sulle applicazioni adottate e ogni nuova integrazione implica un nuovo sviluppo di codice su misura.

Questo modello non implica una grande tolleranza degli errori delle applicazioni client e non può essere adottato in tutto l'ambiente IT dell'azienda. Sono necessarie competenze elevate per lo sviluppo di codice applicativo e per la gestione dell'infrastruttura. L'approccio di sviluppare applicazioni su misura può essere funzionale in organizzazioni che hanno risorse limitate, competenze e minime differenziazioni nelle postazioni di lavoro. Invece in aziende di grandi dimensioni, l'adozione di questa soluzione implica costi molto elevati.

Questa tecnica di integrazione è offerta solitamente da fornitori per studi professionali. Qualsiasi sviluppo software implica che i clienti siano dipendenti dai fornitori dei servizi professionali. Infatti ogni variazione nelle postazioni di lavoro oppure nelle prestazioni generali del sistema, può causare modifiche da apportare al modello di integrazione adottato.

Alcune aziende hanno adottato differenti *tool kits* per i loro gruppi di sviluppo. Questi strumenti possono essere sviluppati in azienda oppure comprati da terze parti. L'approccio di questi *tool kits* è di riutilizzare il codice prodotto per altre integrazioni, aggiungendo un'automazione nei processi di sviluppo e sostituendo parti di codice comune con altri che utilizzano tecnologia object oriented. In ogni caso, esistono due importanti conseguenze derivanti dall'uso di *tool kits*; in primo luogo i fruitori di questi strumenti devono essere tecnici esperti, solitamente sviluppatori. In seconda istanza, il risultato dei *tool kits* è solo codice software, del tutto simile a ciò che uno sviluppatore può produrre manualmente. Infine non si ha alcun sistema di prevenzione che consideri i cambiamenti del software di base delle postazioni di lavoro.

6.4.6 Sistemi SSO basati su standard o su prodotti

Questi due approcci sono considerati insieme perché hanno gli stessi vantaggi e gli stessi svantaggi. L'approccio basato su prodotto si fonda su un'azienda che tenta di convertire la propria tecnologia in uno standard de facto. Inclusi in questa categoria vi sono produttori di sistemi operativi di rete, che offrono sistemi di logon all'interno della loro infrastruttura. Alcuni produttori utilizzano certificati digitali o ticket Kerberos con i quali gli utenti possono accedere alle applicazioni sottostanti. Infine esistono standard, come LDAP, CCOW e X.509, con cui un sistema SSO può interagire, ma non sono prodotti SSO.

Non sono pochi i prodotti e gli standard che tentano di dare una soluzione al SSO. Il loro obiettivo comune è creare delle metodologie, con le quali diverse applicazioni di differenti produttori possono condividere le informazioni degli utenti collegati. Per gli utenti finali la struttura equivale ad un sistema SSO convenzionale. Per gli amministratori si ottiene il beneficio di avere una locazione centralizzata dove memorizzare, gestire e monitorare le informazioni degli utenti.

Purtroppo entrambe le soluzioni risentono delle stesse limitazioni; infatti esse sono tanto più efficaci, quanto più le applicazioni sono in grado di integrarsi con il sistema adottato. Tra tutti gli standard ed i prodotti analizzati, non esiste una soluzione che supporti qualsiasi applicazione, e si possono utilizzare solo in un limitato numero di scenari. In casi reali di grandi aziende esistono applicazioni legacy e prodotti software di fornitori che hanno deciso di non supportare gli standard.

6.4.6.1 *Microsoft Active Directory e Novell eDirectory*

Considerando la grande importanza che i sistemi operativi di rete hanno assunto nelle grandi organizzazioni, sembra naturale che i processi di logon delle applicazioni tendano ad unificarsi con i processi di logon della rete. Infatti i database delle credenziali di rete hanno le informazioni più importanti sull'identità degli utenti, sui gruppi e sulle applicazioni disponibili.

In alcuni casi, le applicazioni sono in grado di utilizzare le finestre di login di Windows. Comunque adottando questi sistemi di autenticazione, si devono considerarne gli svantaggi. Innanzi tutto, l'autenticazione con i sistemi operativi di rete è di tipo *edge authentication*, cioè il processo di logon di un'applicazione è limitato allo start-up di una connessione alla rete. Quando si ha bisogno delle credenziali dell'utente connesso durante la sessione di lavoro, non esistono strumenti che permettano di ottenerle. Inoltre molte organizzazioni hanno necessità di verificare l'autenticazione della connessione durante una sessione. Per esempio il sistema operativo può essere invocato dall'esecuzione di un'applicazione, ma esso non può inserire ulteriori informazioni sulle credenziali che possono essere utilizzate in seguito per validare una transazione o per accedere ad una pagina web. In molte aziende, un'applicazione client generica è eseguita su una moltitudine di postazioni di lavoro e questa è acceduta da operatori differenti. Ciò aumenta il tempo necessario per il processo di logon, in quanto ogni utente deve essere connesso alla rete; inoltre l'autenticazione deve essere a livello di applicazione. In queste situazioni l'autenticazione fondata su sistemi operativi di rete è una strategia né efficace né produttiva.

6.4.6.2 Certificati digitali

Alcuni modelli di certificati digitali si stanno modificando per fornire meccanismi di logon e distributori di credenziali, come fanno i sistemi SSO basati su standard e su prodotti. Anche questo approccio è limitato da come le applicazioni si integrano con questi sistemi. Inoltre la manutenzione di questi sistemi di certificati digitali ha un costo ed un carico di lavoro molto elevato per l'assistenza tecnica che tende a scoraggiare le grandi aziende nell'adozione a tappeto di questi sistemi.

6.4.6.3 Sistemi basati su standard

Il bisogno di semplificare i processi di logon e di autenticazione hanno sollecitato la creazione di alcuni standard che tentano di condividere le informazioni tra varie applicazioni. Questa categoria di strumenti includono standard ampiamente utilizzati come LDAP (Lightweight Directory Access Protocol) e standard specifici per l'industria, come il CCOW per i servizi sanitari oppure come il X.509 per i servizi finanziari.

Come l'approccio basato su directory analizzato in precedenza, l'applicazione di questi sistemi è limitata dalle applicazioni che supportano questi standard. Inoltre esiste una considerevole confusione su che cosa questi standard al momento contengano. In particolare LDAP è considerato come il rimedio universale nella gestione e manutenzione degli utenti.

D'altro canto, invece di essere pensati come prodotti o come strategie, molte aziende valutano questi standard alla stregua di metodologie con le quali un SSO deve interfacciarsi. In tal senso, si deve pensare agli standard come strumenti che permettono ad un sistema SSO di integrarsi con le applicazioni finali, ma non si possono considerare, di per se stessi, un prodotto.

6.4.7 Sincronizzazione delle password

Un prodotto di SSO permette ad un utente di accedere a molteplici sistemi dopo essere stato autenticato solo la prima volta. Da quel momento in avanti, ha accesso in modo trasparente ad una varietà di sistemi su cui ha visibilità, senza altre richieste di logon fino a quando l'utente esegue un'operazione di log-off.

I sistemi SSO hanno il vantaggio di offrire una gestione delle autenticazioni molto *user friendly*, ma hanno lo svantaggio di richiedere che tutta l'architettura di rete si affidi ad un unico sistema di autenticazione.

I prodotti di *password synchronization* o *consistent sign-on (CSO)* forniscono un tipo di SSO limitato. Ad un utente è ancora richiesto di autenticarsi su ogni sistema, ma il prodotto fornisce le password per ogni sistema a passi successivi. *Password synchronization* è una soluzione semplice da adottare per gli utenti, anche se non è immediata come gli SSO. Agevola le aziende nella gestione dei processi di autenticazione in modo consistente e permette ad ogni piattaforma di utilizzare il proprio sistema di autenticazione. La limitazione consiste nell'adozione di un unico schema per l'autenticazione, basato su password da memorizzare.

Lo scopo principale di un prodotto di *password synchronization* è semplificare i processi di logon e non rendere più sicura l'architettura generale dei sistemi. Gli obiettivi sono:

- rendere più semplice l'autenticazione degli utenti, permettendo di accedere a tutte le piattaforme dopo essere stato autenticato solo al primo accesso;
- dare all'azienda uno strumento per gestire l'autenticazione degli utenti in modo consistente ed offrire un'unica interfaccia per l'amministrazione.

Questi prodotti possono mettere a disposizione degli strumenti che alleviano il lavoro dei centri di assistenza, ad esempio fornendo delle interfacce per ripristinarsi autonomamente la password scaduta.

Queste interfacce possono essere delle applicazioni accessibili via browser oppure attraverso centralini automatici. Per avvalersi di questi sistemi si deve utilizzare uno schema di autenticazione separato, che in genere presenta delle richieste segrete alle quali l'utente aveva già risposto in precedenza.

6.4.7.1 Servizi di autenticazione multipli

In quest'architettura, ogni piattaforma continua ad utilizzare il suo sistema di autenticazione. Un agente software, installato su tutte le piattaforme target, si occupa di sincronizzare le password con gli altri sistemi. Quando un utente o un amministratore modifica una password su un sistema, l'agente propaga la variazione agli altri agenti, ognuno dei quali modifica il proprio sistema di riferimento (vedi Figura 6.8).

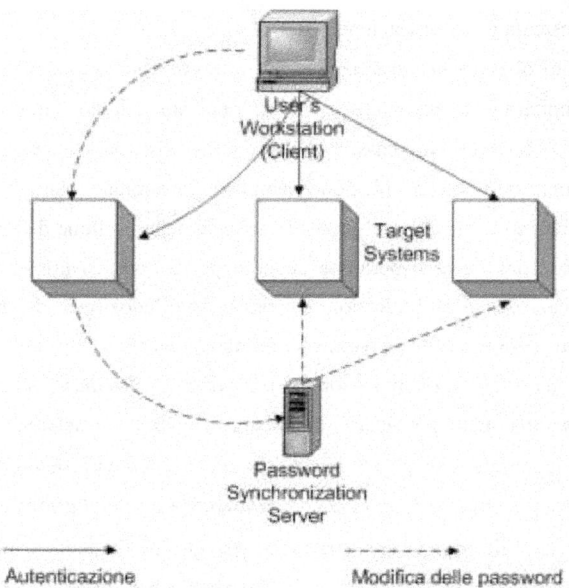

Figura 6.8 Password synchronization usando servizi di autenticazione multipli

6.4.7.2 Singolo servizio di autenticazione

Tutte le piattaforme utilizzano un unico servizio di autenticazione, che può essere un server indipendente oppure uno dei server target, ad esempio il servizio RACF su un mainframe IBM. Quando un utente prova ad autenticarsi su un sistema, la richiesta di log-in è indirizzata verso un server opportuno, che verifica la password fornita e risponde al server di negare o permettere l'accesso al sistema (vedi Figura 6.9). Quando un utente o un amministratore modifica la password su un sistema, la variazione è eseguita direttamente sul server centrale ed essa è immediatamente attiva per ulteriori logon da altre piattaforme.

Il sistema di autenticazione locale può essere mantenuto aggiornato per permettere connessioni native al sistema quando non è funzionante il server centrale o la rete.

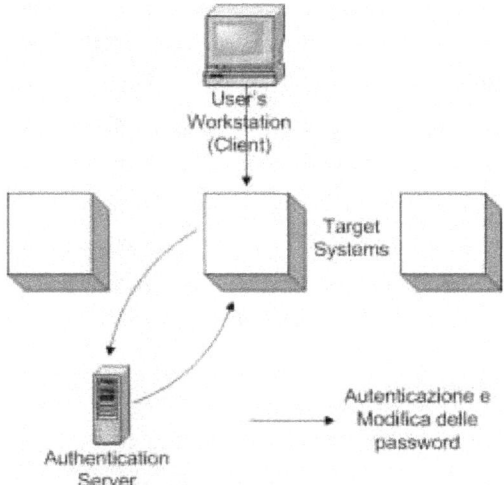

Figura 6.9 Password synchronization usando un unico servizio di autenticazione

6.4.8 Modelli di integrazione: Conclusioni

Il modello di integrazione che un sistema SSO è in grado di supportare è uno dei fattori più importanti nella scelta di un prodotto, perché non solo si estende su questioni tecniche, ma ha effetti anche sul modello di business di un'azienda. Ciò può avere importanti implicazioni sul modo di fornire assistenza da parte dell'help desk e semplifica l'installazione e la configurazione delle applicazioni utilizzate.

Nei sistemi in produzione, l'integrazione delle applicazioni deve considerare sia l'infrastruttura architetturale esistente del sistema, sia eventuali linee guida specifiche per l'azienda non prettamente tecniche. Gli Inserimenti automatici possono essere avvertiti come non sicuri e disordinati. Comunque, il risultato finale è in alcun modo meno rischioso dell'attuale condizione del sistema e la situazione ottenuta è di certo meno confusa. Eliminando le richieste multiple di autenticazione, non si ha più bisogno di annotazioni su post-it e condivisione di password tra utenti, aumentando di conseguenza la sicurezza generale dell'architettura. Infine il vero vantaggio nell'uso di Inserimenti automatici è la flessibilità e la salvaguardia delle risorse in termini economici e di tempo.

Per molte aziende, la migliore strategia è quella che tiene conto del panorama dell'IT attuale e futuro. Al momento la flessibilità del sistema è l'obiettivo primario. L'architettura del sistema dovrebbe essere in grado di adottare grandi e differenti sistemi di integrazione, ed al tempo stesso fare uso di nuovi standard, come LDAP e CCOW.

Questa flessibilità tende a bilanciare una stretta integrazione nell'infrastruttura, con applicazioni di base tramite l'Integrazione a livello di API e la realizzazione di un'ampia copertura delle applicazioni tramite gli Inserimenti automatici.

Un sistema SSO che si affida completamente all'integrazione delle applicazioni è costoso ed ha una lunga fase si avvio del progetto. Invece un sistema SSO che adotta una integrazione più debole avrà una vasta copertura applicativa, ma non ottiene benefici come una sicurezza di livello adeguato nelle applicazioni critiche.

6.5 SSO e sicurezza

La sicurezza generale dell'architettura ed i sistemi di SSO sono tradizionalmente giudicati mutuamente esclusivi. La ragione di questo è l'uso di una singola autenticazione con i sistemi SSO per accedere a tutte le risorse di rete. Per ciò, SSO è storicamente visto come un prodotto che determina una diminuzione nella sicurezza.

Se l'autenticazione di un utente è compromessa, tutte le risorse e le applicazioni a lui associate sono in pericolo. I tentativi di rafforzare questo singolo processo di autenticazione si basavano su metodi e modelli che risultavano essere pesanti, costosi da adottare e non adatti a tutti gli utenti e a tutte le applicazioni. Nel caso di sistemi biometrici, solo di recente l'attenzione è stata distolta dai dispositivi biometrici, ma è stata indirizzata verso soluzioni d'infrastruttura, che permettono di utilizzare sistemi biometrici differenti ed opportuni. Inoltre, la soluzione definitiva non è legata ad un solo modello o dispositivo, ma ad un'infrastruttura di autenticazione forte che offra una vasta scelta di metodi ed opzioni.

Le aree d'interesse per la sicurezza dei sistemi SSO, l'autenticazione ed i processi di back-end, rimangono le stesse. Tuttavia la maturità degli strumenti è considerevolmente aumentata, soprattutto con l'uso di nuove tecnologie che hanno reso possibile una diminuzione dei costi di esercizio e soluzioni non intrusive nell'architettura.

6.5.1 Verso una metodologia di autenticazione più forte

Poiché il processo di Single Sign-On è così strettamente collegato ai meccanismi di autenticazione, i prodotti di AMI offrono gli strumenti per meglio supportare le soluzioni per l'autenticazione in SSO. Queste soluzioni comprendono:

- **Suite completa di metodi di autenticazione**: non si ottengono soluzioni efficaci confidando su un singolo metodo di autenticazione. Differenti utenti e le applicazioni cui essi accedono hanno differenti livelli di sicurezza. La scelta dei metodi di autenticazione associati agli utenti ed alle risorse dovrebbe essere l'obiettivo primario.

- **Amministrazione basata su policy**: la possibilità di amministrare gli utenti ed i loro requisiti di accesso utilizzando gruppi e ruoli.

- **Autenticazione gestita in modo centralizzato**: l'amministrazione centralizzata è un elemento fondamentale per la gestione delle credenziali degli utenti. Strumenti avanzati, come la delega dell'amministrazione, permettono di gestire il sistema distribuendo il carico di lavoro.

6.5.1.1 *Authentication Management Infrastructure (AMI)*

I metodi di autenticazione disponibili in un'organizzazione sono più efficaci delle password memorizzate, usate dalla gran parte delle applicazioni legacy. Se la sicurezza è un obiettivo fondamentale, un'organizzazione deve affrontare il problema su come integrare tecniche di autenticazione più forti ed efficienti nei propri sistemi, senza creare un'altra infrastruttura di sicurezza da gestire.

Un prodotto AMI fornisce ad un'organizzazione una singola infrastruttura che contiene metodi di autenticazione multipli. Offre un unico punto per la gestione ed il monitoraggio di tutti i metodi di autenticazione ed un framework che permette di migrare progressivamente dai metodi attuali di autenticazione ai nuovi modelli. Può essere usato, per esempio, per l'autenticazione tramite token oppure con sistemi biometrici. Dà facoltà di rendere standard l'integrazione con tutti i sistemi di rete e permette che un'azienda usi un particolare metodo di autenticazione per l'accesso a sistemi per i quali il produttore non fornisce alcun supporto.

Un prodotto AMI, inoltre, fornisce agli utenti un singolo *gateway* per i processi di autenticazione a tutti i sistemi, ma generalmente non fornisce un sistema per il Single Sign-

On. L'utente percepisce il sistema come un processo di sincronizzazione delle password; vale a dire, si apre una sessione per ogni sistema in modo differente, ma il prodotto AMI, piuttosto che il servizio nativo, gestisce l'autenticazione degli utenti. Prodotti AMI differenti forniscono diverse policy per l'autenticazione; ciò fa sì che un'organizzazione possa adattare il servizio di autenticazione alle esigenze di utenti differenti.

Le metodologie più complete sono delle sequenze di log-in predefinite o la combinazione di metodi di autenticazione. Differenti modelli di autenticazione possono essere assegnati ad utenti singoli oppure a gruppi di utenti. Tali modelli potrebbero includere solo la digitazione di una password, o solo il riconoscimento con dispositivo biometrico, o solo un token hardware, oppure una combinazione dei sistemi precedenti.

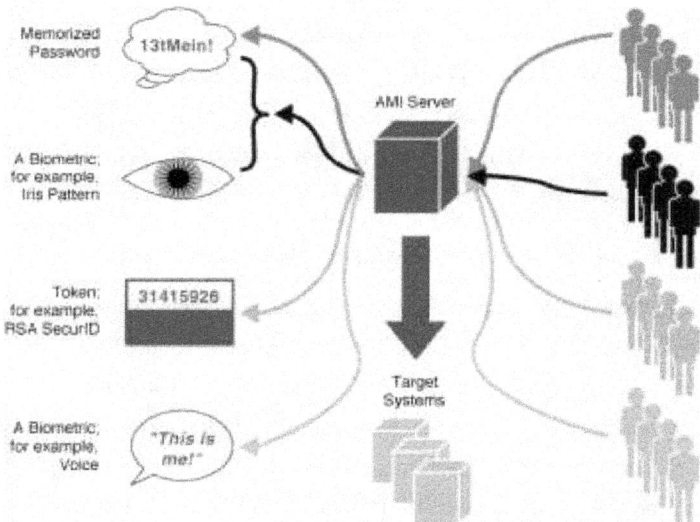

Figura 6.10 Schema generale di un prodotto AMI

6.5.2 Approcci multipli per l'integrazione

Come visto nella valutazione delle integrazioni a livello di API, un sistema SSO completo ha molteplici metodi da adottare in modo appropriato considerando la complessità e la criticità delle applicazioni. La strategia di adottare sistemi d'integrazione multipli basandosi sull'integrazione a livello di API permette di ottenere un livello di sicurezza molto elevato nell'architettura del sistema per quelle applicazioni d'infrastruttura strategiche. L'integrazione con gli Inserimenti automatici delle credenziali permette di ottenere benefici per la sicurezza dell'architettura, attenuando alcuni dei problemi connessi generalmente con l'uso delle password (per esempio l'invio della password come risultato di più password complesse), ma questo non è l'obiettivo prioritario dell'integrazione a livello API.

6.5.3 Non solo "SINGLE" Sign-On

In contrapposizione al concetto usuale di SSO, un'azienda di grandi dimensioni non dovrebbe mai permettere che una singola richiesta di autenticazione soddisfi qualsiasi richiesta di accesso alle funzionalità delle applicazioni. Per le applicazioni critiche, un sistema SSO avanzato deve fornire degli strumenti per l'autenticazione a passi successivi, cioè un sistema di workflow delle autenticazioni, oltre ad autenticare gli utenti nelle ordinarie operazioni di logon a sistemi operativi di rete o per l'esecuzione di applicazioni non critiche.

L'avvio di transazioni di grande importanza, l'accesso a dati di importanza strategica o l'uso di applicazioni critiche richiedono ulteriori garanzie sulla sicurezza ed autorizzazioni particolari. Nell'ambito dei sistemi di autorizzazione, i prodotti che permettono di gestire queste situazioni, sono prodotti che offrono sistemi di workflow delle autorizzazioni e la possibilità di effettuare ulteriori autenticazioni durante una sessione di lavoro. Ciò non deve essere considerato come un aumento delle spese generali del sistema, ma come un'opportunità per automatizzare i processi di approvazione, che abitualmente non possono essere automatizzati.

6.5.4 SSO e sicurezza: Conclusioni

Sostituendo l'uso di password con metodi di autenticazione forte come token oppure token generatori di password, si genera un sistema certamente più sicuro, ma ancora trasferibile. I sistemi biometrici sono un insieme di strumenti di autenticazione più sicuri, più appropriati dei tradizionali metodi di logon e non sono trasferibili. Inoltre stanno ottenendo consensi per la riduzioni dei costi e per la sicurezza; inoltre la facilità d'uso è sempre più apprezzabile.

Una soluzione ancor più sicura è realizzata quando il sistema SSO assume un ruolo più interattivo con l'applicazione. Quando un sistema SSO conserva le credenziali e le informazioni fornite dagli utenti, anche in forma codificata, le credenziali presentate alle applicazioni sono ancora username e password in formato alfanumerico e trasmesse sempre in chiaro. La sostituzione della combinazione username/password con dati anonimi chiamati *unknown secrets* aumenta il livello di trasparenza per l'utente. Questo concetto di *unknown secrets* usa una lunga stringa complessa (128 caratteri o più) di caratteri alfanumerici che sono ulteriormente cifrati. Un sistema SSO avanzato controllerà questi *unknown secrets* con un insieme rudimentale di tools per la modifica delle password o con una strategia ben organizzata per fornire strumenti all'assistenza utenti, con funzioni di ripristino delle password.

7 VALUTAZIONI DELLE SOLUZIONI TECNOLOGICHE E DEDUZIONI

Lo scopo di questo capitolo è presentare alcune informazioni su varie metodologie sui sistemi di autenticazione e sui sistemi di Single Sign-On. Le informazioni consistono in una serie di benefici e rischi nell'adottare i diversi approcci ed introducono una serie di elementi che aiutano nella scelta dei sistemi da considerare. Inoltre si presenta una descrizione il più possibile completa dei maggiori leader di mercato evidenziandone le caratteristiche principali e le differenze.

7.1 Sistemi di autenticazione

Un sistema di autenticazione degli utenti solido ed efficace è un elemento cruciale dell'infrastruttura di sicurezza di un'azienda. In particolare, la verifica dell'identità degli utenti è la base per i servizi di autorizzazione, auditing e non-ripudio di un'organizzazione. Un'azienda deve controllare che cosa può fare un utente del sistema e mantenerne la visibilità sulle risorse. Tutti questi elementi sono fondamentali per la sicurezza delle informazioni, per i servizi in ambito finanziario e per i moderni modelli di e-business.

Alcune aziende hanno obblighi legali di fornire appropriati livelli di sicurezza, si pensi ad esempio all'*European Union Data Protection*. Ciò che è adatto ad un'organizzazione, potrebbe non esserlo ad un'altra, ma ogni azienda dovrebbe apportare almeno quelle contromisure per proteggersi dai pericoli già ben conosciuti. Il processo di autenticazione degli utenti è un'attività sicuramente molto comune e ben conosciuta, quindi è un processo candidato come standard in tutte le aziende.

Le applicazioni di commercio elettronico si fondano sulla fiducia e sulla sicurezza ed incorporano i principi di riservatezza, autenticazione, integrità e non ripudio.

L'autenticazione mutua è importante nell'e-business, dove la fiducia è una relazione a doppio senso. Essa può proteggere i clienti di un servizio finanziario dalle truffe, dove un malintenzionato entra nel sistema e si propone come riferimento al posto dell'azienda target. In questo modo sono intercettate le informazioni più rilevanti dei clienti, soprattutto quelle riguardanti la sua carta di credito. Un caso accaduto è la truffa avvenuta nel febbraio 2001 nei confronti degli utenti di AOL.

7.1.1 Requisiti chiave per l'autenticazione

Le prerogative di qualsiasi azienda consistono nell'impedire gli accessi ai sistemi ad utenti non autorizzati e nel permettere agli utenti legittimi di accedere alle risorse assegnate. Inoltre si vogliono ottenere questi obiettivi minimizzando i costi di avvio e di gestione.

Per soddisfare queste aspettative, l'autenticazione degli utenti dovrebbe adempiere le seguenti prescrizioni, secondo le indicazioni dell'*European Security Forum*:

- gli utenti devono essere registrati solo una volta e non importa quanti sistemi sono necessari per compiere questa funzione;
- le registrazioni degli utenti devono essere gestite prontamente ed efficacemente;
- durante l'accesso ai sistemi cui si ha diritto di accedere, gli utenti devono effettuare solo l'operazione di log-on e la loro identità deve essere confermata ad ogni sessione;
- i processi di identificazione e di validazione devono essere efficaci, cioè devono determinare in modo accurato se i possibili utenti sono registrati e, se è così, verificarne le credenziali;
- i processi di identificazione e di validazione devono essere efficienti in termini di costo e di tempo;
- i processi di identificazione e di validazione devono essere adeguati alle condizioni degli utenti.

7.1.2 Vantaggi e difetti

In questo paragrafo sono analizzati i seguenti meccanismi di autenticazione:

- Password
- Token – Challenge Response
- Token - Smart Card
- Certificati digitali
- Sistemi biometrici

Per ogni tecnologia è descritta un'introduzione e l'elenco dei vantaggi e difetti nell'adozione di questi sistemi.

7.1.2.1 Password

La maggior parte degli odierni sistemi di autenticazione si basano su ciò che l'utente conosce, cioè l'identificativo dell'utente e la corrispondente password. La coppia user ID e password è il metodo di autenticazione più diffuso in ambiente client/server.

Le password hanno un alto numero di vulnerabilità che rendono questo metodo di autenticazione il più debole. Alcune vulnerabilità hanno delle difese tecnologiche, sebbene in alcuni casi, come la sicurezza dei file e le regole per il formato delle password, dipendano da un'appropriata configurazione data dall'organizzazione o dall'aver preso alcune importanti decisioni, come la scelta del sistema operativo (Windows 2000 Professional piuttosto che Windows 98).

Molte vulnerabilità, comunque, sono dipendenti dalle persone ed un'organizzazione deve dare indicazioni precise in termini di policy e di procedure da utilizzare. Per difendersi da attacchi di dizionario o dalla scoperta delle password, le organizzazioni possono rinforzare le regole per la definizione delle password, obbligare gli utenti a modificarle periodicamente e così via.

Mentre queste possono essere difese efficaci, il corollario è fare delle password difficili da ricordare. Questo può avere l'effetto di incrementare il numero di chiamate all'help desk dell'organizzazione per l'impostazione di una nuova password e questo overhead amministrativo può essere alto soprattutto in alcune organizzazioni tanto da giustificare l'implementazione di un prodotto per l'impostazione automatica e self-service di nuove password. Se le password sono difficili da ricordare, gli utenti saranno tentati dallo scriverle, ma un'organizzazione dovrebbe impedirlo con apposite policy di sicurezza. Una password scritta su un foglietto sotto il tappetino del mouse o su uno post-it attaccato al monitor o sulla tastiera rende semplicissimo un attacco. Alcuni rilevamenti hanno indicato che un utente su tre scrive le proprie password.

Vantaggi:

- Si implementano interamente con la produzione di software e non sono necessari dispositivi hardware
- La coppia user ID e password è trasportabile utilizzando il protocollo SSL
- Tecnologia molto ben accettata dagli utenti
- Costo minimo per l'implementazione
- Semplice da installare

Difetti:

- Lo user ID e la password che "viaggiano" sulla rete sono sempre più oggetto di ascolto indesiderato
- Esposizione ad attacchi di tipo *replay*
- Esposizione ad attacchi di tipo *password guessing*
- Gestione e controllo non molto efficace, ad esempio nel caso di nuova password oppure sblocco di un utente
- Carenza di addestramento e di consapevolezza dell'utente
- Esposizione ad attacchi di tipo *trojan horse* con cui si possono catturare gli identificativi degli utenti e le password
- La password può essere rubata o si può essere osservati

7.1.2.2 Token

Questa tecnologia si basa sul paradigma Challenge Response con l'ausilio di un dispositivo hardware. L'utente deve dimostrare al server cui intende accedere di possedere il dispositivo hardware e deve fornire un PIN od una password corretti. E' una metodologia di accesso molto frequente per l'autenticazione degli utenti da sedi remote.

Vantaggi:

- Semplice da utilizzare: gli utenti devono ricordare un'unica informazione, il PIN o la password
- I token per l'autenticazione sono indipendenti dalla piattaforma e non richiedono hardware addizionale; sono molto adatti per gli utenti dove l'organizzazione non ha il controllo sulle piattaforme utilizzate dalle singole persone, Windows, Macintosh, Linux
- Migliore manutenzione: gli amministratori devono gestire un unico dispositivo per ogni utente e non una moltitudine di password
- Incremento della sicurezza: l'aggressore deve conoscere il PIN e possedere il dispositivo
- Sono più mobili a confronto dei certificati digitali
- Tecnologia matura e gradita nelle aziende
- Sono dispositivi che non richiedono hardware aggiuntivo

- Appropriata per l'uso di thin client, nessun componente software deve essere installato sul client
- Tecnologia adatta in quegli ambienti dove coesistono differenti piattaforme e sistemi operativi
- Il sistema di sicurezza non è legato ad una specifica macchina e l'accesso può avvenire con applicazioni basate su browser servendosi di un collegamento internet
- Indipendente dal browser utilizzato
- Non ripudio della transazione

Difetti:

- L'utente deve portare con sé un dispositivo hardware
- I token devono essere cambiati in tempi prefissati
- L'utente non può accedere ai sistemi finché non è in possesso del token
- Il tempo necessario per autenticare un utente è proporzionale al numero di passi richiesti per autenticarsi
- Dipendenza dal fornitore
- La soluzione non è scalabile oltre 100.000 utenti
- Semplicità dell'installazione: si deve considerare la distribuzione dei dispositivi agli utenti e l'eventuale sostituzione
- Costo della soluzione

7.1.2.3 Smart Card

La smart card è un dispositivo simile ad una carta di credito con inserito un microprocessore. Il lettore di smart card esegue delle connessioni elettriche con i connettori della carta e permette di leggere o di inserire dati.

Una smart card contiene un microprocessore, una memoria ed un sistema operativo. Il microprocessore contenuto nella carta permette di incrementare le funzionalità del dispositivo.

Le smart card sono generalmente utilizzate in sostituzione dei sistemi di user ID e password. Il livello di sicurezza può essere incrementato ulteriormente criptando le comunicazioni tra la smart card, il lettore ed il computer.

L'autenticazione è giustificata dal costo, che è dell'ordine di 100 euro per utente se sono usate le smart card.

Vantaggi:

- Simula un sistema di Single Sign-On: l'utente deve inserire la carta quando richiede un nuovo servizio

- L'utente può firmare in modo digitale un documento o una transazione

- La carta contiene dati che permettono di personalizzare la configurazione della rete

- E' possibile utilizzare la stessa smart card per più funzioni: le carte possono contenere diverse applicazioni che possono essere aggiunte o rimosse nel periodo di validità della carta. Una singola carta può trasportare più applicazioni di diverse aziende fornitrici di servizi

- Le aziende riescono a fornire più servizi ad un costo minore

- La capacità di fornire transazioni off-line, on-line e di tipo peer to peer

- L'informazione della chiave segreta è a prova di manomissione sulla carta; le operazioni della chiave segreta sono effettuate direttamente sulla carta così nessun attacco di tipo *trojan horse* può spiare la chiave segreta sul PC

- Alta sicurezza nell'effettuazione di operazioni crittografiche

- Diritti, profili e chiavi sono memorizzate con l'utente (supporto migliore per gli utenti mobili)

- I sistemi PKI sono più sicuri dei sistemi basati su password perché non c'è condivisione delle informazioni segrete; la chiave segreta deve essere conosciuta in un solo posto e se questo è sulla smart card, la chiave privata non lascia mai il supporto ed il segreto cruciale per il sistema non è mai in una situazione dove potrebbe essere facilmente compromesso; una smart card permette il riutilizzo della chiave segreta senza che questa sia mai visibile sulla rete o sul computer host

- La sola autenticazione dell'utente non è sufficiente per investire in un'infrastruttura PKI, ma va molto bene se un'organizzazione la sta già usando o ha in progetto di usare i servizi di PKI per la sicurezza delle transazioni, quali email, autenticazione a chiave pubblica, con smart card o chiavi USB

- Le smart card supportano l'autenticazione multipla accettando l'impronta digitale sulla superficie della carta ed un PIN per sbloccare i servizi della carta. In alternativa, il template dell'impronta digitale o della retina o di altre informazioni biometriche possono essere memorizzate sulla carta solo per essere verificate come riscontro dei dati ottenuti da un separato dispositivo di input biometrico

- Mobilità e portabilità: i certificati a chiave pubblica e le chiavi private possono essere utilizzati dai browser web e da altri pacchetti software ma in un certo senso, identificano la postazione di lavoro piuttosto che l'utente. I dati di chiave e del certificato sono memorizzati in un'area riservata dipendente dal browser che deve essere esportata ed importata per essere trasportata da una postazione ad un'altra. Con le smart card, i certificati e le chiavi private sono portabili e possono essere utilizzati in più postazioni, al lavoro, a casa, sulla strada. Se gli strati software di basso livello lo supportano, possono essere utilizzati da differenti programmi di vari fornitori su diverse piattaforme, come Windows, Unix e Mac

- Tecnologia ben accettata dagli utenti: poiché le smart card operano virtualmente come una carta di credito, l'utente percepisce questo token per l'autenticazione semplicemente come un altro pezzo di plastica ed è più a suo agio perché il possesso di tali oggetti fisici lo fa sentire protetto e meglio identificato ed associato ad un'organizzazione

- Non ripudio: la capacità di negare, dopo il fatto, che la chiave privata esegua una firma digitale è detto ripudio. Se comunque, la chiave privata per firmare esiste solo su una sola smart card e soltanto l'utente conosce il PIN per quella smart card, è molto difficile impersonare un altro utente utilizzando la sua chiave privata per la firma digitale

Difetti:

- Presenza di speciali lettori di hardware

- Mancanza di un'infrastruttura standard per lettori e scrittori di smart card che spesso sono citati come compatibili; i principali fornitori di computer solo recentemente stanno prendendo in considerazione l'offerta del lettore di smart card come componente standard. Molte aziende non vogliono subire il costo del rifornimento di computer con lettore di smart card finché l'economia di massa non abbasserà i costi

- Limitata interoperabilità tra i differenti venditori ed integrazione incompleta con piattaforme ed applicazioni legacy

- Preoccupazioni circa i gruppi diversi che possono accedere alle informazioni presenti sulla carta

- Gestione continua e centralizzata dei profili di utenza e dei diritti: un'autorità di gestione ed una sicura logistica sono necessarie per assicurare che questo sistema lavori efficientemente

- Alto costo per implementare e mantenere questo tipo di sistema, se messo a confronto di altre tecnologie sempre basate su token; devono essere presi in considerazione anche i costi per sostituire le smart card perse o dimenticate

- L'utente finale deve mantenere un ulteriore componente hardware

- Ciclo di vita della smart card: essendo le smart card portabili ovunque, il costo per la sostituzione a fronte di furto, dimenticanza o rottura delle stesse tende a ridurre il ciclo di vita di ogni token di questo tipo

- Difficoltà di installazione: è richiesta la configurazione sul server, la pubblicazione della smart card per ogni utente, la formazione per l'utente riguardo le funzionalità del processo di autenticazione e la configurazione del database per la manutenzione delle smart card

7.1.2.4 Certificati digitali

I Certificati Digitali sono documenti elettronici pubblicati da terze parti di fiducia chiamate *Certification Authority* (CA). Questi certificati contengono informazioni riguardo l'utente verificato dalla CA. Questi certificati consistono in una chiave pubblica denotata da una serie di caratteri che risiedono fisicamente su un computer o su una smart card. Quando un messaggio elettronico viene trasmesso da un cliente ad una banca, questo viene firmato usando il certificato digitale; questo assicura che l'utente è chi dichiara di essere. La crittografia a chiave pubblica è la tecnologia che permette quanto sopra descritto e la PKI è l'infrastruttura che gestisce le chiavi ed i certificati.

Vantaggi:

- Convalida la creazione di un file da parte del mittente; i destinatari devono sapere che il mittente ha generato il file

- Previene il mittente dal negare il coinvolgimento nella creazione del file

- Assicura che i soli destinatari "veri" possano leggere i file

- Garantisce che il file non venga alterato durante il transito

- Largo uso delle applicazioni che in futuro realizzeranno l'autenticazione e la crittografia usando la stessa tecnologia

- Certificati memorizzati su smart card in futuro per un sicuro salvataggio fisico
- Considerato diventare un metodo di autenticazione riconosciuto dai sistemi legali;
- Il mercato industriale sta crescendo nei confronti dei certificati digitali
- I browser ed i server già supportano buona parte dei certificati (disegnati per il commercio elettronico)
- I componenti software che si basano sull'infrastruttura a chiave pubblica X.509 sono già disponibili sul mercato
- Basso costo delle firme digitali se paragonato ad altri schemi, poiché si tratta di una soluzione software basata sull'autenticazione, anche se gli stessi certificati sono abbastanza costosi e tutto il sistema di certificazione è nell'insieme complesso
- Alta accuratezza delle firme digitali per la metodologia e la logica incorporata
- Semplice operabilità con sforzo minimo da parte dell'utente
- Alto tempo di vita della firma digitale: una volta creata è limitata solo dall'utente, può essere configurata per durare tutta la vita
- Non necessita di ulteriore hardware
- Semplicità d'uso: dipende dalla complessità degli schemi di autenticazione delle firme digitali; se non viene utilizzata la Certification Authority, l'installazione è relativamente semplice; l'utilizzo di una CA introduce ulteriori passi nell'installazione del software di firma digitale e nella creazione di chiavi pubbliche e private che diminuiscono la semplicità di installazione

Difetti:

- Complicato da installare per gli utenti
- Deve essere installato su ogni computer dove si vuole utilizzare il certificato
- Non realizzabile in caso di condivisione dello stesso computer da parte di più utenti
- Bassa semplicità d'uso: è abbastanza complicato per l'utente avere a che fare con i certificati
- Problemi nelle postazioni di lavoro pubbliche perché i certificati non vengono automaticamente rimossi dal browser dopo l'uso
- Mobilità e Portabilità: i certificati devono essere spostati da un server ad un altro per un particolare utente
- Certificati multipli: non si può implementare il Single Sign-On, poiché gli utenti dovranno scegliere tra un certo numero di certificati

- La gestione dei certificati prevede una certification authority per i certificati, procedure per registrare gli individui, creare le loro chiavi ed i certificati, procedure per revocare i certificati, un servizio di directory per memorizzare e ricercare i certificati e le liste di revoca
- Aspetti legali: la legge riguardo i certificati non è ancora chiara
- Supporto dove memorizzare i certificati per ciascun cliente: le smart card sono ancora troppo costose
- Tecnologia non ancora conosciuta dagli utenti che non capiscono come funzionano le firme digitali, se confrontate con le firme su carta
- Non ripudio: gli schemi di firma digitale possiedono un livello medio di non ripudio; non si può dare assicurazione completa su chi ha iniziato una transazione poiché le chiavi private e le password possono essere rubate

7.1.2.5 Sistemi biometrici

L'identificazione biometrica si basa sulle caratteristiche fisiche di un individuo. I dispositivi biometrici utilizzano alcune caratteristiche misurabili di un individuo per autenticare la loro identità. I dispositivi sono costruiti sulla premessa che le caratteristiche fisiche umane sono uniche e non possono essere prese in prestito, riposte male, forgiate, rubate, duplicate o dimenticate. Molte sono le caratteristiche umane che possono essere usate nel riconoscimento biometrico, come l'impronta digitale (modelli della superficie della pelle del dito), geometria della mano (figura e caratteristiche della mano), riconoscimento del viso (immagine del viso), firme fatte a mano, le caratteristiche della retina (caratteristiche dei vasi sanguigni della retina), della voce (modello sonoro), dell'iride.

La biometria è legata unicamente alla singola persona e così, le caratteristiche fisiche, diversamente dalle password, tokens e smart card, non possono essere dimenticate o perse; per questo motivo, l'autenticazione di tipo biometrico offre alle organizzazioni un più forte ed accurato metodo rispetto alle sole password, token e smart card.

Ci sono molte tipologie di sistemi biometrici e questi variano considerevolmente in termini di costo e di performance. I sistemi biometrici più efficaci sono tanto costosi da implementare quanto l'autenticazione con smart card. In alcuni casi, l'autenticazione biometrica potrebbe essere particolarmente adatta, come nel caso del riconoscimento della voce nei sistemi interattivi di risposta a voce (IVR), ma alcuni sistemi di riconoscimento delle impronte digitali e della voce, anche se possono essere meno costosi, tendono ad essere meno robusti e più facilmente attaccabili.

Vantaggi:

- Offre il più alto livello di sicurezza nell'autenticazione degli utenti: è difficile per una persona simulare le caratteristiche fisiche di un altro

- Semplice da usare: basta presentarsi, senza dover portare con sé alcun oggetto o dato; un utente non deve editare alcuna username o password, basta che tocchi uno scanner per le impronte digitali per determinare chi è e per effettuare il logon al sistema

- Accuratezza: poiché la tecnologia biometrica si basa su un'unica caratteristica fisica della persona, l'accuratezza nell'identificazione corretta degli utenti autorizzati rispetto al negare l'ingresso ad utenti non autorizzati non deve essere sempre così precisa; il livello di accuratezza di un sistema biometrico si basa sulla configurazione dell'algoritmo di comparazione che confronta quanto simili sono la rappresentazione digitale ed il template memorizzato. Per molti sistemi, questa soglia può essere modificata per assicurare che virtualmente nessun impostore possa essere accettato o a nessun utente autorizzato sia rifiutato l'accesso

- Operabilità: lo schema biometrico è molto conveniente poiché l'utente non deve ricordare di portare con sé alcun oggetto; questo alto livello di convenienza è compensato dalla velocità di autenticazione. Il tempo che occorre per verificare una corrispondenza dipende dal numero di template dell'utente memorizzati nel database; tutto ciò a discapito della velocità per l'autenticazione

- Non ripudio: i dispositivi biometrici possiedono un alto livello di non ripudio. Poiché questi dispositivi si basano su caratteristiche uniche dell'individuo, un utente non può, per esempio, negare che le proprie impronte digitali abbiano iniziato una transazione

Difetti:

- Molte implementazioni prevedono degli speciali dispositivi hardware di input per ciascuna postazione di lavoro

- I dispositivi biometrici non sono affidabili in certe circostanze, ad esempio un utente con le mani sporche può non essere riconosciuto nel caso di autenticazione basata sul riconoscimento dell'impronta del dito
- Varianza fisica: usando i dispositivi biometrici ci possono essere difficoltà tecniche nelle misurazioni e nella definizione di caratteristiche fisiche anche di natura variabile
- Interoperabilità di venditori: esistono molti venditori e l'hardware ed il software sono spesso incompatibili
- Costi: i dispositivi biometrici sono costosi; non richiedono molta manutenzione ed assistenza nel corso della vita del prodotto, ma sono abbastanza costosi nella fase iniziale; ai costi di implementazione di un sistema biometrico, si aggiungono il costo di formazione del personale per la configurazione e l'utilizzo del sistema
- Tecnologia non ancora ben vista dagli utenti, dipende dal tipo di dispositivo biometrico usato e da quanto intrusiva viene vista la biometria, infatti i sistemi di autenticazione biometrici si scontrano spesso con il mondo della privacy ed in ambito religioso e culturale
- Ciclo di vita: poiché alcune caratteristiche fisiche di una persona cambiano nel tempo, gli aggiornamenti della procedura vanno di pari passo con i relativi livelli di autenticazione utilizzati. Rispetto alla vita del sistema, molti sistemi biometrici utilizzano lo scanner, una CPU ed altri equipaggiamenti come i monitor e le macchine fotografiche digitali la cui durata di vita può influenzare quella dei sistemi biometrici
- Facilità d'installazione: questi dispositivi richiedono l'iscrizione da parte di ciascun individuo che utilizzi l'autenticazione biometrica nel sistema. Alcuni venditori indicano in due minuti il tempo necessario per iscrivere un individuo in un'applicazione; se si devono iscrivere molti utenti, questo processo può impiegare una quantità significativa di tempo

7.1.2.6 Conclusioni

L'autenticazione che si basa solo sulle password spesso non fornisce un'adeguata protezione per i sistemi di computer per molte ragioni; se gli utenti possono fare le loro password, tendono a sceglierle facili da ricordare e quindi anche semplici da indovinare. I sistemi protetti da password possono essere efficaci se gestiti in maniera propria. Nella tecnologia di avanguardia riguardo la sicurezza si forniscono meccanismi di autenticazione che possono essere usati in combinazione con le password per migliorare tutta l'autenticazione ad un sistema.

Ad esempio la soluzione basata su token ha la forza nella portabilità del dispositivo che l'utente utilizza per verificare la propria identità con una password o con un PIN. Sebbene questo sia un miglioramento rispetto all'autenticazione basata su password, è una soluzione costosa non ben scalabile. Le soluzioni che si basano su token non soddisfano i fondamentali obiettivi sulla sicurezza come la confidenzialità, l'integrità e il non ripudio. L'utente deve portare con sé un oggetto che potrebbe essere perso o sostituito, lasciando all'organizzazione il relativo costo.

Le smart card sono più efficienti dei normali token per la presenza del microchip sulla carta. La caratteristica chiave della smart card è la firma digitale: in questo caso la smart card può dimostrare che un particolare utente ha firmato un documento. Il grande svantaggio delle smart card è l'alto costo di implementazione e di mantenimento di questo tipo di sistema, se paragonato alle alternative sempre basate su token. Comunque è aspettativa comune che l'utilizzo delle smart card incrementerà rapidamente nel prossimo futuro, soprattutto perché le organizzazioni stanno provando molte tecnologie per difendersi contro l'accesso non autorizzato a risorse e a critiche informazioni di business.

Data la continua crescita dell'uso del commercio elettronico, i requisiti per la sicurezza della rete diventano sempre più importanti; prova ne sono i certificati digitali, importanti proprio nel commercio elettronico su grande scala, che forniscono un insieme comune di servizi condivisi ed un'infrastruttura standard tra i partner. Forniscono all'utente delle facilitazioni di business attraverso l'autenticazione di terze parti, confidenzialità, integrità dei dati e non ripudio delle transazioni. I certificati digitali rilasciati e gestiti dalle autorità di certificazioni forniscono un sistema scalabile, flessibile e soprattutto sicuro, con il quale si possono facilmente implementare le procedure di autenticazione.

Inoltre i sistemi di autenticazione basati sulla biometria, uniti a procedure operative rigorose, forniscono una sicura autenticazione per le transazioni elettroniche. Sono improbabili implementazioni a largo raggio per ragioni di costo, spazio per i dati, tempo di elaborazione ed ergonomia; inoltre ci sono serie questioni etiche associate ai sistemi di identificazione biometrici.

In generale, comunque, tutti i servizi di autenticazione verificano l'identità dichiarata dall'utente con diversi gradi di confidenza e di affidabilità; quando l'utente si registra, gli viene emesso un token o viene iscritto ad un sistema di autenticazione biometrico e dove la registrazione è tutta sotto il controllo dell'organizzazione e l'utente è fisicamente presente, i rischi sono pochi.

Laddove il processo di registrazione è anche parzialmente al di fuori del controllo diretto dell'organizzazione, sono necessarie procedure molto più complesse; si consideri, ad esempio, il credito ed il debito dei bancomat, dove il PIN del cliente è stampato in modo sicuro ed inviato via posta in modo separato rispetto alla carta stessa e dove il cliente deve telefonare per confermare il ricevimento della carta prima di poterla usare.

7.1.3   Linee guide per la valutazione delle tecnologie

7.1.3.1   Metodo di autenticazione più appropriato

Come ogni altro servizio di sicurezza, il servizio di autenticazione di un'azienda deve essere proporzionale ai rischi. Infatti si deve valutare quanto valore hanno le informazioni ed i servizi, l'impatto della violazione della riservatezza e della perdita dell'integrità dei dati, a quali tipi di attacchi si è esposti e quali sono le vulnerabilità.

Come per altre tecnologie, si deve pensare a diversi fattori, come l'impatto sugli utenti dei sistemi, l'integrazione con le tecnologie e le applicazioni esistenti, il Total Cost of Ownership (TCO).

L'impatto sugli utenti è particolarmente importante per applicazioni rivolte a clienti in servizi di commercio elettronico. Il cliente vuole applicazioni di facile utilizzo, premiando aziende concorrenti, se queste offrono servizi elementari, pur avendo sistemi di sicurezza meno evoluti.

7.1.3.2   Le password sono sufficienti?

In molte situazioni le password possono offrire un livello di sicurezza sufficiente, ad esempio:

- accessi a sistemi informativi su una rete locale fidata in un ufficio sicuro;
- accessi tramite Internet, se la connessione tra la postazione di lavoro dell'utente ed il web server è criptata usando, ad esempio, il protocollo SSL.

Un'organizzazione deve provvedere affinché tutta l'infrastruttura non abbia vulnerabilità, i sistemi operativi, i firewall, i protocolli di comunicazione. Può accadere che un assalitore legga le password da un database aziendale oppure che inserisca un programma Trojan Horse nella rete sicura.

Inoltre si devono considerare le vulnerabilità degli utenti stessi e di come sono custodite le password per i sistemi.

7.1.3.3 Quando si devono valutare i metodi di autenticazione forte?

Un'azienda dovrebbe adottare sistemi di autenticazione forte e differenziare l'accesso di utenti con particolari privilegi di sistema, come amministratori di rete, di sistemi operativi e della sicurezza, se esistono le seguenti situazioni:

- utenti che accedono da postazioni remote o da una rete poco sicura e non custodita;
- utenti che accedono a dati sensibili, ad esempio dati del personale dell'azienda o dati finanziari;
- clienti con accesso a servizi di grande valore, ad esempio transazioni bancarie.

7.1.3.4 Una soluzione non risponde a tutte le esigenze

Un'organizzazione dovrebbe considerare come un metodo di autenticazione sia compatibile con la tecnologia dei sistemi in essere e le necessità dei suoi utenti, valutando i benefici ed i rischi di ogni situazione. In un'azienda è probabile che un metodo di autenticazione o la combinazione di alcuni metodi si adatteranno alle esigenze di alcuni utenti, mentre altri modelli saranno più convenienti per altri gruppi.

Inoltre, metodi di autenticazione diversi possono essere idonei per lo stesso utente, ma in tempi diversi o in dislocazioni diverse, come collegandosi dall'ufficio o da casa utilizzando un modem. Evidentemente, gestire diversi servizi di autenticazione aggiunge complessità al sistema ed aumenta il carico di lavoro e le spese per l'amministrazione dell'architettura.

7.1.3.5 Middleware di autenticazione

Alcuni venditori offrono middleware di autenticazione che forniscono un framework con cui si possono configurare metodi di autenticazione multipli, spesso con un unico punto di amministrazione e, in alcuni casi, assicurano agli utenti un sistema SSO su piattaforme ed applicazioni.

Un middleware di autenticazione può semplificare la migrazione a nuovi metodi di autenticazione. Alcune funzionalità del middleware di autenticazione possono essere implementate, usando interfacce già disponibili per alcuni sistemi e costruendo applicazioni programmando librerie API. Perciò vecchi e nuovi metodi di autenticazione possono essere integrati nel middleware. Gli utenti possono continuare ad usare le password, fino a quando i lettori di smart card o le apparecchiature di acquisizione biometriche sono rese disponibili. Inoltre le aziende sono in grado di utilizzare metodi di autenticazione con un limitato supporto per alcune piattaforme, finché il middleware li può mantenere.

7.1.4 Leader di mercato

7.1.4.1 *Token di autenticazione*

Venditore	Prodotto
ActiveCard www.activecard.com	*ActiveCard*
Authenex www.authenex.com	*A-Key* (Chiave USB)
CRYPTOCard www.criptocard.ca	*CRIPTOCard*
Encotone www.encotone.com	*Tele-ID* (dispositivo acustico)
Ensure Technology www.ensure.com	*XyLoc*
HID www.hidcorp.com	*Prox*
Network Technology www.ntdgmbk.de	*WatchWord*
PassGo Technology www.passgo.com	*Defender*
RSA Security www.rsasecurity.com	*RSA SecurID*
Secure Computing www.securecomputing.com	*SafeWord*

Venditore	Prodotto
VASCO Data Security	*DigiPass*
www.vasco.com	

7.1.4.2 Smart Cards e chiavi USB

Venditore	Prodotto
DataKey	*Model 330*
www.datakey.com	
Gemplus	*GemSafe*
www.gemplus.com	
Litronic	*NetSign*
www.litronic.com	
Oberthur Card Systems	*AuthenIC*
www.oberthurusa.com	
ORGA Kartensysteme	*MICARGO*
www.orga.com	
SchlumbergerSema	*Cryptoflex*
www.slb.com	
Spyrus	*Rosetta Smart Card*
www.spyrus.com	

7.1.4.3 Autenticazione con dispositivi biometrici

Esistono numerosi produttori che offrono sistemi di autenticazione e riconoscimento con dispositivi biometrici. Differenti produttori offrono a catalogo prodotti basati su differenti caratteristiche biometriche. Molti hanno dispositivi per il riconoscimento delle impronte digitali, ma il riconoscimento tramite retina e iride sono offerti solo da due diversi venditori.

Dispositivi biometrici	Venditori
Impronte digitali	Ankary
	Bioscript
	DigitalPersona
	Identix
	Precise Biometrici AB

Dispositivi biometrici	Venditori
Geometria della mano	BioMet Partners
	Recognition Systems
Iride	Iridian Technologies
Retina	Eyedentify
Geometria del viso	Biometria Systems
	Viisage Technology
	Visionics
Firma	Communication Intelligence
	Cyber-SIGN
Voce	Buytel
	T-NETIX
	Veritel
	VeriVoice
Offerte composite	D.C.S. A.G.
	(viso, voce, movimento delle labbra)

7.1.5 Conclusioni

Un'autenticazione degli utenti affidabile è un punto cruciale per la sicurezza e per la fiducia nei sistemi informativi, sistemi finanziari e nel commercio elettronico. L'autenticazione deve assicurare che un assalitore non possa mascherarsi come un utente legittimo nei sistemi.

Come con qualunque servizio di sicurezza, un'organizzazione deve essere in grado di bilanciare costi, benefici e rischi. L'autenticazione tramite password è una tecnica molto diffusa, ma ha molte vulnerabilità: può essere sufficiente in alcune situazioni, se le vulnerabilità possono essere minimizzate dalla tecnologia ed adottando procedure migliori.

Laddove è necessaria un'autenticazione più robusta, specialmente per utenti remoti ed amministratori di sistemi, un'organizzazione dovrebbe considerare modelli di autenticazione come token OTP o dispositivi con chiave pubblica. I dispositivi con chiave pubblica sono convenienti quando un'organizzazione utilizza altri servizi PKI, altrimenti può essere molto costoso.

Un'organizzazione può considerare anche l'autenticazione con dispositivi biometrici: anche in questo caso si può arrivare ad un TCO molto elevato, ma la soluzione è adatta in alcune situazioni e fornisce un livello di sicurezza altrimenti irraggiungibile.

7.2 Sistemi di Single Sign-On

I prodotti di gestione delle password, di Single Sign-On e di Authentication Management Infrastructure hanno caratteristiche che li differenziano tra loro e funzionalità che si sovrappongono. L'elemento comune è la semplificazione della gamma dei servizi di autenticazione usati nell'azienda, sia che si utilizzi un'autenticazione con password verso sistemi di riferimento sia che si utilizzino molti metodi di autenticazione per diversi utenti su differenti piattaforme. Questi prodotti possono essere preziosi e molto utili in organizzazioni strutturate con ambienti eterogenei di rete e di piattaforme, con notevoli costi di gestione per l'amministrazione delle credenziali degli utenti e che intendono utilizzare sistemi di autenticazione forti.

7.2.1 Prodotti di Sincronizzazione delle password

I prodotti di sincronizzazione delle password sono i più semplici da adottare. Essi permettono agli utenti di utilizzare una sola password per accedere a tutti i sistemi target, ma ciò non allevia l'utente finale dal doversi autenticare ad ogni accesso. Inoltre se si utilizzano diversi metodi di autenticazione, i prodotti di sincronizzazione delle password non possono essere adottati.

7.2.2 Prodotti di Single Sign-On

I prodotti di Single Sign-On rafforzano ulteriormente la semplificazione offerta dai prodotti di gestione delle password. Infatti non solo si utilizza una password per accedere a tutte le piattaforme, ma è richiesta un'unica login per accedere a tutti i sistemi. Un prodotto di SSO può inviare le credenziali dell'utente automaticamente ed in modo a lui trasparente. Inoltre i prodotti di SSO supportano l'uso di sistemi di autenticazione forte, come ad esempio smart card o dispositivi biometrici di riconoscimento. All'interno di un'organizzazione, diversi utenti possono utilizzare differenti metodi di autenticazione ed ogni utente può usare lo stesso metodo di autenticazione per avere accesso a tutte le piattaforme che il sistema SSO supporta.

7.2.3 Prodotti di Authentication Management Infrastructure (AMI)

I prodotti AMI rendono semplici le cose in differenti modi: essi mirano a fornire un'unica infrastruttura di gestione per molteplici metodi di autenticazione ed un singolo servizio di autenticazione degli utenti per tutti i sistemi e le piattaforme di riferimento. La maggior parte dei prodotti AMI non fornisce un sistema di SSO, quindi ogni volta che un utente accede ad un sistema diverso, deve autenticarsi fornendo le proprie credenziali. Diversamente dai prodotti SSO che supportano più metodi di autenticazione, i prodotti AMI permettono ad un'azienda di combinare i metodi di autenticazione e fornire in questo modo un sistema di autenticazione forte agli utenti. Alcuni prodotti consentono di creare policy di autenticazione abbastanza complesse in modo da ottenere un bilanciamento ottimale tra la semplicità d'uso per gli utenti e la sicurezza generale dell'architettura.

I prodotti AMI ed i prodotti SSO consentono alle organizzazioni di migrare dai vecchi ai nuovi modelli di autenticazione degli utenti. Le aziende possono implementare nuove funzionalità sui prodotti AMI, così i metodi di autenticazione vecchi e nuovi possono coesistere sui prodotti AMI. Gli utenti finali continueranno ad utilizzare le password per accedere ai sistemi, fino a quando non saranno distribuiti lettori di smart card o dispositivi biometrici.

7.2.4 Vantaggi e difetti

7.2.4.1 Vantaggi

Incremento della semplicità d'uso nelle applicazioni

Utilizzando prodotti di Sincronizzazione delle Password, sistemi di SSO o prodotti AMI, un utente, ad esempio, non deve più ricordarsi tutte le password per accedere a differenti sistemi ed applicazioni. Inoltre alla richiesta di inserimento di una nuova password, l'utente non deve ricordare eventuali policy presenti nella gestione delle password e non deve contattare alcun operatore se ha dimenticato la password per accedere ad una piattaforma.

I sistemi SSO ed AMI incrementano ulteriormente la semplicità d'uso e permettono di adottare sistemi di autenticazione più efficaci, come ad esempio i dispositivi di riconoscimento delle impronte digitali, e permettono di gestire anche le autorizzazioni sulle risorse condivise.

Incremento della produttività degli utenti

Riducendo il numero delle chiamate ai centri di assistenza per eventuali ripristini o manutenzione delle password, un sistema SSO o AMI può ridurre di molto i tempi morti nel lavoro degli utenti, incrementando la produttività.

Se, ad esempio, un utente possiede solo una password invece che cinque, il numero delle chiamate ai centri servizi si riduce di circa l'80%.

I prodotti di SSO incrementano ancora la produttività, infatti un utente deve autenticarsi al sistema solo all'atto della prima connessione ed i successivi processi di logon saranno effettuati in modo automatico all'insaputa dell'utente. Il numero delle autenticazioni potrebbe essere molto elevato in ambienti con più sistemi di riferimento, diminuendo così il tempo dedicato al lavoro prioritario.

Riduzione del carico di lavoro dei servizi di amministrazione

La riduzione del numero di chiamate per la manutenzione delle password, i prodotti SSO e AMI riducono il tempo che l'help desk dedica alle operazioni per la gestione della sicurezza. La conseguenza del minor carico sull'help desk è la riduzione dei costi per la gestione di queste strutture di assistenza.

Il risparmio può essere incrementato quando i prodotti offrono strumenti che permettono agli stessi utenti di ripristinare le password. Operatori nel settore hanno stimato che si può ottenere un ulteriore 65% di riduzione delle chiamate all'help desk se vengono adottati sistemi di self-service.

Incremento della sicurezza per mezzo di password

Un prodotto di gestione delle password o di SSO può incrementare la sicurezza. Se un utente deve ricordare un'unica password, probabilmente non gli è necessario scriverla da alcuna parte e quindi non è accessibile dai malintenzionati. I prodotti permettono inoltre di rinforzare la gestione delle password con delle policy che costringono gli utenti ad adottare password più sicure oppure a cambiarle ad intervalli regolari.

Un prodotto di SSO può utilizzare delle regole di generazione delle password che sono applicabili ad un solo sistema di autenticazione, che sia un prodotto di SSO o che sia un sistema operativo di rete. Un prodotto di sincronizzazione delle password deve rispettare le regole di costruzione delle password di tutti i sistemi di riferimento e può essere tanto sicuro quanto il più debole di quelli utilizzati.

Per alleviare questa situazione, alcuni produttori forniscono soluzioni per la sincronizzazione delle password che permettono di raggruppare tra loro. I sistemi con le regole meno sicure possono essere trattati a parte, ma l'utente deve memorizzare più password e non solo una, riducendo così la semplicità d'uso.

Incremento della sicurezza per mezzo di nuovi metodi di autenticazione

I prodotti di SSO che supportano sistemi di autenticazione multipli o i prodotti AMI incrementano la sicurezza permettendo ad un'organizzazione di adottare nuovi e più efficienti sistemi di autenticazione che sono sicuramente più sicuri delle password, ad esempio dispositivi biometrici, token e smart card.

Un'azienda può utilizzare un singolo sistema di autenticazione, ma i sistemi SSO e AMI aggiungono una piattaforma comune a tutta l'architettura che si posiziona tra i metodi di autenticazione ed i sistemi di riferimento.

I prodotti AMI forniscono un unico framework di amministrazione per tutti i sistemi di autenticazione e permettono di combinare differenti metodi di autenticazione per diversi utenti, secondo le necessità di sicurezza e di funzionalità.

7.2.4.2 Difetti

Riduzione della sicurezza

Dare ad un utente un'unica password per accedere a tutti i sistemi può essere un riduzione della sicurezza generale. La singola password dell'utente può essere vulnerabile agli attacchi di eventuali malintenzionati. Policy più efficaci applicate durante la creazione di password possono ridurre questi punti deboli, ma non riescono ad eliminare il pericolo.

Adesso una singola password dà l'accesso ad ogni sistema che l'utente è autorizzato ad usare. Quindi il rischio del rinvenimento accidentale delle parola chiave è più elevato di quando un utente deve conoscere diverse password per accedere ad ogni ambiente.

Inoltre, con un sistema SSO, l'accesso non autorizzato ad una postazione di lavoro non presidiata, con una connessione al sistema già presente, costituisce un pericolo molto serio per i sistemi accessibili. Per ovviare a questo problema si usano delle procedure di disconnessione automatica che si attivano dopo un periodo di inattività della postazione di lavoro, periodo impostato a livello di amministrazione del sistema. Alcune applicazioni possono essere caratterizzate come *sensibili* e quando qualcuno cerca di accedere a queste risorse, si chiede nuovamente l'autenticazione.

Limitazione nelle scelte dei metodi di autenticazione

Un'azienda può scegliere un prodotto basandosi sui metodi di autenticazione che sta usando o ha intenzione di adottare. Questa situazione condiziona le scelte per i nuovi sistemi di autenticazione che eventualmente potrebbero essere utilizzati in futuro.

I prodotti di sincronizzazione delle password non forniscono alcun beneficio quando in futuro si migrerà verso un altro metodo di autenticazione.

I prodotti SSO o AMI possono ridurre le scelte sui metodi di autenticazione che un'organizzazione potrebbe fare in futuro, infatti, tale limitazione è imposta dai metodi che il produttore supporta nel software. Se non esistono standard, il supporto di nuovi metodi di autenticazione deve essere implementato da ogni singolo produttore. Per quanto, i sistemi di autenticazione con apparecchiature biometriche potranno risolvere questa situazione in futuro, se i produttori adottano le Biometric Application Interface (BioAPI).

Rischi nell'implementazione di progetti "fatti in casa"

La principale causa del fallimento di progetti "fatti in casa" è la mancanza di una concreta ed integrale gestione del progetto del sistema di autenticazione. I capi progetto devono capire ed analizzare integralmente le necessità dei diversi utenti: interni, esterni, remoti, connessi con dispositivi mobili. Si deve anche considerare la sensibilità dei sistemi target, quindi potrebbe essere importante escludere dalla rete i sistemi più delicati e permettere l'accesso solo se in possesso delle credenziali distinte per avere una maggiore sicurezza. Nel piano di lavoro generale, i capi progetto devono considerare l'integrazione di applicazioni sviluppate in azienda, dando precedenza a quelle applicazioni che ricoprono maggiore importanza all'interno dell'organizzazione.

7.2.5 Standard e funzioni

7.2.5.1 Generic Security Services Application Programming Interface (GSS-API) (RFC 2743)

GSS-API specifica le convenzioni con le quali un'applicazione, tipicamente un altro protocollo di comunicazione, può ottenere l'autenticazione, l'integrità e la riservatezza dei servizi di sicurezza indipendentemente dai modelli e dalle tecnologie della sicurezza adottati, permettendo così di portare il codice dell'applicazione in differenti ambienti.

RFC 2743: J. Linn. *"Generic Security Service Application Program Interface Version 2, Update 1"*. Gennaio 2000. (Stato: PROPOSED STANDARD)
Internet: http://www.ietf.org/rfq/rfc2743.txt

7.2.5.2 Kerberos (RFC 1510)

Sistema progettato e sviluppato nel progetto Athena al Massachusetts Institute of Technology (MIT). Il sistema si basa su password e sulla crittografia simmetrica (Data Encryption Standard - DES) per implementare un sistema di autenticazione basato su token ed un servizio di controllo degli accessi distribuito in un'architettura client/server.

RFC 1510: J. Kohl, C. Neuman. *"The Kerberos Network Authentication Service (V5)"*. Settembre 1993. (Stato: PROPOSED STANDARD)
Internet: *http://www.ietf.org/rfc/rfcl510.txt*

7.2.5.3 Pluggable Authentication Modules (RFC 86.0)

PAM integra meccanismi molteplici di autenticazione a basso livello utilizzando API da richiamare all'interno delle applicazioni. I meccanismi di autenticazione sono incapslulati in moduli software condivisi dalle applicazioni e linkabili dinamicamente. Questi moduli possono essere installati dagli amministratori dei sistemi e in modo indipendente dalle applicazioni e richiamati da queste sfruttando la configurazione del sistema. In questo modo PAM permette di scegliere uno o più modelli di autenticazione senza modificare le applicazioni sottostanti.

PAM è complementare con le GSS-API e queste supportano l'autenticazione a livello di applicazione, peer-to-peer e client/server. PAM, oltre all'autenticazione, gestisce servizi di accounting, di sessione e di amministrazione delle password.

Una volta che l'utente è stato autenticato usando PAM, esso può comunicare in modalità sicura scegliendo un opportuno protocollo di trasporto. PAM supporta anche tecnologie di comunicazione integrate come le remote procedure call (RPC).

RFC: V. Samar, R. Schemers *"Unified Login with Pluggable Authentication Modules (PAM)"*. Ottobre 1995.

Internet: http://www.opengroup.org/tech/rfc/mirror-rfc/rfc86.0.txt

7.2.5.4 Servizio X/Open Single Sign-On

Estensione X/Open delle specifiche PAM per fornire un sistema di Single Sign-On in ambiente Unix.

Internet: http://www.opengroup.org/onlinepubs/008329799
Documento X/Open numero: P702; ISBN: 1-85912-144-6

7.2.6 Single Sign-On: Total Cost of Ownership

Una valutazione del Total Cost of Ownership (TCO) di un sistema SSO in termini qualitativi e quantitativi si focalizza su quelle aree che dovrebbero considerare il rendimento totale dei costi relativamente alle spese per il deployment, per la gestione e per l'amministrazione. Inoltre si devono includere i costi correlati con l'adozione di una specifica architettura e l'approccio per l'integrazione delle applicazioni oltre al ritorno dell'investimento ottenuto con la riduzione del carico di lavoro per i centri di assistenza e l'efficienza dei processi di autenticazione degli utenti.

Nel prosieguo di questo capitolo si mette in evidenza l'esistenza di ulteriori opzioni che dipendono dall'architettura, dalla tipologia d'integrazione e dagli strumenti avanzati messi a disposizione dai prodotti di SSO che possono avere un impatto molto significativo nel TCO della soluzione.

7.2.6.1 Costi di deployment

Come visto in precedenza, esistono molte tecniche per integrare le applicazioni con i sistemi SSO. E' facile intuire che la scelta del modello di integrazione ha un influsso notevole sulle spese per l'inizializzazione di un sistema SSO e per il TCO.

Il processo di deployment di un SSO è importante perché si estende oltre le problematiche tecniche ed influenza il modello di business con cui le tecnologie SSO si trasformano in prodotti. Quindi si hanno profonde implicazioni sulla disponibilità, sul supporto e sulla semplicità d'installazione, con cui si possono adottate queste applicazioni.

Approfittare di applicazioni d'infrastruttura già integrate ottimizza il livello d'integrazione ed allevia le spese per implementazioni custom o per servizi professionali. I servizi professionali, se ottenuti sotto forma di codice di sviluppo o con l'uso di tool kit poco riutilizzabili, aumentano significativamente i costi, impongono ritardi nelle implementazioni delle soluzioni e portano ad un legame troppo stretto con il fornitore dei servizi (vantaggio per il collaboratore). L'effetto negativo nella realizzazione di un Return Of Investiment (ROI) accettabile e di un TCO positivo è l'ostacolo primario ad una larga diffusione dei sistemi SSO.

Il metodo degli Inserimenti automatici è forse lo strumento migliore per integrare il numero maggiore di applicazioni, quando si utilizza una tecnica di integrazione appropriata. Esistono vari approcci per fornire gli Inserimenti automatici che si basano sullo sviluppo di script. Lo sviluppo con script tradizionali equivale a programmare senza porre attenzione al riutilizzo del codice o senza l'ausilio di wizard con interfaccia grafica.

Gli wizard, quando applicati ad un sistema SSO, hanno due obiettivi:

1. sono progettati per sostituire la programmazione di procedure di integrazione con un'interfaccia grafica che semplifica il lavoro a tal punto che è utilizzabile da utenti non sviluppatori;

2. sono prodotti sviluppati con codice utilizzato su postazioni client; in questo caso il codice è inglobato in un'applicazione che si dovrà eventualmente modificare al variare dell'ambiente ospitante.

Queste due caratteristiche presentano alcuni vantaggi importanti. Non esiste più la necessità di avere sviluppatori di codice esperti, ciò modifica l'economia nell'attuazione di un progetto di SSO. Per grandi aziende, con notevoli risorse nell'IT, potrebbe essere redditizio utilizzare gli wizard per integrare le applicazioni. Il vantaggio è che non si deve ricorrere a costosi servizi professionali esterni e l'azienda può offrire il proprio supporto per la gestione del sistema SSO. Il supporto può essere indotto da cambiamenti nella rete aziendale o delle postazioni di lavoro che influenzano la configurazione del SSO, oppure dall'uso di nuove applicazioni con un diverso metodo di integrazione.

Il secondo vantaggio dell'approccio con wizard deriva dall'*inglobare* il codice necessario per il processo di logon; le integrazioni *hard-coded* sono, in effetti, integrazioni inefficienti. Un'integrazione basata su codice installato in un certo ambiente con una determinata infrastruttura è difficile da trasferire in un altro ambiente con prestazioni della rete, configurazioni dei client o del dominio applicativo molto differenti. Un wizard crea un livello di astrazione che interagisce tra le applicazioni sottostanti e le credenziali specifiche per le applicazioni presentate al logon.

In pratica, la maggior parte degli wizard coopera con il codice eseguito sui client o sui server, oppure con agenti, che agiscono da interfaccia con le applicazioni. Al logon, le credenziali dell'utente ed i comandi specifici per aprire la sessione all'applicazione sono passati all'agente. L'agente allora esegue le istruzioni per portare a termine il log-on. L'agente può anche essere reso abbastanza intelligente da filtrare il processo di log-on, eseguendo solo specifiche operazioni, poiché rileva modifiche nell'applicazione sottostante. In effetti, questo permette che gli wizard siano indipendenti da modifiche sul desktop e sulla rete aziendale. In pratica significa che un'integrazione generata usando gli wizard su desktop può essere usata con un'alta possibilità di successo.

Sviluppare applicazioni di integrazione in casa, utilizzando interfacce grafiche, wizard o implementazione di librerie riutilizzabili, implica un notevole risparmio quando si vogliono aggiungere nuove applicazioni al sistema SSO. Questo una volta era l'ancora di salvezza per le aziende che producono sistemi SSO, ora lo sviluppo di script SSO rende più efficienti i dipartimenti dell'information technology. Quindi l'approccio con wizard risulta essere oltre che il più economicamente fattibile, anche il più scalabile per grandi sistemi.

7.2.6.2 *Return of Investment*

In questo capitolo finora si sono esaminati i vari metodi per fornire single sign-on all'interno di un'organizzazione e la gamma di metodi disponibili per integrare un sistema SSO con le applicazioni utilizzate in azienda.

Nel paragrafo corrente si cerca di valutare in modo quantitativo come tipi differenti di SSO influenzano il ROI. E' particolarmente importante notare come molti fornitori mettono a disposizione strumenti che permettono di calcolare il rapporto tra SSO e ROI. Nessuno di loro considera, però, le spese generali da sostenere per l'amministrazione del sistema SSO stesso. Tali costi possono essere classificati allo stesso livello della *semplicità d'uso* da parte degli utenti, implicita nell'adozione di un sistema SSO. I costi includono diversi elementi, tra cui:

- le interazioni degli utenti finali per configurare il software di SSO;
- il coinvolgimento di personale dell'help desk per il servizio di assistenza;
- il carico di lavoro per gli amministratori del sistema per installare e mantenere il software.

La Tabella 7-1 confronta questi costi per ogni categoria di prodotti di SSO discussi finora.

Tabella 7-1 Sistemi SSO e la trasparenza per gli utenti

Modelli SSO	Trasparenza per l'utente	Supporto Help Desk	Lavoro amministratori sistemi
Password Vaults	Alto	Medio-Alto	Medio
Amm. centralizzata con db credenziali locale	Alto	Medio-Alto	Medio
Amm. e db credenziali centralizzati	Medio	Alto	Medio
Amm. Distribuita e db credenziali distribuito	Medio	Medio	Medio

Secure SSO:
  ▪ Amm. Db credenziali distribuiti
  ▪ Unknown secrets
  ▪ Autenticazione strong
	Basso	Basso	Medio

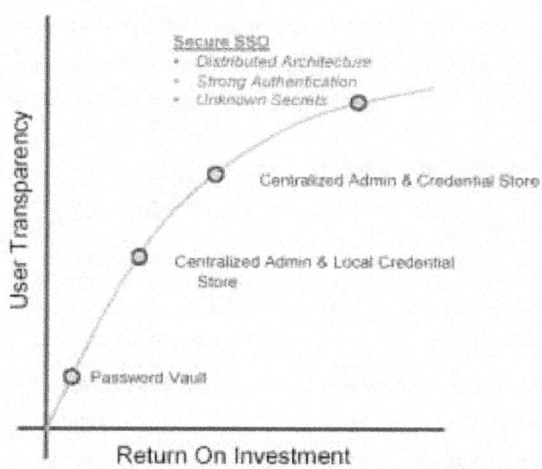

Figura 7.1 Trasparenza per gli utenti ed il ROI

Come corollario alla suddetta discussione, il rapporto fra il ROI ed il tipo di prodotto di SSO segue la tendenza illustrata nella Figura 7.1. Ad un estremo, le soluzioni del tipo *Password Vaults* hanno un ROI relativamente basso poiché la trasparenza per l'utente è molto bassa. I prodotti di SSO basati sul metodo del *Password Vaults* richiedono all'utente di controllare la maggior parte degli elementi in un deployment di un sistema SSO, così come nell'integrazione di differenti applicazioni.

Si noti che il coinvolgimento degli amministratori dei sistemi rimane relativamente alto a causa della mancanza di controllo esercitata da un amministratore e dalla predisposizione dell'utilizzatore finale a richiedere il supporto del servizio d'assistenza e dell'amministratore.

All'altro estremo, sempre riferendosi alla Figura 7.1, una soluzione di Secure SSO aumenta il ROI al livello massimo perché la trasparenza per l'utente è la più elevata. Con *Unknown Secrets*, i cambiamenti delle password sono gestiti automaticamente dal sistema e quando abbinati con l'autenticazione forte, l'utente è svincolato dalla complicazione di ricordarsi le password per effettuare l'autenticazione. In più, le spese generali per l'amministrazione non cambiano significativamente se confrontate con le soluzioni di *Password Vaults*, perché tutto può essere controllato centralmente e le richieste per il supporto del servizio d'assistenza sono minimizzate.

7.2.6.3 Relazione tra ROI e dimensioni del progetto

Un altro fattore spesso ignorato nei calcoli del ROI di un sistema SSO è come la valutazione del ROI è influenzata dalle dimensioni del progetto da attivare. Intuitivamente, il rapporto fra il ROI e la trasparenza per l'utente e fra il ROI e le dimensioni del progetto dovrebbe avere la stessa tendenza per tipi differenti di prodotti SSO.

Questa tendenza è illustrata nella Tabella 7-3 che usa statistiche di valutazione SSO-ROI generali con lievi modifiche per rispecchiare i costi per la trasparenza degli utenti descritti prima nella Tabella 7-1.

Gli elementi base usati nel calcolo del ROI per la Tabella 7-3 includono:

Tabella 7-2 Elementi base per il calcolo del ROI

Numero degli utenti	
Numero di chiamate al servizio assistenza	3 per utente al mese
Durata media delle chiamate al servizio assistenza	10 minuti
Salario orario per il personale del servizio assistenza	20€ l'ora
Percentuale media di chiamate per gestione di password	30%
Percentuale media di chiamate per gestione di password al mese risparmiate con prodotti SSO	50%-95% (dipende dal prodotto SSO)
Percentuale media di attività del servizio assistenza relativo alla gestione dei prodotti SSO	10%-20% (dipende dal prodotto SSO)

Tabella 7-3 ROI e dimensioni di progetto per differenti sistemi SSO

	1.000 Utenti		5.000 Utenti		25.000 Utenti	
	Normale	Con overhead di amministrazione	Normale	Con overhead di amministrazione	Normale	Con overhead di amministrazione
Password Vaults	18.000€	17.000€	90.000€	84.000€	450.000€	400.000€
Amm. e db credenziali centralizzati	27.000€	26.500€	135.000€	132.000€	675.000€	647.000€
Secure SSO: • Amm. Db credenziali distribuiti • Unknown secrets • Autenticazione strong	34.000€		171.000€		860.000€	

La Tabella 7-3 rappresenta il ROI come risparmio annuale in Euro. Il conto economico è calcolato utilizzando la seguente formula:

$$Risparmio = ([Costo\ Help\ Desk] - [Richieste\ ripristino\ password]) -$$
$$([Costo\ Help\ Desk] - [Richieste\ SSO])$$

Le *[Richieste SSO]* includono sia le richieste al centro di assistenza utenti per il ripristino delle password, sia le richieste per l'amministrazione e la gestione del servizio SSO.

Si noti che i calcoli contenuti nella Tabella 7-3 hanno stime abbastanza caute per i vari elementi di valutazione dei costi. In grandi organizzazioni si otterranno risparmi sempre più consistenti grazie anche alla trasparenza per gli utenti.

7.2.6.4 Total Cost of Ownership

La discussione sul ROI del precedente paragrafo rappresenta una buona base per confrontare le differenti soluzioni di SSO oggi disponibili. Tuttavia, il ROI non è sufficiente da solo per definire tutte le ragioni per arrivare alla scelta di una soluzione SSO. Un'altra misurazione molto importante che dovrebbe essere applicata per confrontare queste soluzioni è il *Total Cost of Ownership* (TCO).

Si può dedurre che il ROI ed il TCO sono due facce della stessa moneta, poiché un aumento del ROI corrisponde ad una diminuzione del TCO e viceversa. Il TCO può essere significativamente ridotto sfruttando il riutilizzo delle librerie con l'integrazione a livello di API ed usando strumenti avanzati offerti da prodotti di SSO, come gli wizards di integrazione che permettono di sviluppare in modo agevole script di SSO ed essere riutilizzati. Così, per una soluzione di SSO sicura, i costi di integrazione sono relativamente costanti come l'aumento delle dimensioni e lo scopo finale dei progetti, come descritto nella figura seguente.

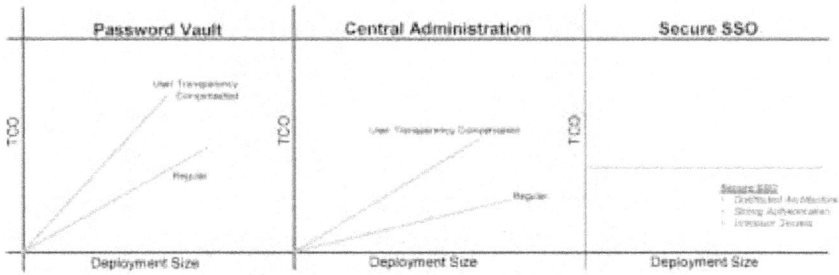

Figura 7.2 TCO e dimensioni del progetto

7.2.6.5 Benefici con sistemi SSO e gestione delle autenticazioni

Un sistema SSO offre benefici ben conosciuti e quantificabili per un'impresa, che hanno effetto sul TCO costruendo un'infrastruttura strettamente integrata e gestita centralmente, che permetta un'amministrazione consolidata di tutti i processi di autenticazione e di logon. L'autenticazione ed il logon sono processi molto simili e collegati. Il rafforzamento di questi due processi con tecnologie avanzate integrando le loro potenzialità, permette di ottenere specifici vantaggi in molte applicazioni ed in processi strettamente legati al business.

Questa integrazione di alto livello permette di introdurre concetti quale la workflow authentication. La workflow authentication inserisce un evento di autenticazione in un processo di business, in un punto in cui si deve approvare o negare una transazione di grande valore. Inoltre la workflow authentication è usata come metodo per automatizzare processi tradizionalmente manuali, come ad esempio l'impostazione di firme elettroniche sui documenti. La workflow authentication essenzialmente consente di ottimizzare applicazioni commerciali/gestionali ottenendo un'efficienza maggiore nelle applicazione fondamentali di un'azienda. In pratica, creando una *firma* sicura, il coinvolgimento dell'utente è tutto focalizzato sull'applicazione, nel renderla idonea ed ottimizzata e nel proteggere l'investimento del cliente nell'applicazione stessa.

7.2.7 Linee guide per la valutazione delle tecnologie

7.2.7.1 Priorità di un'azienda

Prima di selezionare un prodotto di sincronizzazione delle password, di Single Sign-On o di AMI, un'azienda ha bisogno di esaminare le proprie esigenze e le priorità. Deve capire chiaramente dove come equilibrare la semplicità d'uso delle applicazioni da parte degli utenti e la necessità di un aumento della sicurezza generale.

Se l'obiettivo è la semplicità d'uso, si deve offrire più attenzione ai sistemi SSO ed ai prodotti di sincronizzazione delle password. Invece se l'obiettivo è la sicurezza, si devono considerare i prodotti di AMI. Se è richiesto un equilibrio tra i due traguardi, i prodotti SSO che supportano metodi di autenticazione alternativi possono essere la scelta corretta. Se l'azienda intende adottare metodi di autenticazione forte in una singola struttura di autenticazione, sicuramente i prodotti di sincronizzazione delle password sono una scelta errata.

7.2.7.2 Integrazione di più piattaforme

Un prodotto di sincronizzazione delle password, di Single Sign-On o di AMI deve integrarsi con i sistemi operativi esistenti e con i processi di logon. Questi meccanismi si differenziano sui diversi sistemi: Microsoft Windows NT/2000 usa Graphical

Identification and Network Authentication (GINA); alcuni sistemi di Unix usano i Pluggable Authentication Modules (PAM), mentre altri usano semplici programmi di logon. I mainframe IBM usano il componente RACF di SecureWay Security Server oppure eTrust CA-ACF/2 o eTrust CA-Top Secret di Computer Associates.

Non esiste alcuna standardizzazione significativa tra le diverse applicazioni. Un prodotto deve supportare database RBMS (ad esempio Oracle), applicazioni di gestione email e groupwise (ad esempio Microsoft Exchange o Lotus Notes) ed applicazioni ERP.

7.2.7.3 Considerazioni sulla gestione delle password

Un prodotto SSO o AMI sincronizza le password su tutti i sistemi di riferimento? Esso genera password in modo casuale e non conosciute dall'utente finale?

Se le password sono sincronizzate o conosciute da un utente, l'utente può ancora aprire direttamente connessioni ai sistemi e diventare così una potenziale falla nel sistema di sicurezza.

Una password casuale è inequivocabilmente più sicura di qualsiasi stringa che un utente possa pensare. Inoltre una password casuale può essere ignota all'utente, quindi la login al sistema deve obbligatoriamente passare attraverso un prodotto SSO o AMI. In questo caso, un amministratore di sicurezza deve assegnare una password provvisoria per permettere all'utente di entrare in un sistema con una determinata procedura, se il prodotto non è disponibile.

Un'organizzazione deva assicurare che l'approccio del prodotto alla gestione delle password sia compatibile con le proprie necessità operative e di sicurezza.

7.2.7.4 Vulnerabilità

Il prodotto non deve introdurre nuove vulnerabilità nel sistema. In particolare:

- non deve modificare il kernel del sistema operativo ospitante. Ad esempio alcuni prodotti sostituiscono le librerie GINA di Microsoft;
- deve utilizzare protocolli, sistemi di crittografia e librerie API universalmente conosciute e basate su standard invece di tecnologie proprietarie;
- non deve disturbare meccanismi di sicurezza o firewall eventualmente presenti.

7.2.7.5 Metodi di autenticazione

Un'organizzazione dovrebbe cercare un prodotto di SSO o AMI che supporta i metodi di autenticazione già in uso al proprio interno o che ha in progetto di usare in futuro. Ad esempio, un'organizzazione può usare le password per la maggior parte degli utenti ed i token OTP per gli utenti remoti, ma può pianificare di usare le smart card ed il riconoscimento delle impronte digitali per l'accesso a risorse sensibili da parte di alcuni utenti. Un prodotto che supporti tutti questi metodi di autenticazione, dà all'azienda la possibilità di adottare nuovi sistemi di autenticazione in modo agevole. In ogni caso si dovrebbero evitare quei prodotti che impongono o limitano la scelta di metodi di autenticazione.

Un'organizzazione può volere continuare ad usare le password in quanto gli utenti sono in una rete sicura e ben gestita. In questo caso si deve investigare se il prodotto permette di adottare policy nella costruzione e nella gestione delle password.

7.2.7.6 Affidabilità e scalabilità

I prodotti di gestione delle password, di SSO o di AMI sono essi stessi applicazioni complesse, distribuite e multipiattaforma. Un'organizzazione deve assicurare che un prodotto aderisca ai principi di disegno comune che qualsiasi applicazione di questo tipo dovrebbe ammettere.

Se il prodotto usa un server centralizzato, non deve creare un single point of failure per la rete aziendale. Il server deve essere replicato per bilanciare il carico e per proteggersi da eventi di failover; le credenziali degli utenti devono essere disponibili localmente utilizzando una cache sincronizzata con il database centrale.

Il prodotto deve essere in grado di scalare da decine a centinaia di migliaia di utenti. Il deposito delle credenziali necessita di prodotti che usano avanzate tecnologie di database o sistemi di directory, preferibilmente con un'interfaccia che rispetti il protocollo LDAP.

7.2.7.7 Amministrazione

I prodotti di sincronizzazione delle password, SSO e AMI possono introdurre un altro database per gli utenti ed un altro server da gestire con opportuni strumenti. Alcuni prodotti possono utilizzare sistemi di directory già installati, come Microsoft Active Directory, Novell eDirectory, SUN ONE, aggiungendo solo delle estensioni allo schema dati. In questo caso gli amministratori dei sistemi possono usare gli strumenti e le politiche di amministrazione già adottati, riducendo così il costo per la manutenzione.

7.2.7.8 Definizione degli utenti e Identity Management

Quando il prodotto adottato ha un proprio repository per gli utenti, esso deve includere degli strumenti che permettano di popolare il database con tutte le informazioni necessarie relative agli utenti. Queste utilità non sono richieste se il prodotto può sfruttare un sistema di directory esistente.

Un problema più complesso è la funzione di gestione dell'identità, Identity Management, che questi sistemi devono condividere con i prodotti di provisioning degli utenti. Si deve associare ogni account personale tra le diverse piattaforme, con un'identificazione principale. Esistono due approcci:

- Uno strumento che metta in relazione gli account creati per ogni persona, associandone gli attributi comuni. Queste utility possono fare la maggior parte del lavoro, ma la mancanza o l'ambiguità di alcuni dati non permette di portare a compimento la totalità dell'elaborazione. Le statistiche di alcuni produttori affermano che circa l'80% delle utenze può essere completato al primo passaggio. Si consideri che una parte consistente della configurazione deve essere terminata con un lavoro manuale.

- Permettere a tutti gli utenti di avere i propri account su tutti i sistemi, registrandosi una sola volta e propagando la registrazione su tutti i sistemi di riferimento, oppure registrandosi su un sistema alla volta quando si effettua la prima operazione di login. Ogni utente verifica il possesso di un account su un sistema target, fornendo la password per quel sistema. Questo approccio è molto naturale con prodotti SSO o AMI, in quanto gli utenti non devono fornire alcunché all'atto della login ad ogni sistema target. Con prodotti di sincronizzazione delle password, gli utenti registrano tutti i propri account prima di utilizzare la funzione di ripristino della password ed inoltre hanno bisogno di assistenza per poter identificare tutti gli account a disposizione.

7.2.7.9 Database delle credenziali

Molti sistemi, ad esempio RACF di IBM, sistemi Unix con file di shadow password, proteggono le password utilizzando un algoritmo di criptazione *one-way*. In questo modo non è possibile esportare le informazioni sulle password dai sistemi target sui database delle credenziali. Prodotti SSO ed AMI usano script, del tipo *password store and forward*, che non obbligano le aziende ad eseguire un ripristino delle password su tutti i sistemi.

La soluzione più comune a questo problema è conosciuta come *password learning*. Il prodotto filtra ogni primo accesso su tutti i sistemi target, intercetta le password e le salva sul database delle credenziali. Quando l'utente tenterà di fare una successiva login al sistema, il prodotto SSO o AMI porterà a termine l'autenticazione sostituendosi all'utente.

7.2.7.10 Auditing

I prodotti di sincronizzazione delle password, di SSO e di AMI devono essere in grado di generare un monitoraggio completo ed efficace di tutte le attività eseguite dagli amministratori e dagli utenti, si pensi all'autenticazione principale, alle login sui vari sistemi target e così via.

Un'organizzazione non riesce ad utilizzare facilmente i disparati log di auditing sui vari sistemi, senza adottare una soluzione che gestisca tutti gli eventi di sicurezza. Quindi è essenziale che un'organizzazione adotti un sistema di logging e reporting esaustivo.

7.2.8 Leader di mercato

7.2.8.1 Prodotti per la Sincronizzazione delle password

Venditore/Prodotti	Descrizione
Blockade Systems *ManageID Syncsev,* *ManageID Selfserv* www.blockade.com	Il primo prodotto permette la sincronizzazione delle password mentre il secondo il ripristino delle stesse. I prodotti supportano poche piattaforme, ma hanno protocolli di trasporto sicuri, una robusta architettura e garantiscono l'integrità dei dati a run-time. Tra i prodotti offerti da Blockade esiste anche *ManageID IDentiserv*, soluzione per il provisioning e l'Identity Management degli utenti.

Venditore/Prodotti	Descrizione
Courion *PasswordCourier* www.courion.com	*PasswordCourier* è sostanzialmente un prodotto di gestione delle password. Offre servizi per l'help desk e strumenti automatici per assegnare gli identificativi agli utenti. *AccountCourier* è la soluzione di Courion per il provisioning degli utenti.
M-Tech Mercury *P-Synch* www.m-tech.ca	*P-Synch* è un prodotto di gestione delle password. Offre servizi per l'help desk e un metadirectory per la gestione dei dati dell'autenticazione. *ID-Sink* è la soluzione di M-Tech per il provisioning degli utenti.

Altri prodotti per la gestione delle password, che offrono la sincronizzazione e servizi di auto-ripristino sono:

- PassGo,   *PassGo Sync*
- Proginet,   *SecurePass*
- NetMagic System,   *NetMagig Pro*

Altri prodotti che gestiscono il provisioning degli utenti, la sincronizzazione delle password e i servizi di auto-ripristino sono:

- BMC   *Control-SA con Control-SA/PassPort*
- Computer Associates *eTrust Admin*
- IBM   *Tivoli Identity Manager/Access360 enRole*
- Thor Technologies   *Xellerate*
- Waveset   *Lighthouse*

7.2.8.2 Prodotti per sistemi SSO

Venditore/Prodotti	Descrizione
Computer Associates *ETrust SSO* www.ca.com	Fornisce SSO utilizzando un'architettura basata su un sistema di directory. Supporta i principali metodi di autenticazione tra cui un sistema SSO con password indipendente, password di sistema operativo di rete, token OTP, smart card e vari tipi di dispositivi biometrici. Supporta l'autenticazione su diverse applicazioni Windows, Web ed emulatori vari, usando script TCL (Tool Command Language).
Passlogix *v-GO SSO* www.passlogix.com	Fornisce un servizio di SSO usando un'architettura basata su client. Il sistema di autenticazione è modulare e supporta password di rete Windows, PKI, password grafiche, smart card o dispositivi biometrici. Supporta l'autenticazione su diverse applicazioni Windows, Web ed emulatori vari, usando wizard.
Novell / Protocom Systems *SecureLogin* www.protocom.cc www.novell.com	Fornisce SSO utilizzando un'architettura basata su un sistema di directory e supporta accessi roaming e offline sfruttando una cache locale. Supporta i principali metodi di autenticazione tra cui password di rete Windows o Netware, smart card e dispositivi biometrici. Supporta l'autenticazione su diverse applicazioni Windows, Web ed emulatori vari, usando script custom. Novell offre *SecureLogin* nella sua suite di prodotti.

Venditore/Prodotti	Descrizione
Novell *iChain* www.novell.com	*iChain* fornisce web SSO utilizzando un'architettura basata su un sistema di directory ed un reverse proxy cui tutte le richieste web devono essere rivolte. Il reverse proxy consente di creare una cache per accelerare il reperimento dei contenuti e diminuire il carico di lavoro sui server aziendali. *iChain* supporta metodi di autenticazione strong, certificati X.509 e token. *iChain* fornisce un'infrastruttura web sicura per l'autenticazione e l'autorizzazione degli utenti indipendentemente dalla sua locazione e dal software utilizzato.

Altri prodotti per sistemi SSO sono:

- Netegrity   *SiteMinder*
- Tivoli Systems   *SecureWay*
- Evidian   *AccessMaster SSO*
- iT_SEC iT_Security   *iT_SEC_sign_on*
- PassGo   *PassGo SSO*

7.2.8.3 Prodotti AMI

Venditore/Prodotti	Descrizione
ActiveCard *Trinity* www.activecard.com	*Trinity* supporta molteplici schemi di autenticazione, tra cui password, RSA SecureID, smart card, dispositivi biometrici (solo riconoscimento delle impronte digitali). Supporta varie piattaforme, Unix e IBM Mainframe incluse e sistemi groupware come Lotus Notes. Nel 2002 sono state inserite funzionalità SSO nel prodotto offerto: in seguito ActiveCard ha promosso il prodotto principalmente come sistema SSO più che come sistema AMI.

Venditore/Prodotti	Descrizione
Bionetrix Systems *Bionetrix Authentication* *Suite* www.bionetrix.com	Bionetrix Authentication Suite (BAS) supporta molteplici schemi di autenticazione: password, smart card, dispositivi biometrici, ma non è supportato l'uso di token OTP. Supporta varie piattaforme, Unix e IBM Mainframe incluse. Permette di creare workflow di autenticazione per gestire transazioni sensibili in modo sicuro. *Bionetrix SSO* è un altro prodotto di questo fornitore che aggiunge alla suite funzionalità SSO. *Bionetrix SSO* supporta solo le password come sistema di autenticazione.

7.2.9 Tecnologie alternative

I sistemi di gestione delle password, SSO e AMI sono prodotti in alternativa tra loro. Se un'organizzazione ha come obiettivo primario la semplicità d'uso e la riduzione del carico di lavoro sul servizio di assistenza utenti, dovrà scegliere tra prodotti di sincronizzazione delle password e SSO; invece se vuole di utilizzare vari tipi di autenticazione forte per gruppi di utenti diversi, la scelta ricadrà tra sistemi SSO e AMI.

Oltre a questi tre gruppi di prodotti, ci possono essere altre due possibilità: non fare nulla oppure adottare un unico metodo di autenticazione forte per tutte le piattaforme e per tutte le applicazioni.

7.2.9.1 *Non fare nulla*

Per aziende che continuano ad utilizzare le semplici password, questa situazione può portare alla frustrazione degli utenti e ad un eccessivo carico di lavoro per l'help desk. Le aziende devono valutare i costi derivati dal lavoro dell'help desk e dalla minore produttività degli utenti, con il TCO indotto da prodotti di sincronizzazione delle password e SSO. Ad esempio se le chiamate per la gestione delle password sono, in percentuale, un numero molto elevato, sicuramente si otterranno dei benefici installando un sistema SSO.

Per aziende che stanno già utilizzando oppure sono in procinto di installare un sistema multiplo di autenticazione, si devono continuare a gestire i vari metodi di autenticazione su diversi gruppi di utenti. La soluzione di non fare nulla è sempre meno attraente perché i modelli di autenticazione aumentano e si complicano e le utenze da amministrare sono numerose e diversificate.

In ogni modo non esiste un calcolo che permetta di verificare in modo analitico quale sia il break point per scegliere una o l'altra soluzione.

7.2.9.2 Unico metodo di autenticazione forte

Adottare un nuovo sistema di autenticazione, ad esempio smart card o dispositivi biometrici, può aumentare la semplicità d'uso delle applicazioni e il costo del servizio di assistenza. Però la scelta di un unico sistema di autenticazione è un'alternativa meno praticabile, quanto più le piattaforme e le applicazioni sono tra loro diverse e incompatibili con il modello di autenticazione selezionato. Il costo di adottare un unico sistema di autenticazione è sicuramente più elevato che utilizzare la sola password, ma aumenta la sicurezza del sistema.

Se un'azienda adotta un unico sistema di autenticazione che risponde a tutte le esigenze degli utenti in ogni circostanza, allora non è necessario un prodotto AMI. La semplicità d'uso delle applicazioni può essere ottenuta inserendo un sistema SSO nell'architettura.

Se un'organizzazione impiega un unico sistema di autenticazione, può essere difficile migrare in futuro verso un altro modello ed integrarlo con tutte le piattaforme utilizzate.

7.2.9.3 Autenticazione LDAP

Abilitando l'autenticazione LDAP per tutti i sistemi, le credenziali degli utenti possono essere estratte da directory di rete, compatibili con il protocollo LDAP. Quindi le organizzazioni possono usare la directory come database centralizzato per le autenticazioni di rete. Ogni utente ha una sola password, però i sistemi e le applicazioni devono essere compatibili con il protocollo LDAP. L'autenticazione LDAP utilizza il protocollo *Simple Authentication and Security Layer* (SASL) per connettere i client con il directory server.

LDAP fornisce un'autenticazione consolidata e sicura, ma l'utente si deve autenticare in modo distinto su ogni sistema. L'autenticazione LDAP offre funzionalità simili a prodotti di sincronizzazione delle password. La maggiore limitazione di questa soluzione è che i sistemi e le piattaforme possono non supportare questo protocollo; comunque, questa soluzione può notevolmente semplificare la gestione delle utenze.

7.2.9.4 Portali web

I portali web possono offrire i servizi di SSO per le applicazioni web e proteggere le pagine con un accesso con password. Alcuni prodotti di questa categoria (AccessIT di StoneSoft e SUN One Portal Server) hanno specifiche funzionalità utili per integrare applicazioni Windows, Citrix o Java.

Come per l'autenticazione LDAP, la maggiore limitazione di questa soluzione è che molte applicazioni o piattaforme possono non essere compatibili. Inoltre l'accesso ai sistemi di riferimento non può che essere veicolato dal portale come unico canale; anche in questo caso, la complessità della gestione delle password è ridotta.

7.2.10 Conclusioni

Aziende di medie e grandi dimensioni trovano difficoltà sempre maggiori nel gestire l'autenticazione degli utenti su diverse piattaforme ed applicazioni. I prodotti di gestione delle password e di SSO possono ridurre queste difficoltà fornendo un'unica interfaccia di amministrazione e una sola password per i propri utenti per accedere ai sistemi.

I maggiori benefici di questi prodotti sono la crescente semplicità d'uso nelle applicazioni ed il minor carico di lavoro nella gestione degli utenti. Questi prodotti possono aumentare la sicurezza dell'architettura rinforzando l'autenticazione basata sulle password, ma l'uso di una sola password crea potenziali rischi quando questa è scoperta da utenti abusivi. L'impiego di metodi di autenticazione forte è quindi un prerequisito di un sistema SSO sicuro: molti prodotti SSO permettono di integrare modelli di autenticazione come One Time Password token, smart card e dispositivi biometrici.

I prodotti AMI forniscono piattaforme per la gestione dei metodi di autenticazione e metodi di autenticazione potenti e sicuri, si pensi ad esempio alla possibilità di configurare un workflow per l'autenticazione. Tali metodi possono essere usati singolarmente oppure in combinazione tra loro e gestire gruppi di utenti con diverse caratteristiche ed autorizzazioni. Si deve considerare, però, un maggior Total Cost of Ownership rispetto ai prodotti SSO. Le aziende che intendono ottenere un veloce ritorno degli investimenti fatti, devono considerare prodotti di gestione delle password, oppure prodotti di SSO se è richiesta una soluzione più robusta. I prodotti AMI sono indicati per quelle organizzazioni che devono gestire numerosi metodi di autenticazione forte.

Una soluzione efficace e definitiva per un'azienda deve bilanciare le necessità di definire un'architettura scalabile, supportare diverse metodologie di autenticazione integrate e quantificare il ROI ed il TCO. Grazie a nuove tecnologie, ad applicazioni di infrastruttura ben progettate, alla maturazione degli strumenti di autenticazione ed a principi di sicurezza dell'infrastruttura, oggigiorno la sicurezza dei sistemi ed il Single Sign-On non sono più concetti tra loro mutuamente esclusivi.

8 BIBLIOGRAFIA

Libri:

[1]   Bruce Schneier,
      "Secrets & Lies", Wiley, 2000.

[2]   Simons Garfinkel, Gene Spafford,
      "Web Security, Privacy & e-Commerce", O'Reilly, 2002.

[3]   Clayton Donley,
      "LDAP Programming, Management and Integration", Mannin, 2003.

[4]   John Carnell, Bjarki Hólm, Ann Horton, Kevin Mukhar, Daniel O'Connor, Mario
      Zucca, Michael Awai, Matthew Bortniker, Jaeda Goodman, Thomas Kyte, Glenn
      E. Mitchell II, Gary Nicol, Frank Hubeny,
      "Professional Oracle 8i Application Programming", Wrox, 2000.

[5]   Maurizio Cinotti,
      "Internet Security", Hoepli, 2002.

[6]   Ari Kaplan, Morten Strunge Nielsen,
      "Introduzione a Windows 2000", Apogeo, 1998.

[7]   Eric Larson, Brian Stephens,
      "Manutenzione e sicurezza dei server Web", Tecniche nuove, 2000.

Riviste:

[8]   U. Chirico, *"Riconoscimento biometrico e impronta digitale - Parte I"*, Computer
      Programming, Aprile 2003.

[9]   U. Chirico, *"Riconoscimento biometrico e impronta digitale - Parte II"*, Computer
      Programming, Maggio 2003.

[10] M. Soppelsa, *"Identità certificata"*, Internet News, Aprile 2003.

[11] S. Arbia. *"Il recepimento della direttiva europea sulle firme elettroniche"*, N.2
      Informazioni – Autorità per l'Informatica, Marzo-Aprile 2002.

Rapporti tecnici:

[12] Lynch, Clifford. "*A white paper on authentication and access management issues in cross organizational use of networked information resources*". Aprile 1998.
URL: http://www.cni.org

[13] European security forum. "*State of the art review - Authenticating users across a network*", Maggio 1992

[14] Federal Information Processing Standards Publication 190 (FIPSPUB190). "*Guideline for the use of advanced authentication technology alternatives*". Settembre 1994.
URL: http://www.itl.nist.gov/fipspubs/fip190.htm

[15] Baker, Stewart & Yeo, Matthew. "*Background paper on electronic authentication technologies and issues*". Giugno 1999.
URL: http://www.nzcs.org.nz/nzpkaf/jointoecd.htm

[16] Ford, Matthew D. "*Identity authentication and 'E-Commerce '*". Ottobre 1998.
URL: http://www.law.warwick.ac.uk/jilt/98-3/ford.html

[17] Choi, Soon Yong & Whinston, Andrew B. "*Smart Cards - Enabling Smart Commerce in the Digital Age*". Maggio 1998.
URL: http://www.cism.bus.utexas.edu/works/articles/smartcardswp.html

[18] Lyons Burke, Kathy. "*Federal agency use of public key technology for digital signatures and authentication*". Ottobre 2000.
URL: http://csrc.nist.gov/publications/nistpubs/800-25/sp800-25.doc

[19] Smith, Danny. "*Selected aspects of computer security in Open Systems*". Novembre 1993.
URL: http://www.nsi.org/Library/Compsec/selected.txt

[20] Gruppo di Lavoro AIPA-ANASIN-ASSINFORM-ASSINTEL. "*Linee guida per la definizione di un piano per la sicurezza dei sistemi informativi automatizzati nella pubblica amministrazione*". 1999.

[21] ISO-IS-7498-2: Information Processing Systems - Open Systems Interconnections - Basic Reference Model Part 2 : Security Architecture.

[22] ISO-IS-15408: Information Technology - Security Techniques - Evaluation Criteria for IT Security (Common Criteria)-1999.

Documenti elettronici in rete:

[23] Heinz Johner, Larry Brown, Franz-Stefan Hinner, Wolfang Reis, Johan Westman, *"Understanding LDAP"*, IBM, 1998.

Disponibile in rete: http://www.redbooks.ibm.com

[24] Ant Allan, *"Authentication: Perspective"*, Gartner Group, Marzo 2002.

Disponibile in rete: http://www.gartner.com

[25] Ant Allan, *"Password Management, Single Sign-On, and Authentication Management Infrastructure Products: Perspective"*, Gartner Group, Gennaio 2003.

Disponibile in rete: http://www.gartner.com

[26] Documento X/Open, numero: P702; ISBN: 1-85912-144-6, *"Servizio X/Open Single Sign-On"*

Internet: http://www.opengroup.org/onlinepubs/008329799

Request For Comment:

[27] J. Linn. *"Generic Security Service Application Program Interface Version 2, Update 1"*. Gennaio 2000. (Stato: PROPOSED STANDARD)

Internet: http://www.ietf.org/rfq/rfc2743.txt

[28] J. Kohl, C. Neuman. *"The Kerberos Network Authentication Service (V5)"*. Settembre 1993. (Stato: PROPOSED STANDARD)

Internet: *http://www.ietf.org/rfc/rfc1510.txt*

[29] V. Samar, R. Schemers *"Unified Login with Pluggable Authentication Modules (PAM)"*. Ottobre 1995.

Internet: http://www.opengroup.org/tech/rfc/mirror-rfc/rfc86.0.txt

Conferenze:

[30] European Oracle User Group (EOUG) 2000

20-23 Giugno 2000, Madrid.

Organizzato da: Oracle

[31] Red Hat Training and Certification

Reh Hat Certificate Engineer N° 807000665002174

6-10 Novembre 2000, Milano.

Organizzato da: Red Hat

[32] Tech-ED 2001

2-6 Luglio 2001, Barcellona.

Organizzato da: Microsoft

[33] Windows Professional Conference 2001

23-26 Ottobre 2001, Milano.

Organizzato da: Mondadori Informatica

[34] TechNet Security Workshop

Novembre 2002, Milano.

Organizzato da: Microsoft

APPENDICE A. GLOSSARIO

Account

Informazione che identifica l'utente e gli consente di accedere alle risorse cui è autorizzato. Un account è formato da un nome utente (username) e da una password necessaria per accedere al sistema. Esistono diversi tipi di account, che vanno dal semplice account per l'utilizzo di una macchina a quelli forniti dai provider per l'accesso ad Internet ed al servizio di posta elettronica.

Certification Authority

Terza parte degna di fiducia il cui proponimento è quello di emettere e firmare i certificati per tutte le entità di rete che ha autenticato, utilizzando mezzi di verifica sicuri. Altre entità di rete possono controllare la firma per verificare che effettivamente la CA abbia autenticato il portatore di certificato.

Certificato

Record di dati usato per autenticare entità di rete come client e server. Il certificato contiene pezzi di informazione sul suo proprietario (soggetto) e la CA firmataria (emissario) insieme alla chiave pubblica del proprietario e la firma della CA. Le entità della rete verificano le firme usando i certificati della CA.

Crittografia

Tecnica mediante la quale è possibile trasformare un messaggio in una forma "in codice" non comprensibile, in modo che non possa essere interpretata da chi non possiede la corretta chiave di lettura. La crittografia è nata secoli prima dell'avvento dei computer, ed è stata sempre usata per cifrare i messaggi militari. Nella sua forma più semplice, le lettere del testo vengono trasformate con un determinato procedimento ed è sufficiente conoscere o scoprire tale algoritmo per decifrare il messaggio. Nelle forme moderne, invece, l'algoritmo è ben noto, ma per la decodifica è necessario conoscere una o più parole chiave.

Firma digitale

Blocco di testo criptato che valida un certificato od un altro file. Una CA crea una firma generando un hash code della chiave pubblica all'interno di un certificato, poi cripta l'hash code con la propria chiave privata. Solamente la chiave pubblica della CA può decriptare la firma, verificando così che effettivamente la CA ha autenticato l'entità della rete che possiede il certificato.

Handshake abbreviato

Creazione di un nuovo stato della connessione, basato su una preesistente sessione sicura.

Handshake completo

Creazione di una nuova sessione sicura tra due peer. Include la negoziazione dei parametri e lo scambio delle chiavi pubbliche tra il client e il server.

Handshake ottimizzato

Creazione di una nuova sessione sicura tra due peer, ma, diversamente dall'handshake completo, il server controlla il certificato dell'utente da sue proprie fonti, evitando di richiederne l'invio "over the air" al client.

Handshake

Procedura seguita per mettere d'accordo il client e il server sulle opzioni di protocollo da seguire. Include la negoziazione dei parametri di sicurezza (algoritmi, lunghezza delle chiavi...), lo scambio di chiavi e l'autenticazione. L'handshake si ha all'inizio di ogni connessione sicura.

HyperText Transfer Protocol

HTTP è il protocollo per il trasferimento di ipertesti; è utilizzato sul World Wide Web per l'accesso a pagine HTML.

HyperText Transport Protocol Secure

L'HTTPS è il meccanismo di comunicazione criptata sul World Wide Web. Attualmente si tratta di HTTP sovrapposto a SSL.

IP Security (IPSec)

Standard di tunnelling sviluppato dall'IETF

Message Digest

Riassunto di un messaggio realizzato con tecniche matematiche, chiamato anche hash code, che può essere usato per verificare che i contenuti del messaggio non siano stati alterati durante il transito.

Pretty Good Privacy (PGP)

PGP, traducibile con "sicurezza abbastanza buona", è un programma scritto da Phil Zimmerman che permette di cifrare i messaggi di posta elettronica, aggiungendo anche funzionalità di autenticazione del mittente e firma digitale. Il programma, disponibile per DOS/Windows, Unix/Linux e Macintosh, è gratuito e liberamente scaricabile da Internet.

Protocollo IP

IP è un metodo tramite il quale i dati vengono inviati da un computer ad un altro su una rete, per esempio Internet.

Ogni computer in Internet ha almeno un indirizzo IP che lo identifica in modo univoco da tutti gli altri computer in rete. Quando si inviano o si ricevono dati, una e-mail o una pagina web, il messaggio viene diviso in tanti pacchetti, ciascuno dei quali contiene gli indirizzi sia del mittente sia del destinatario e queste informazioni guidano i dati per tutto il viaggio fino a destinazione. Il merito del buon esito dell'invio va attribuito ai gateway che consultando gli indirizzi dei pacchetti li instradano nella direzione giusta, operazione che normalmente avviene più volte per ogni invio, fintanto che un gateway non riconosce gli indirizzi e consegna quel pacchetto ad uno specifico computer. Poiché i dati sono divisi in più pacchetti, ogni pacchetto, se necessario, può essere inviato su strade differenti attraverso Internet.

Poiché un pacchetto viene considerato come un'unità di dati indipendente, può arrivare a destinazione in un ordine differente rispetto a quello di partenza.

Il TCP, protocollo di controllo della trasmissione, riassembla i pacchetti nell'ordine giusto.

Secure Socket Layer

SSL è un software sviluppato da Netscape per la sicurezza delle comunicazioni su Internet, integrate nel browser Netscape Communicator. SSL fornisce funzioni di cifratura dei dati in transito e l'autenticazione dell'identità del mittente. Si basa sull'algoritmo di crittografia RSA.

Transmission Control Protocol

In una trasmissione di dati tramite Internet il protocollo IP si prende cura di guidare i dati fino a destinazione mentre il protocollo TCP ha il compito di catalogare ed organizzare i pacchetti che vengono trasmessi per poterli ricostruire una volta giunti a destinazione.

TCP/IP

Transmission Control Protocol/Internet Protocol è lo standard per la comunicazione dei dati sulla rete. E' anche il protocollo utilizzato per trasmettere i dati tra host su internet.

Transport Layer Security

Protocollo successore di SSL, creato dalla IETF per un'autenticazione generale delle comunicazioni e per la crittografia su reti TCP/IP. La versione 1 di TLS è quasi identica alla versione 3 di SSL.

X.509

Schema per certificati di autenticazione raccomandato dalla ITU-T usato per l'autenticazione SSL/TLS.

APPENDICE B. IL PROTOCOLLO SSL/TLS

Questa appendice descrive il protocollo SSL 3.0; ne dà una panoramica generale semi-tecnica.

Il gruppo di lavoro Transport Layer Security (TLS) dell'Internet Engineering Task Force (IETF) fu fondato nel 1996 per creare uno standard aperto sulla criptazione di stream, cominciò a lavorare con SSL 3.0 e pubblicò l'RFC 2817 nel 1999. La RFC 2712, "TLS Protocol Version 1.0" aggiunge a TLS l'autenticazione Kerberos. Le RFC 2817 e 2818 si applicano a TLS usando l'HTTP/1.1.

TLS è un protocollo d'uso generale per la criptazione di Web, email e altre informazioni basate su stream inviate attraverso Internet; ma anche se TLS in futuro potrà sostituire SSL, dovrà ancora passare del tempo. Anche una volta che TLS venga utilizzato largamente, le persone continueranno a chiamarlo SSL per abitudine.

Il charter del gruppo di lavoro TLS si trova all'indirizzo *http://www.ietf.org/html. charters/tls-charter. html.*

B.1 Storia

Il protocollo SSL fu progettato da Netscape Communications per usarlo con Netscape Navigator. La versione 1.0 del protocollo veniva usato in Netscape, e la 2.0 fu inserita in Netscape Navigator 1 e 2. Dopo la pubblicazione di SSL 2.0, Microsoft creò un protocollo di link sicuro simile, chiamato PCT, che voleva superare alcune delle mancanze di SSL 2.0, ma PCT in genere fece innervosire le aziende, che dissero che Microsoft non era interessata a lavorare con gli standard e che preferiva fare le cose a modo suo. I vantaggi di PCT vennero incorporati in SSL 3.0, usato come base del protocollo TLS sviluppato dall'IETF.

Il protocollo TLS è strutturato in due strati:

- Il TLS Record Protocol, responsabile della trasmissione di blocchi di informazione, chiamati record, tra i due computer.

- Il TLS Handshake Protocol, che gestisce lo scambio di chiavi, gli alert e i cambiamenti di cifratura.

Questi due strati sono costruiti sopra un terzo livello, che non fa strettamente parte dell'SSL:

Il livello di trasporto dei dati (di solito il TCP/IP) Tali livelli sono illustrati in Figura B-l.

B.2   Il livello TLS Record

Il livello più basso del protocollo è il TLS record. Il livello di record invia blocchi di dati, chiamati record, tra il client e il server. Ciascun blocco può contenere fino a 16.383 byte di dati. Secondo le specifiche originali di SSL e dall'RFC 2246, "le limitazioni dei messaggi del client non vengono preservati nel livello di record", il che significa che se un processo a livello più alto invia messaggi multipli molto velocemente, tali messaggi possono venir raggruppati insieme in un unico record, oppure possono venire spezzati in molti record e lo saranno se sono più lunghi di 16.383 byte.

Ciascun record TLS contiene le seguenti informazioni:

- Tipo di contenuto;
- Numero di versione del protocollo;
- Lunghezza;
- Carico di dati (opzionalmente compresso e criptato);
- Message Authentication Code (MAC), un codice di autenticazione per il messaggio.

Ciascun record viene compresso e criptato secondo l'algoritmo corrente; all'inizio della connessione, la funzione di compressione viene definita come Compression-Method.null e il metodo di criptazione è TLS_NULL_WITH_NULL_NULL, cioè non si ha né compressione né criptazione.

Entrambi gli algoritmi possono essere impostati durante l'"Hello" e modificati durante la conversazione.

Il MAC viene calcolato usando la formula:

> *HMAC_hash (MAC_write_secret, seqjium + TLSCompressed.type +*
>
> *TLSCompressed.version + TLSCompressed.length + TLSCompressed.fragment))*

dove:

seqjtum è il numero di sequenza del messaggio.

HMAC_hash() è l'algoritmo di hash; HMAC è una funzione MAC con chiave che può essere utilizzata con diversi algoritmi di hash; TLS in genere viene usato con MD5oSHA-1.

MACjLuritejsecret è una chiave segreta tra il client e il server SSL, usata per con validare la trasmissione.

TLSCompressed.type è il tipo del record.

TLSCompressed.version è il numero della versione di TLS.

TLSCompressed.length è la lunghezza del frammento di dati.

TLSCompressed.fragment sono i dati stessi.

Il livello di record controlla l'integrità dei dati; l'uso del MAC evita gli attacchi di ripetizione all'interno di una sessione, dato che ciascun messaggio ha un numero di sequenza univoco e il livello record compresso, fatto importante, dal momento che una volta che i dati vengono criptati non possono essere compressi ulteriormente.

B.3 Protocolli SSL/TLS

I protocolli SSL e TLS sono tipi specifici di messaggio, inviati attraverso il livello di record. Lo standard SSL v3.0/TLS definisce tre protocolli:

Handshake, che fa la negoziazione iniziale delle chiavi.

Alert, che invia messaggi importanti sullo stato della connessione SSL/TLS da una parte all'altra.

ChangeCipherSpec, che modifica il sistema di criptazione in uso.

Il protocollo dei dati dell'applicazione, che invia i dati agli utenti.

B.4 Il protocollo Handshake

Il protocollo SSL Handshake, che verrà descritto nella prossima sezione, viene usato per autenticare il server SSL nei confronti del client e opzionalmente il client al server, e per farli accordare su un algoritmo iniziale di cifratura e sulle chiavi.

B.5 Il protocollo Alert

Gli alert sono un tipo particolare di messaggi che possono venir trasmessi dal livello di record SSL/TLS; consistono di due parti: un AlertLevel e una AlertDescription, entrambe codificate come singoli numeri di 8 bit.

Le specifiche di SSL v3.0 e TLS 1.0 definiscono due livelli di alert: il primo definito Warning che significa problema non fatale; il secondo definito Fatal che significa che la sessione SSL corrente viene immediatamente terminata.

SSL v3.0 e TLS 1.0 definiscono i seguenti alert:

Numero di alert SSL	Numero di alert TLS	Nome	Significato
0	0	close_notify	Indica che chi ha inviato il messaggio non manderà ulteriori informazioni; se viene inviato un close_notify con il livello warning, la sessione può venire recuperata; se viene inviato con il livello fatal, no.
10	10	Unexpected-message	È stato ricevuto un messaggio non appropriato; non dovrebbe mai verificarsi, dato che indica un errore in una delle implementazioni di SSL che partecipano alla conversazione.
20	20	bad_record_mac	Il mittente ha ricevuto un record con un MAC non corretto; fatale.
N/A	21	decryption_failed	È stato impossibile decriptare i dati ricevuti. I dati decompressi sono superiori a 16.383 byte
N/A	22	record_overflow	I dati decompressi sono superiori a 16.383 byte.
30	30	decompression_fai-lure	Le informazioni nel record non sono state decompresse correttamente; fatale.
40	40	handshake_failure	Indica che il mittente non ha potuto negoziare un insieme accettabile di parametri di sicurezza, ad esempio perché non è stato soddisfatto degli algoritmi di compressione disponibili sul destinatario; fatale.

Numero di alert SSL	Numero di alert TLS	Nome	Significato
41	N/A	no_certificate	Non è disponibile un certificato appropriato, viene inviato in risposta ad una richiesta di certificazione.
42	42	bad_certificate	Inviato se una richiesta di certificazione fallisce, ad esempio se il certificato è corrotto o se la firma non è stata verificata correttamente.
43	43	unsupported_certificate	Inviato se il mittente non supporta il tipo di certificato inviato dal destinatario.
44	44	certificate_revoked	Inviato se il mittente riceve un certificato revocato.
45	45	certificate_expired	Inviato se il mittente riceve un certificato scaduto.
46	46	certificate_unknown	Inviato se si ha qualche altro errore durante l'elaborazione del certificato.
47	47	illegal_parameter	Inviato se il mittente trova nell'handshake un altro valore non permesso o non consistente; fatale.
N/A	48	unknown_ca	È stato fornito un certificato valido, ma la CA che lo ha firmato (o ha firmato la catena) non è stata riconosciuta o non è affidabile.
N/A	49	access_denied	L'accesso non è permesso perché sono attive delle restrizioni.
N/A	50	decode_error	È risultato impossibile decodificare il messaggio a causa di un valore non valido.

Numero di alert SSL	Numero di alert TLS	Nome	Significato
N/A	51	decrypt_error	È fallito un handshake per la crittografia, o un valore criptato non è stato decriptato correttamente.
N/A	60	export_restriction	La sessione non è in accordo con le restrizioni sull'esportazione e deve essere terminata.
N/A	70	protocol_version	Il protocollo richiesto dal client è stato riconosciuto ma non è supportato; ad esempio, un vecchio protocollo potrebbe non essere permesso per problemi di sicurezza.
N/A	71	insufficient_security	Il server richiede una cifratura più sicura di quelle disponibili sul client, quindi la transazione non può continuare.
N/A	80	internal_error	Qualcosa è andato storto, forse il client o il server hanno terminato la memoria o subito un crash.
N/A	90	user_canceled	L'utente ha chiesto di cancellare l'operazione di handshake.
N/A	100	no_renegotiation	Il client o il server non vogliono rinegoziare una chiave; è un warning.

B.6   Il protocollo ChangeCipherSpec

Il protocollo ChangeCipherSpec viene utilizzato per passare da un algoritmo di criptazione (chiamato strategia nelle specifiche) ad un altro.

Per cambiare algoritmo, il client e il server devono prima negoziare una nuova CipherSpec e delle chiavi, quindi si inviano l'un l'altro un messaggio di

ChangeCipherSpec, che fa avviare il processo di ricezione usando la nuova CipherSpec e le nuove chiavi.

Anche se la CipherSpec viene cambiata normalmente alla fine dell'handshake SSL/TLS, lo si può fare in qualsiasi momento.

B.7   L'handshake SSL 3.0/TLS

Quando un client si connette ad un server, viene attivata la fase di Handshake SSL o TLS, che stabilisce i protocolli da usare durante la comunicazione, sceglie gli algoritmi di criptazione, autentica le due parti e usa la crittografia a chiave pubblica per creare un *master secret,* dal quale derivano le chiavi di autenticazione e criptazione.

Il master secret della sessione viene creato dal server usando un premaster secret inviato dal client e viene usato anche per generare quattro ulteriori chiavi segrete:

- Una chiave di criptazione per inviare dati dal client al server.
- Una chiave di criptazione per inviare dati dal server al client.
- Una chiave di autenticazione per inviare dati dal client al server.
- Una chiave di autenticazione per inviare dati dal server al client.

B.8   La sequenza degli eventi

L'Handshake viene eseguito attraverso un complesso scambio di dati tra il client e il server; gli elementi opzionali sono indicati tra parentesi quadre:

1. il client apre una connessione e invia il ClientHello.
2. il server invia un ServerHello.
3. [il server invia il suo certificato.]
4. [il server invia un ServerKeyExchange.]
5. [il server invia un CertificateRequest.]
6. il server invia un ServerHelloDone (solo per TLS).
7. [il client invia il suo certificato.]
8. il client invia un ClientKeyExchange.
9. [il client invia un CertificateVerify.]
10. Il client e il server inviano entrambi messaggi di ChangeCipherSpec.
11. Il client e il server inviano entrambi messaggi di fine.
12. Si ha il flusso di dati dell'applicazione.

Con l'eccezione dei segreti che vengono criptati con la chiave pubblica del destinatario, l'intero Handshake viene inviato in chiaro. I segreti poi vengono usati per criptare le successive comunicazioni.

B.8.1 ClientHello

Il ClientHello SSL/TLS è un messaggio che contiene le seguenti informazioni:

ProtocolVersion versione_client, la versione più alta di SSL/TLS comprensibile al client: 3.0 per SSL 3.0, 3.1 per TLS 1 .0

Random random, una struttura casuale (costituita da un timestamp di 32 bit e 28 byte da un generatore di numeri casuali)

SessionID id_sessione, il numero identificativo della sessione, normalmente vuoto per richiedere una nuova sessione. Se questo campo non è vuoto significa che il client sta cercando di ripristinare una sessione SSL precedente. Il client può indicare 0 per forzare una nuova sessione, per questioni di sicurezza

CipherSuite cifratura $<2..2^{16}\text{-}1>$, una lista di tutte le modalità di cifratura supportate dal client

CompressionMethod metod_compressione, una lista di tutte le modalità di compressione supportate dal client.

Dopo che il client invia il ClientHello, aspetta un messaggio ServerHello.

B.8.2 ServerHello

Quando il server SSL/TLS riceve il ClientHello, risponde con un alert di handshake_failure o con un messaggio ServerHello.

Il messaggio ServerHello ha la seguente forma:

ProtocolVersion versione_client, la versione di SSL usata dal client (3.0).

Random random, una struttura casuale (costituita da un time-stamp di 32 bit e 28 byte di un generatore di numeri casuali).

SessionID id_sessione, il numero identificativo della sessione; il server lo può restituire vuoto per indicare che la sessione non verrà messa in cache e quindi non può essere ripristinata. Se l'ID corrisponde all'id_sessione fornito dal client nel ClientHello, verrà ripristinata la precedente sessione; altrimenti, viene inviato l'id_sessione della nuova.

CipherSuite cifratura, la modalità di cifratura scelta dal server per la sessione corrente.

CompressionMethod metodo_compressione, il metodo di compressione scelto dal server per la sessione corrente.

Notate che è il server a scegliere la modalità di cifratura e il metodo di compressione da usare per la connessione; se il server non implementa o non vuole usare nessuna delle modalità e dei metodi proposti dal client, invierà un alert di handshake_failure e terminerà la sessione.

B.8.3 Certificati del server

Dopo aver inviato il ServerHello, il server può opzionalmente inviare il suo certificato, che consiste di uno o più di tipo X.509 vi, v2 o v3; se il server usa la modalità di cifratura Fortezza, il certificato inviato sarà di tipo X.509 modificato.

B.8.4 Scambio di chiavi del server

Il server invia il messaggio di scambio di chiavi, se non ha certificati o se ne ha uno che viene utilizzato solo per la firma. Può accadere in tre casi, in cui il server usi:

Il protocollo di scambio delle chiavi Diffie-Hellman;

RSA, ma ha una chiave RSA solo per la firma;

La suite di criptazione Fortezza/DMS.

Il messaggio di scambio delle chiavi presenta i seguenti campi:

Per lo scambio di chiavi Diffie-Hellman:

ServerDHParams params, il valore pubblico di Diffie-Hellman del server per p, g e Ys (SSL invia solo Ys).

Per RSA:

ProtocolVersion versione_client, l'ultima versione del protocollo SSL supportata dal client.

opaque random [46] (criptato con la chiave RSA pubblica del server), 46 byte casuali da un generatore di numeri casuali sicuro.

Per Fortezza/DMS (non supportato da TLS):

opaquer_c<0..128>, il valore di Yc value del client, usato nel Fortezza Key Exchange Algorithm (KEA).

opaque r_c[128], il valore di Rc usato nel KEA.

opaque wrapped_client_write_key[12], la chiave di scrittura del client, inserita nella chiave di criptazione dei token di Fortezza (TEK) opaque wrapped_server_write_key[12], la chiave di scrittura del server, inserita nella TEK di Fortezza.

opaque client_write_IV[24], il vettore di inizializzazione (IV) della chiave di scrittura del client.

opaque server_write_IV[24], l'IV della chiave di scrittura del server

opaque master_secret_IV[24], l'IV della TEK usata per criptare il premaster secret.

block-ciphered opaque encrypted_pre_mater_secret[48], 48 byte generati da un generatore di numeri casuali sicuro e criptati usando la TEK.

Le firme possono essere RSA, DSA o anonime, nel qual caso non vengono utilizzate. I server senza firme non offrono protezione contro gli attacchi di tipo man-in-the-middle o di sostituzione del server, quando cioè qualcuno sostituisce la propria macchina al server.

SSL 3.0 e TLS definiscono tre modalità di utilizzo di Diffie-Hellman per lo scambio di chiavi iniziale:

Diffie-Hellman anonimo

Il server genera il suo valore pubblico e i parametri di Diffie-Hellman e li invia al client, che a sua volta restituisce il suo valore. Questa modalità è vulnerabile da attacchi man-in-the-middle, dato che i parametri e il valore pubblico del server non vengono autenticati (in tale tipo di attacco, l'intruso può usare il Diffie-Hellman anonimo con entrambe le parti).

Diffie-Hellman fisso

Il certificato del server contiene i suoi parametri di Diffie-Hellman fissi, invece di una chiave pubblica RSA o DSS; dato che l'SSL 3.0 permette di avere solo una chiave per server, un server configurato per usare la modalità fissa non può interoperare con client SSL che vogliono scambiarsi le chiavi RSA.

Diffie-Hellman effimero

Il server genera i propri parametri di Diffie-Hellman, poi usa una chiave RSA o DSS pubblica preesistente per firmarli, e li invia al client. Questa sembra essere la modalità più sicura che opera in SSL 3.0.

Pochi prodotti in commercio implementano gli algoritmi di scambio di chiavi SSL/ TLS di Diffie-Hellman.

B.8.5 Richiesta del certificato

Se il server vuole autenticare il client, può inviargli un Certificate Request, che consiste delle seguenti cinque parti:

ClientCertificateType tipi_certificato <1..2^8-1>, i tipi di certificati richiesti dal server

Random random [solo SSL], una struttura casuale, che consiste di un timestamp a 32 bit e di 28 byte generati da un generatore di numeri casuali sicuro

SessionID id.sessione [solo SSL], l'ID della sessione; questo campo non è mai vuoto: se corrisponde all'id_sessione fornito dal client nel ClientHello, indica che verrà recuperata la precedente sessione SSL, altrimenti viene fornito l'id.sessione della nuova sessione.

CipherSuite cifratura [solo SSL], la cifratura scelta dal server per la sessione.

CompressionMethod metodo_compressione [solo SSL], il metodo di compressione scelto dal server per la sessione.

DistinguishedName autorità_certificati <3..2^{16}-1> [solo TLS], un elenco di nomi di autorità di certificazione accettate.

B.8.6 Il server invia un ServerHelloDone (solo TLS)

Questo passo viene fatto solo per TLS.

B.8.7 Il client invia un certificato

Se richiesto dal server, il client invia i certificati richiesti. Se non ve ne sono disponibili, invia un alert di *no certificate*.

Sta al server decidere cosa fare se viene ricevuto un alert di questo tipo: potrebbe continuare la transazione con un client anonimo, oppure terminare la connessione inviando un alert di fallimento dell'handshake.

B.8.8 ClientKeyExchange

Il client può inviare tre tipi di messaggi di scambio di chiavi, a seconda dall'algoritmo selezionato, e cioè:

Per lo scambio di chiavi Diffie-Hellman:

opaque dh_Yc<1..2^{16}-l>, il valore pubblico di Diffie-Hellman del client (Yc).

Signature parametri_firmati, la firma dei parametri.

PerRSA:

ServerRSAarams parametri, i parametri RSA del server.

Structure parametri_firmati, la firma dei parametri.

Per Fortezza/DMS [solo SSL]:

ServerFortezzaParams parametri, i parametri Fortezza del server.

B.8.9 CertificateVerify

Se il client invia un certificato pubblico con capacità di firma (come un RSA o DSS), il client invia un messaggio CertificateVerify, che consiste di due codici di autenticazione, uno calcolato con l'algoritmo MD5 e l'altro con SHA:

CertificateVerify.signature.md5_hash MD5(ClientHello.random + ServerHello.random + ServerParams);

CertificateVerify.signature.sha_hash SHA(ClientHello.random + ServerHello.random + ServerParams);

L'handshake_messages si riferisce a tutti i messaggi di handshake che iniziano con il ClientHello fino a quello di CertificateVerify escluso.

B.8.10 ChangeCipherSpec

Dopo il CertificateVerify viene mandato il messaggio di ChangeCipherSpec, dopodiché tutti i messaggi vengono inviati criptati e compressi usando la cifratura e il metodo di compressione indicati.

B.8.11 Finished

Infine, sia il client che il server inviano messaggi Finished, che consistono del risultato di una funzione pseudocasuale (un'altra hash) che accetta come argomento il master secret, il *finished_label* e le MD5 e SHA-1 del messaggio di handshake.

Il messaggio Finished verifica che il client e il server siano sincronizzati; se non lo sono, il collegamento SSL viene chiuso.

B.8.12 Dati dell'applicazione

Dopo l'invio del messaggio Finished vengono trasportati i dati dell'applicazione, divisi in singoli messaggi a livello di record, che vengono compressi e criptati secondo il metodo di compressione e la cifratura correnti.